ROUTINE

DE

L'ÉTABLISSEMENT DES VOÛTES.

PARIS. — IMPRIMERIE DE FAIN ET THUNOT,
Rue Racine, 28, près de l'Odéon.

ROUTINE

DE

L'ÉTABLISSEMENT DES VOÛTES,

OU

RECUEIL

DE FORMULES PRATIQUES ET DE TABLES

DÉTERMINANT,

A PRIORI ET D'UNE MANIÈRE ÉLÉMENTAIRE,

LE TRACÉ, LES DIMENSIONS D'ÉQUILIBRE ET LE MÉTRAGE

DES VOÛTES D'UNE ESPÈCE QUELCONQUE ;

PAR M. DEJARDIN,

Ingénieur des ponts et chaussées.

———•◦◦◦•———

PARIS,

CARILIAN-GOEURY ET V^{or} DALMONT,

LIBRAIRES DES CORPS ROYAUX DES PONTS ET CHAUSSÉES ET DES MINES,

Quai des Augustins, 39 et 41.

1845

AU LECTEUR.

L'art de la construction des voûtes a fait, de nos jours, de grands progrès. Les lois de l'équilibre stable ayant été calculées avec précision, grâce au perfectionnement de l'analyse algébrique, les justes rapports entre les charges et les résistances ont pu être appréciés plus exactement.

La légèreté et même la hardiesse ont pu ainsi se concilier avec la solidité; mais les auteurs qui, jusqu'à présent, ont fait paraître des théories des voûtes ne se sont pas assez attachés à les rendre accessibles et à en faciliter l'application. La plus part des constructeurs, hommes de métier plutôt que savants, rebutés par les calculs trop élevés et les difficultés d'une longue vérification mathématique, ne s'en rapportent le plus souvent, dans leurs travaux, qu'au tact et au coup d'œil qu'ils doivent à leur expérience, guides peu sûrs et qui les laissent toujours dans l'incertitude sur les résultats de leurs combinaisons.

Il y avait donc une lacune à combler. Il s'agissait de populariser une méthode qui fût à la portée de toutes les intelligences, de substituer une *routine* raisonnée, et fondée sur des règles faciles, à la routine aveugle fréquemment suivie dans l'établissement des voûtes. C'est là le but que l'auteur s'est proposé, ainsi qu'il l'a déclaré lui-même dans l'*Avant-propos* dont il a fait précéder son ouvrage.

Une circonstance malheureuse appelle l'intérêt sur cette publication. Quelques jours s'étaient à peine écoulés depuis le moment où M. Dejardin avait remis son manuscrit à l'éditeur, quand une mort aussi prompte qu'inattendue vint l'enlever à la science et au corps royal des ponts et chaussées, dans lequel il n'avait point tardé à se faire remarquer par son mérite. Quoique jeune encore, il avait déjà attaché son nom à d'importants travaux d'art, et, pour ainsi dire, au début de sa carrière, il s'était rendu digne de cette récompense honorifique qui, dans ce corps composé de tant d'hommes distingués, ne s'accorde qu'à des succès éclatants ou à de longs et utiles services.

Quel que soit l'accueil réservé à la ROUTINE DE L'ÉTABLISSEMENT DES VOUTES, on appréciera sans doute les recherches consciencieuses qu'elle a exigées, et, si l'auteur n'avait pas réussi à résoudre complétement le problème qu'il s'était posé, il lui resterait du moins l'honneur d'en avoir préparé la solution, en frayant la route à de plus heureux que lui.

AVANT-PROPOS.

Les conditions de l'équilibre mathématique d'une voûte, comme celles de tout système en équilibre, doivent nécessairement dépendre d'une certaine loi entre les charges qu'elle supporte, ou d'une certaine progression dans les poids des voussoirs, ou enfin d'une certaine figure du profil. Il ne peut y avoir rien d'indéterminé dans la question, toutes les fois qu'on fait abstraction des résistances accessoires, et incertaines d'ailleurs, qui naissent de l'adhérence des mortiers et du frottement des joints. Mais si, comme il est vrai, ces sortes de résistances ne peuvent que concourir puissamment à la stabilité de la voûte, son profil, déterminé par la considération de l'équilibre mathématique, deviendra un profil d'équilibre stable.

C'est en effet sous ce point de vue que, jusqu'à Coulomb, la question a été traitée par un grand nombre de savants, dont les écrits sont aujourd'hui comme oubliés et dont les théories n'ont jamais été appliquées. L'observation rigoureuse des conditions de l'équilibre mathématique conduirait, en effet, à un profil de voûte inadmissible et à des contradictions radicales dans la pratique (*). En essayant, toutefois, de reprendre la même doctrine, nous lui faisons subir une correction qui, suivant nous, la rendrait tout d'un coup aussi praticable au moins, et assurément plus commode que toutes les méthodes communément adoptées.

Lahire, quelques années après avoir donné sa théorie mathématique des voûtes, l'abandonna le premier, pour y substituer son autre théorie bien connue des joints de rupture hypothétiques et des trois leviers. Cette théorie fut, pendant près d'un siècle, adoptée et suivie par tous les ingénieurs, notamment par Bélidor. Enfin, Coulomb, en 1773, indiqua une théorie d'une généralité tout à fait mathématique, et qui, quelle que soit la forme de la voûte, quelles que soient les résistances accessoires de l'adhérence et du frottement, renferme entre deux limites certaines tous les cas possibles de l'équilibre et de la rupture. Gauthey, M. Boistard,

---

(*) Voir, ci-après, n° 27, et, à la fin du volume, la note I.

Navier ont successivement adopté et développé les idées de Coulomb ; MM. Audoy, Petit, ingénieurs militaires, et Poncelet, membre de l'Institut, ont simplifié et rendu d'un usage moins pénible la méthode de Coulomb, qui est maintenant adoptée par tous les ingénieurs, et adoptée exclusivement (*).

Il existe donc à l'avance un préjugé défavorable contre la tentative que nous faisons de revenir à une doctrine, qui est regardée généralement comme surannée et inapplicable. Quoique nous pensions avoir résolu les objections qu'elle comportait sous le rapport pratique, nous ne devons pas moins exposer les motifs qui nous déterminent à rentrer dans cette voie.

La méthode de Coulomb suppose que l'on a d'abord tracé le profil de la voûte et qu'ensuite, au moyen de calculs trop élevés pour beaucoup de constructeurs, ou fort longs du moins pour les autres, on vérifie si cette voûte a la stabilité suffisante. Or, sous peine de tâtonnements sans fin, il faut avoir

---

(*) Cependant, M. Méry a publié dans les Annales des ponts et chaussées, année 1840, une nouvelle théorie de l'équilibre des voûtes en berceau, laquelle semble avoir, plus que celle de Coulomb, un caractère de clarté et de simplicité tout à fait pratiques.

Voir, au sujet de la méthode de M. Méry, la note II, n° 2.

déjà un certain tact pour tracer un profil qui se rapproche un peu de celui d'équilibre; mais, lorsqu'un constructeur a une fois acquis ce tact, il est bien rare sans doute qu'il s'appesantisse sur la vérification mathématique, et qu'il ne s'en rapporte point à son simple coup d'œil. Ainsi, cette méthode, toute parfaite qu'elle est sous le point de vue scientifique, est impropre à guider les constructeurs, même les plus savants, s'ils n'ont point encore la routine du métier; elle est à peu près sans usage pour les constructeurs éprouvés; enfin, elle est complétement inabordable pour ceux des constructeurs qui ne sont point rompus aux calculs algébriques, et c'est le plus grand nombre.

Il est donc permis de dire que, dans la pratique usuelle des constructions, on ne suit généralement point des règles positives pour l'établissement des voûtes (*). Et l'absence de règles, on ne le sait que trop, conduit quelquefois à la témérité, mais bien

---

(*) On ne saurait regarder comme des règles pratiques, ni même comme des tables usuelles, celles qui ont été calculées jusqu'à présent en vertu de la méthode de Coulomb et qui s'appliquent à des voûtes circulaires extradossées parallèlement. Voir, à ce sujet, le n° 116, 2ᵉ section, et la note I, n° 3.

plus souvent à une exagération irrationnelle de la stabilité, c'est-à-dire de la dépense.

Nous ne supposons point toutefois que la théorie de Coulomb puisse être remplacée, ni même suppléée, pour les ingénieurs qui ne trouvent point de difficultés à l'appliquer. Mais, pour les autres, il y a peut-être quelque chose à faire, afin de ne les point laisser entre le regret d'agir aveuglément et l'impossibilité de sortir de leur incertitude. Tel est le problème, utile sans doute, mais assurément très-modeste, que nous nous sommes proposé, et voici comment nous croyons l'avoir résolu.

Notre méthode, si elle parvenait à se faire admettre, aurait du moins un caractère éminemment pratique. Elle donne, en effet, des règles tellement commodes et élémentaires, qu'il ne faut aucun travail d'esprit pour les appliquer, et que les principales sont à la portée du plus humble ouvrier. Ainsi, elle exclut tout tâtonnement et détermine *à priori* le profil d'équilibre de la voûte, en réduisant son tracé à une épure aussi simple que celle du berceau droit; ainsi, le calcul de la poussée devient une opération d'arithmétique; et tout cela, quelle que soit la courbe d'intrados de la voûte. La simplicité et la généralité de ces règles ont encore un autre avantage : elles ont permis de calculer à l'avance des tables qui donnent le métrage des voûtes et de leurs culées, en raison de leur ouverture et pour les trois systèmes les plus usités.

Afin de prévenir, autant qu'il est possible, les critiques que doit nécessairement soulever l'esprit purement pratique de nos règles, comparé à la rigueur mathématique de la théorie de Coulomb, nous établissons, dans la note II (4ᵉ section du présent traité), que le profil d'équilibre, tel que nous l'indiquons, satisfait aux conditions de stabilité déterminées par ladite théorie, ainsi que par la méthode plus pratique de M. Méry. Nous montrons aussi, dans la note III, que les expériences matérielles faites sur ce profil d'équilibre concordent parfaitement avec les prévisions du calcul. Peut-être ces vérifications, par des méthodes totalement différentes, pourront-elles préserver la nôtre d'être absolument réprouvée par les ingénieurs savants, qui n'en ont pas besoin, et lui permettre de descendre dans la routine journalière du commun des constructeurs, auxquels elle est spécialement destinée.

Nous avons divisé en quatre sections le petit traité qui va suivre.

Dans la *première section*, nous faisons ressortir

d'un très-petit nombre de principes élémentaires les lois de *l'équilibre théorique* d'une voûte en berceau et de sa cuiée ou pied-droit, en partant des conditions de figure d'un arc en équilibre: il nous a paru que cette marche avait l'avantage de conduire plus simplement et plus clairement à l'intelligence de l'équilibre d'une voûte proprement dite. Du reste, les résultats ainsi obtenus se trouvent contrôlés et confirmés par des considérations directes, réunies dans les notes I et II.

Dans la *seconde section*, nous montrons l'usage que l'on peut faire de ces principes sommaires pour *l'établissement pratique des voûtes de toute espèce* y compris les voûtes en dôme, les voûtes en arc de cloître, etc., puis les voûtes de souterrain et d'aqueduc, etc. Nous donnons à cet égard des *tracés graphiques* et des *formules usuelles*, formules qui, comme nous l'avons déjà dit, sont converties en *tables* pour les cas les plus ordinaires. Enfin, nous disons quelques mots sur *l'établissement des cintres* en charpente destinés à la construction des voûtes, sur les soins à apporter dans *l'exécution de la maçonnerie* et sur les précautions à prendre lors du *décintrement.*

La *troisième section* se compose exclusivement de

sept tables présentant des calculs tout faits pour évaluer les diverses dimensions, les volumes, les poussées, etc., des trois espèces de voùtes les plus usitées, ainsi que les dimensions de leurs culées ou pieds-droits, et cela, pour toutes les proportions usuelles.

La *quatrième section* ne se compose que de notes à l'appui des principes exposés dans la première section. Les deux premières notes offrent un résumé comparatif de la méthode mathématique de Lahire, de celle de Coulomb et de celle de M. Méry, et montrent que le profil d'équilibre par nous proposé se trouve très-heureureusement vérifié par ces trois méthodes, bien qu'elles soient différentes entre elles et que toutes trois soient totalement différentes de la nôtre.

PREMIÈRE SECTION.

ÉQUILIBRE THÉORIQUE DES VOÛTES.

ARTICLE PREMIER.

Propriétés élémentaires d'un arc en équilibre.

1. Le mot *voûte*, pris dans son acception la plus générale, donne l'idée d'une pièce courbe qui conserve une forme déterminée en vertu des actions et des résistances qui lui sont appliquées. Si donc il est une abstraction qui puisse conduire à la théorie analytique de l'équilibre des voûtes, cette abstraction semble ne devoir être que la considération d'un *arc en équilibre*.

2. Voici d'ailleurs ce qu'on entend par un arc en équilibre. Si l'on considère un fil, sans épaisseur, inextensible et incompressible, mais doué d'une parfaite flexibilité ; qu'on suppose appliquées en tous les points de ce fil, et transversalement à sa longueur, des forces d'intensité et de direction déterminées, toutes situées dans un même plan; le fil est nécessairement infléchi suivant un arc de courbe plane, tracé tout entier dans le plan des directions des forces, et l'état d'équilibre ne peut exister que sous les conditions suivantes :

1° L'arc n'éprouve en chacun de ces points qu'une tension, ou pression, dirigée exactement suivant l'élément considéré de sa longueur ; ce qui est évident, puisque cet arc n'est supposé capable d'aucune résistance transversale ;

2° Aux deux extrémités de l'arc sont appliquées des forces ou résistances égales et directement opposées à la tension ou à la pression qu'éprouvent les deux éléments extrêmes ;

3° Si, par exception, les deux extrémités de l'arc se rejoignent de manière à former une courbe fermée, la première condition doit être satisfaite au point de jonction, ou plutôt, cette première condition subsiste seule pour toute l'étendue de l'arc.

Quand ces conditions sont satisfaites, on dit que l'arc est tracé suivant la courbe d'équilibre.

Un *arc en équilibre* est donc complétement défini par cette propriété, que *les actions ou résistances qui lui sont appliquées ne font naître, dans chaque élément de l'arc, qu'une tension ou pression dirigée suivant cet élément.*

La figure de la courbe d'équilibre dépend des relations établies entre les intensités et les directions des forces, relations qu'on pourrait varier jusqu'à l'infini. On ne mentionnera ici que les cas d'équilibre les plus simples et qui, en même temps, peuvent avoir quelque utilité dans la recherche des lois de l'équilibre des voûtes.

3. *Lorsque les forces appliquées, d'une manière continue, à un arc sont constamment dirigées suivant des normales à la courbe et ont une intensité constante, 1° la courbe d'équilibre est un cercle ; 2° la tension ou pression a pour valeur le produit de l'action normale par le rayon du cercle.*

C'est-à-dire que, si l'on appelle T la tension ou pression dirigée suivant la longueur de l'arc, R le rayon de courbure de cet arc, N l'action normale rapportée à l'unité de longueur, on a dans le cas présent les relations :

$$R = \text{constante} , \quad T = RN = \text{constante}.$$

Ces résultats sont bien connus et se trouvent dans tous les ouvrages de mécanique pratique. Cependant, afin de ramener aux termes les plus simples la théorie que nous avons ici en vue, nous donnerons une démonstration fondée sur les notions élémentaires de la statique.

Imaginons d'abord une portion de polygone formée de côtés égaux en longueur, incompressibles, mais articulés librement aux angles. Appliquons à tous les sommets une force d'intensité F, agissant de dehors en dedans et dont la direction divise en deux parties égales chacun des angles n, n', n''. Une de ces forces F est nécessairement la résultante des pressions éprouvées par les deux côtés $n\,n'$, $n'\,n''$ et, puisque sa direction fait un angle égal avec chacun de ces côtés, elle y fait naître des pressions égales ; de même, les côtés $n'\,n''$, $n''\,n'''$ supportent des pressions égales , et ainsi de suite : Donc, déjà *tous les côtés sont animés d'une pression constante, T.*

Mais, si l'on prend la longueur constante $n\,n'$, $n'\,n''$, etc., pour représenter la pression constante T, et que l'on construise les parallélogrammes $n\,n'\,n''\,i$, $n'\,n''\,n'''\,i'$, etc., les longueurs $n'\,i$, $n''\,i'$, etc., représenteront l'intensité des résultantes F appliquées aux sommets, et comme cette intensité est constante, toutes les longueurs $n'\,i$, $n''\,i'$, etc., seront égales entre elles : Donc tous les parallélogrammes sont égaux, tous les angles aux sommets n, n', n'', etc., sont égaux aussi, et le polygone, qui par hypothèse a déjà ses côtés égaux, est de plus un *polygone régulier.*

Enfin, si l'on désigne par R la longueur $o\,n$, qui est le rayon du cercle circonscrit au polygone, et par d la lon-

Fig. 1.

gueur d'un côté, on a, à cause des triangles semblables, $n\, n'\, o,\, n\, n'\, i$:

$$\text{R} : d :: n\, n' : n'\, i :: \text{T} : \text{F}.$$

D'où l'on tire les relations générales

$$\text{R} = \text{constante}, \quad \text{T} = \frac{\text{R}}{d}\,\text{F}. \qquad\qquad (1)$$

La formule (1) donnera la valeur de la pression en fonction de la force normale et du rapport de la longueur du rayon du cercle circonscrit avec celle du côté du polygone.

Lorsque le nombre des côtés du polygone croît indéfiniment, la longueur du côté décroît indéfiniment aussi : le polygone tend à atteindre la limite d'une circonférence décrite du rayon R et à tous les points de laquelle seraient appliquées, d'une manière continue, des forces normales et constantes.

Des forces, distribuées d'une manière continue, ne peuvent être définies qu'en faisant acception de la longueur sur laquelle elles agissent. Ainsi, désignant par N l'action résultante qu'elles produiraient si elles étaient appliquées d'une manière continue sur une ligne droite ayant l'unité de longueur, on en conclura que, pour toute autre longueur a, leur intensité serait représentée par $\text{N}a$: tel est, par exemple, le poids d'une pièce prismatique qui reste toujours proportionnel à sa longueur.

Revenons maintenant au cas qui nous occupe, et désignons toujours par N l'action normale rapportée à l'unité de longueur : nous verrons que, sur un élément dont la longueur d est infiniment petite, la direction de la normale peut être supposée constante, en sorte que la force appliquée à cet élément est représentée par $\text{N}d$. L'action continue des forces normales sera ainsi remplacée par une série de forces égales

Nd, analogues à celles que nous avions désignées ci-dessus par F ; et, comme la démonstration précédente est rigoureusement indépendante de la dimension des côtés du polygone, nous aurons toujours la proportion :

$$R : d :: T : N\,d.$$

D'où l'on tire les relations qu'il s'agissait de démontrer :

$$R = \text{constante}, \quad T = R\,N = \text{constante}. \qquad (2)$$

Si l'action normale, au lieu d'être dirigée de dehors en dedans, était au contraire dirigée de dedans en dehors, il est évident que l'on arriverait aux mêmes conclusions et que les relations (2) subsisteraient. Seulement T, au lieu de représenter une pression, exprimerait alors une tension.

Si l'arc d'équilibre n'embrasse qu'une portion de la circonférence du cercle, il faut qu'à chacune de ses extrémités il soit poussé ou tiré par une force égale et opposée à la pression ou à la tension T ; ce qui revient à rendre ses deux extrémités fixes au moyen de résistances suffisantes.

4. *Lorsque les forces, appliquées d'une manière continue à l'arc, sont constamment dirigées suivant des normales à la courbe, mais ont une intensité variable : 1° la tension est toujours constante ; 2° la courbe est définie par la condition que son rayon de courbure variable soit constamment réciproque à l'intensité de l'action normale.*

C'est-à-dire que, si N désigne l'intensité variable de la force normale rapportée à l'unité de longueur, T la tension ou pression, ρ le rayon de courbure variable de la courbe, on a ici la relation unique :

$$T = \rho N = \text{constante}.$$

La démonstration synthétique du numéro précédent peut

Fig. 2.

facilement être étendue au cas qui nous occupe actuellement. Nous supposerons toujours les côtés du polygone égaux entre eux, les intensités des forces F, F', F'' différentes entre elles, mais leurs directions partageant toujours en deux parties égales les angles des sommets. Nous conclurons d'abord, comme ci-dessus, que tous les côtés sont animés d'une pression égale. Puis, après avoir formé les parallélogrammes $nn'n''i'$, $n'n''n'''i''$, etc., nous verrons que les longueurs $n'i'$, $n''i''$, etc., qui représentent les intensités des forces F', F'', etc., sont inégales entre elles ; que, conséquemment le polygone n'a point ses angles égaux et ne peut pas être inscrit dans un cercle. Par suite, les distances no, $n'o'$, etc., ne sont pas égales entre elles ; mais, si l'on désigne généralement par une variable ρ les longueurs variables no, $n'o'$, $n''o''$, etc., par d la longueur fixe nn', $n'n''$, $n''n'''$, etc, on aura toujours, comme précédemment, entre la longueur d'un côté, sa pression et la force normale appliquée à son extrémité, la relation :

$$\mathrm{T} : \mathrm{F} :: nn' : ni :: no : nn' :: \rho : d.$$

D'où l'on tire l'équation caractéristique :

$$\mathrm{T} = \frac{\rho}{d}\,\mathrm{F} = \text{constante.} \qquad (1)$$

Lorsque la longueur des côtés diminuera indéfiniment, le polygone tendra à se confondre avec une courbe dont ρ sera le rayon de courbure variable. Donnant donc à N la même signification qu'au numéro précédent, mais observant bien qu'ici N est variable, on arrivera par le même raisonnement que ci-dessus, à la relation qu'il s'agissait de démontrer :

$$\mathrm{T} = \rho\mathrm{N} = \text{constante.} \qquad (2)$$

On remarquera encore ici que, si l'arc ne forme pas une

courbe fermée, il faudra appliquer à ses deux extrémités des résistances capables de supporter la pression T et que, si l'action normale, au lieu d'appuyer sur la convexité de l'arc, appuyait sur sa concavité, la pression deviendrait une tension.

5. *Lorsque les forces appliquées à un arc, polygonal ou courbe, ont des directions parallèles entre elles, et d'ailleurs des intensités quelconques, la composante de la pression ou tension, prise perpendiculairement à la direction des forces, est constante.*

Afin d'abréger le discours, nous regarderons toutes les forces comme verticales, et alors la pression devra avoir partout la même composante horizontale. Cela n'altérera en rien la généralité du principe que nous allons démontrer.

Considérons donc une portion de polygone dont les côtés ont des longueurs et inclinaisons quelconques, et dont tous les sommets n, n', n'', etc., suspendent des poids p, p', p'', etc., quelconques aussi. L'équilibre du système ne peut exister sans qu'il ait lieu séparément à chaque sommet n, n', n'', etc., en vertu des actions ou réactions aboutissant à ce sommet : ainsi, au point n' par exemple, la pression T de l'élément nn', la pression T' de l'élément $n'n''$, et le poids p' doivent se faire équilibre. Or, sans troubler cet équilibre, on peut remplacer la pression T, par ses deux composantes horizontale et verticale Q et P, la pression T' par ses deux composantes semblables Q', P'; le point n' sera alors soumis, dans le sens vertical, aux deux forces opposées $P + p'$ et P', dans le sens horizontal aux forces opposées Q et Q', et, pour que le point n' soit en effet en équilibre, il faut qu'on ait :

$$Q = Q', \quad P' = P + p'.$$

En continuant ainsi de proche en proche, on démontrera :

Fig. 3.

1° que la pression d'un élément quelconque a toujours une composante horizontale égale à Q et que, s'il y a au sommet un élément horizontal nn, sa pression sera égale à Q; 2° que, dans le même cas, la pression d'un élément quelconque aura pour composante verticale la somme des poids appliqués depuis et y compris l'extrémité de l'élément horizontal, jusques et y compris l'extrémité supérieure de l'élément considéré, somme qu'on représente par le symbole : Sp.

De plus, si α est l'inclinaison sur l'horizontale d'un élément quelconque dont la pression est T, on sait que, suivant le principe de la composition des forces, les composantes verticale et horizontale de cette pression, lesquelles ont été désignées par P et Q, ont respectivement pour valeurs $T \sin \alpha$, $T \cos \alpha$, en sorte que T a pour valeur $\sqrt{P^2 + Q^2}$.

Ainsi, les conditions de l'équilibre d'un polygone dont tous les sommets sont soumis à l'action de forces parallèles et dont un des éléments est perpendiculaire à la direction des forces, se résument dans les trois équations :

$$P = Sp, \quad Q = \text{constante} = \frac{P}{\text{tang.}\,\alpha}, \quad T = \sqrt{P^2 + Q^2}. \quad (1)$$

Lorsqu'on se donnera les poids appliqués au polygone et l'inclinaison d'un seul de ses côtés, les composantes P, Q se trouveront déterminées ; par suite, les pressions puis les inclinaisons de tous les éléments, le seront aussi ; mais leurs longueurs resteront arbitraires.

Des propriétés tout à fait analogues existent pour les polygones qui n'ont point un de leurs côtés perpendiculaire à la direction des forces. Seulement, il ne suffit plus alors de se donner, avec les intensités des forces, l'inclinaison d'un seul côté. Nous avons à dessein fait porter la démonstration sur l'hypothèse qui se rencontre le plus dans les applications, et qui suffit d'ailleurs pour conclure les propriétés des arcs continus.

Lorsque le nombre des côtés du polygone croîtra indéfiniment, les longueurs de ces côtés décroissant indéfiniment aussi, le polygone tendra à se confondre avec une courbe limite, dont la figure dépendra des quantités données ; les éléments du polygone prolongés deviendront des tangentes à la courbe ; l'action continue des forces parallèles devra alors être représentée par une intensité P, rapportée à l'unité de longueur, et variant d'une manière continue d'un point à l'autre de la courbe. Sauf cette interprétation, les propriétés exprimées d'une manière toute générale par les équations (1), subsisteront pour la courbe, comme pour le polygone dont elle dérive.

Ainsi l'on pourra déterminer complétement la courbe d'équilibre si l'on se donne : 1° la loi suivant laquelle varie la force P, d'où résultera la somme des actions parallèles en un point déterminé ; 2° l'inclinaison sur l'horizontale d'une tangente à la courbe. Éclaircissons cela par des exemples.

Supposons que les forces parallèles ont pour intensité un poids p, rapporté à l'unité de longueur, et qu'elles sont appliquées d'une manière continue sur la courbe om, en commençant à agir à partir du point o. Si s désigne la longueur de l'arc courbe om, mesurée à partir du même point o, la composante verticale de la pression au point m sera, d'après la première des équations (1), égale à ps. Au point o, la composante verticale de la pression sera nulle, et cette pression sera par conséquent égale à la composante horizontale Q. Pour l'équilibre, il faudrait appliquer au point o une réaction égale à Q, et l'on y parviendra évidemment en opposant à l'arc om un arc symétrique om', soumis aux mêmes conditions que l'arc om lui-même. On aura ainsi l'arc continu

Fig. 4.

mom', ayant une tangente horizontale au sommet, et si l'on se donne l'inclinaison sur l'horizontale α, de la tangente menée au point quelconque *m*, toutes les circonstances de la courbe d'équilibre dont il s'agit ici seront déterminées par les trois équations.

$$P = ps, \quad Q = \text{constante} = \frac{P}{\text{tang } \alpha}, \quad T = \sqrt{P^2 + Q^2}. \qquad (2)$$

Fig. 4.

Si l'on suppose, en second lieu, que les poids, au lieu d'être distribués d'une manière continue sur l'arc, sont distribués uniformément et d'une manière continue sur une horizontale *m*A, onverra de même que la pression a une composante verticale nulle au point *o*, situé sur la verticale qui est l'origine des poids, et une composante verticale égale à *ph* au point *m*, dont l'abscisse, ou la distance horizontale à l'origine, est *h*=*m*A. La courbe d'équilibre *mom'*, convenant à ce second cas, aura pour équations :

$$P = ph, \quad Q = \text{constante} = \frac{P.}{\text{tang } \alpha}, \quad T = \sqrt{P^2 + Q^2}. \qquad (3)$$

On sait que les équations (2) conviennent à la courbe nommée *chaînette*, et qui est la courbe d'équilibre d'une *corde pesante* ; que les équations (3) conviennent à la *parabole*, qui peut être regardée comme la courbe d'équilibre d'*un fil supportant une série continue d'autres fils pesants et de mêmes longueurs.*

Ces deux courbes sont d'un grand usage dans l'établissement des ponts suspendus. Toutes les formules de détails qui deviennent nécessaires alors, peuvent être déduites presque immédiatement des formules fondamentales établies tout à l'heure. Mais nous ne nous arrêterons point à cette recherche , qui est complétement étrangère au but que nous nous proposons ici (*).

6. *Lorsqu'un arc en équilibre, soumis à des actions données, est d'ailleurs assujetti à s'appliquer contre un obstacle de figure donnée, on peut toujours déterminer, et la tension de l'arc en un point quelconque de son cours, et la pression qu'il exerce en ce point sur l'obstacle.*

Deux cas généraux peuvent se présenter.

Premièrement, si l'arc, dans toute l'étendue *mon* appliquée contre l'obstacle, n'est soumis à aucune action autre que sa propre tension et que la réaction produite par l'obstacle , il sera exactement dans le même cas qu'un arc soumis à l'action de forces normales continues; car l'obstacle ne peut, nulle part, produire aucune réaction autre qu'une résistance normale à sa courbure, courbure qui se confond avec celle de l'arc lui-même. Conséquemment, et suivant ce qui a été démontré au n° 4 , la tension ou pression de l'arc sera constante, et la réaction de l'obstacle, remplaçant l'action normale variable, sera partout réciproque au rayon de courbure, c'est-à-dire qu'on aura :

$$T = \text{constante}, \; N = \frac{T}{\rho}, \qquad (1)$$

T étant la pression ou tension de l'arc et N étant l'action exercée par l'arc sur l'obstacle , action qui est toujours une pression dirigée suivant le rayon de courbure ρ.

Secondement, si l'arc, indépendamment de la réaction de l'obstacle, est soumis dans l'étendue du contact *mo*M , à des actions déterminées et continues, on conçoit que sa tension

Fig. 5 et 6.

Fig. 7.

(*) On pourra voir à ce sujet un mémoire inséré dans les Annales des ponts et chaussées , année 1839.

variera d'un point à un autre. Alors on pourra, au moyen des quantités données, déterminer l'accroissement très-petit θ qu'éprouve la tension originelle t sur la longueur de l'élément très-petit aussi mm' : puis son accroissement θ' sur la longueur de l'élément $m'm''$ et ainsi de suite ; si l'on fait la somme de tous ces accroissements θ, θ', θ'', etc., depuis le point m jusqu'au point M, on aura évidemment pour valeur de la tension T au point M :

$$T = t + (\theta + \theta' + \theta'' + \dots\,)$$

Dans le même cas, la valeur de la réaction normale de l'obstacle ne peut pas toujours être conclue uniquement de la tension T, et il y a à distinguer. Par exemple, si les actions additionnelles ajoutées au fil avaient partout une direction tangente à sa courbure, comme le ferait, par exemple, un frottement continu sur l'obstacle, ce dernier n'éprouverait d'autre action normale que celle due à la tension et qui, comme on vient de le voir, a pour expression $\dfrac{T}{\rho}$.

Mais, si l'action additionnelle est de nature à produire en chaque point de l'arc, non-seulement un accroissement de tension, mais encore une pression directe et normale sur l'obstacle, d'une intensité ϖ sur l'unité de longueur, la réaction de l'obstacle aura évidemment pour valeur :

$$N = \frac{T}{\rho} + \varpi. \qquad (2)$$

La solution des questions de cet ordre sera généralement impraticable, à moins qu'on n'y emploie les procédés du calcul intégral. Nous essayerons toutefois, dans ce qui va suivre, de présenter sous une forme élémentaire quelques résultats de l'espèce, lesquels peuvent recevoir une application indirecte dans la théorie de l'établissement des voûtes.

7. *Lorsqu'un fil pesant s'appuie sur un obstacle a courbure continue, convexe au-dessus de l'horizontale, la tension du fil s'accroît, d'une extrémité à l'autre du contact, d'une quantité égale au poids de l'unité de longueur du fil, multiplié par la longueur de la projection verticale de l'arc de contact.*

Considérons d'abord, et pour plus de simplicité, une portion de polygone régulier dont tous les sommets sont tenus à distance invariable du centre du cercle circonscrit. Nommons d la longueur fixe d'un des côtés ; z, z', z''...., les longueurs variables de leurs projections verticales et h la longueur totale de la projection verticale de l'arc. Soient d'ailleurs, P l'intensité commune de poids égaux appliqués à tous les sommets ; t la tension appliquée à l'origine inférieure n de l'arc, T la tension à l'extrémité supérieure m.

Au premier angle n, la force agissante P peut être remplacée par deux composantes, l'une dirigée suivant no qui sera détruite par la réaction de l'obstacle, la seconde suivant la direction nn' et qui sera employée tout entière à accroître la tension du fil d'une certaine quantité θ. Si l'on prend la verticale nk pour représenter la force P et qu'on mène ki parallèle à no, la longueur ni représentera l'accroissement θ, suivant le principe de la composition des forces, et l'on aura :

$$P : \theta :: nk : ni.$$

Maintenant, il faut remarquer que l'angle kin, qui est égal à $n'no$, s'approche de plus en plus d'un angle droit, à mesure que la longueur du côté nn' diminue ; si bien que, si l'on conçoit ce côté au moment où sa longueur devient nulle, on voit qu'au même instant l'angle kin devient un angle droit. Alors les triangles rectangles kin, $n'kn$ seront semblables et donneront :

$$nk : ni :: nn' : nk :: d : z.$$

Donc, alors aussi, et à cause de la proportion établie plus haut, on aura (*) :

$$\theta = \frac{P}{d} z.$$

En raisonnant de même pour l'élément suivant $n'n''$, et adoptant la même notation, on trouverait pareillement :

$$\theta' = \frac{P}{d} z' ;$$

et ainsi de suite. Par conséquent, la somme des accroissements de la tension, laquelle est évidemment égale à la différence des deux tensions extrêmes, aurait pour valeur :

$$T - t = \frac{P}{d} \left\{ z + z' + z'' + \ldots \right\}$$

Ou bien, si l'on remplace $z + z' + z'' + \ldots$ par son équivalent h :

$$T - t = \frac{P}{d} h. \qquad (1)$$

L'expression (1), comme nous l'avons remarqué tout à l'heure, n'est pas exactement vraie, mais elle approche de plus en plus de le devenir, à mesure que la longueur du côté du polygone diminue. Quand la longueur du côté a décru indéfiniment, c'est-à-dire quand le polygone s'est confondu avec son cercle circonscrit, l'expression (1) est devenue tout à fait exacte. En même temps, le poids P, comme on sait,

---

(*) p étant le poids rapporté à l'unité de longueur, y l'ordonnée verticale, la relation trouvée revient à l'équation différentielle :

$$d\,T = pdy, \text{ d'où } T - T' = p\,(y - y'):$$

et elle est vraie pour toute espèce de courbe convexe.

doit être remplacé par pd, p étant le poids du fil rapporté à l'unité de longueur.

On a donc rigoureusement, dans le cas d'un obstacle circulaire :

$$T - t = ph, \qquad (2)$$

proposition qu'il s'agissait de démontrer. Il est évident d'ailleurs que la démonstration ci-dessus ne repose aucunement sur l'hypothèse d'un arc circulaire, et qu'elle s'appliquerait, mot pour mot, à tout autre arc convexe, pourvu qu'il fût continu : le principe est donc vrai pour toute espèce de courbe convexe.

Lorsque le fil pesant s'arrête à l'extrémité inférieure de l'arc et n'y reçoit d'ailleurs aucune tension additionnelle, la tension inférieure t est nulle et l'équation (2) se réduit à :

$$T = ph.$$

On conclut de là que, si un fil pesant est fixé en un point, par exemple, au sommet d'un arc convexe, la tension qu'il exerce sur le point fixe est indépendante de la courbure et de la longueur du fil et qu'elle varie seulement avec la flèche de l'arc; en d'autres termes, que *tous les arcs de même flèche font naître la même tension au sommet.*

8. Reprenons l'équation (2) du numéro précédent. Si la tension inférieure t est supposée appliquée à l'extrémité du diamètre horizontal d'un cercle, la projection h de l'arc de contact n'est autre chose que l'ordonnée de son extrémité supérieure au-dessus du diamètre horizontal, ordonnée qu'on désigne ordinairement par y. D'ailleurs, ce qui est démontré pour le cadran ACO l'est aussi pour le cadran A'CO.

On a donc, pour *équation d'équilibre d'un fil pesant couché*

Fig. 9.

Fig. 10.

sur un obstacle semi-circulaire au-dessus du diamètre hori-
zontal :

$$T = t + py. \tag{1}$$

Si la tension à l'origine inférieure est nulle, c'est-à-dire si le fil pesant embrasse précisément le demi-cercle, la tension au sommet est : *pr, r* étant le rayon du cercle.

En adoptant exactement la même marche que celle suivie dans le n° précédent, on trouverait pour *équation d'équilibre d'un fil pesant serré contre un obstacle semi-circulaire au-dessous du diamètre horizontal :*

$$T = t - py, \tag{2}$$

y indiquant la hauteur absolue comprise entre un point du demi-cercle et le diamètre horizontal. Ici la tension origi-nelle *t* ne peut pas être nulle, puisqu'il faut que le fil soit porté : nous verrons tout à l'heure comment se détermine le minimum de la valeur de *t*.

Quant à l'action normale exercée sur chaque point de l'obstacle circulaire, il faut, pour la déterminer complé-tement, se rappeler comment ont été établies, au n° 7 précé-dent, les relations d'équilibre du fil pesant que l'on consi-dère. Chaque action verticale P a été remplacée par deux forces, l'une agissant parallèlement à la tension pour l'ac-croître, l'autre normale, qui n'influe en rien sur la tension, et qui agit directement contre l'obstacle. La première, en produisant la tension T, qui peut être considérée comme constante sur l'étendue d'un élément infiniment petit, donne lieu à une action normale égale à $\dfrac{T}{r}$, d'après ce qu'on a vu au n° 6 précédent. La seconde exerce sur l'obstacle une action directe, qui s'ajoute à la précédente dans le demi-cercle supé-rieur, et qui doit en être soustraite dans le demi-cercle inférieur. C'est-à-dire que si F est la composante normale du poids P, on aura pour les actions normales complètes, tant au-dessus qu'au-dessous du diamètre horizontal,

Fig. 8.

$$N = \frac{T}{r} + \frac{F}{d}, \quad N = \frac{T}{r} - \frac{F}{d}.$$

D'ailleurs, la valeur de la composante F est facile à déterminer. Si, dans la figure 8, qui a servi à la démonstration fondamentale, on abaisse l'ordonnée $np = y$ sur le diamètre horizontal, on verra aisément qu'à l'instant où le polygone va se confondre avec le cercle, on a les proportions :

$$P : F :: nk : ni :: on : pn :: r : y.$$

D'où l'on tire rigoureusement, pour le cas d'un obstacle circulaire :

$$F = P\frac{y}{r}, \quad \frac{F}{d} = \frac{P}{d}\frac{y}{r} = \frac{py}{r}.$$

Remplaçant donc, dans les expressions ci-dessus de l'action normale, T et $\frac{F}{d}$ par leurs valeurs, on aura, pour l'*action normale exercée par un fil pesant tendu sur un demi-cercle au-dessus de l'horizontale :*

$$N = \frac{t}{r} + \frac{2py}{r}, \tag{3}$$

et pour l'*action normale exercée par un fil pesant tendu contre un demi-cercle au-dessous de l'horizontale :*

$$N = \frac{t}{r} - \frac{2py}{r}. \tag{4}$$

Chaque force normale N, agissant d'une manière con-

Fig. 10.

2

stante sur l'étendue d'un élément infiniment petit m, peut être censée appliquée en tout point de sa direction, par exemple au centre du cercle, et là, décomposée en deux forces, l'une horizontale, l'autre verticale: chaque composante horizontale sera détruite par celle d'une action normale sur un point symétrique n; mais toutes les composantes verticales s'ajouteront, et, si l'on effectue leur somme par les procédés du calcul intégral (*), on trouve que l'action verticale résultante supportée, de haut en bas, par le demi-cercle supérieur est :

$$2t + \pi r p ;$$

que celle supportée, de bas en haut, par le demi-cercle inférieur est :

$$2t - \pi r p.$$

En sorte que, quelle que soit la tension t à l'extrémité du diamètre horizontal, l'action verticale résultante supportée, de haut en bas, par le cercle entier est toujours :

$$2t + \pi r p - (2t - \pi r p) = 2 \pi r p,$$

c'est-à-dire égale au poids total du fil.

Comme ces derniers résultats sont évidents *à priori*, nous

(*) La composante verticale d'une action normale sur l'élément ds est $N ds \dfrac{dx}{ds} = N dx$, d'où, pour un quart de cercle supérieur ;

$$\int_0^r N ds \, \frac{dx}{ds} = \frac{t}{r} \int_0^r dx + \frac{2p}{r} \int_0^r y \, dx = t + \frac{2p}{r} \frac{\pi r^2}{4} = t + \frac{\pi r}{2} p,$$

et pour le demi-cercle supérieur tout entier : $2t + \pi r p$. De même, pour le demi-cercle inférieur on trouve $2t - \pi r p$.

n'avons point cherché à en donner une démonstration élémentaire qui, d'ailleurs, est facile à déduire de celle donnée au n° 7. Nous en pouvons toutefois conclure que la tension du fil reste entièrement arbitraire, sous la seule condition que la pression normale ne devienne jamais négative, car alors le fil tendrait à quitter l'obstacle; ainsi la plus grande valeur de la pression normale peut croître jusqu'à l'infini positif; sa plus petite valeur peut atteindre zéro. Or la plus plus petite valeur de cette pression a lieu d'après les équations (3) et (4), au sommet inférieur du cercle. Si donc on pose dans l'équation (4) $y = r$, $N = 0$, on aura pour le minimum de la valeur de t :

$$t = 2pr.$$

Il viendra donc enfin pour équations d'équilibre d'un fil *soumis à la seule action de son poids, et enroulé sur un cylindre circulaire* :

$$T = p\,(2r \pm y), \quad N = p\left(2 \pm \frac{2y}{r}\right). \qquad (5)$$

Le signe $+$ doit être pris pour les points situés au-dessus de l'horizontale, le signe $-$ au-dessous.

Aux deux extrémités du diamètre horizontal :

$$T = 2pr, \quad N = 2p\,;$$

Au sommet supérieur :

$$T = 3\,pr, \quad N = 4p\,;$$

Au sommet inférieur :

$$T = pr\,, \quad N = 0.$$

En ce dernier point, la réaction normale due à la tension est p, et fait précisément équilibre au poids du fil.

9. Dans les numéros 7 et 8 nous avons spécialement considéré l'arc pesant comme formé d'un fil travaillant par extension, parce que cette hypothèse est réalisable et qu'elle correspond à un cas d'équilibre stable. L'hypothèse inverse, qui ne peut être qu'une abstraction, consiste à imaginer l'arc pesant comme appliqué contre la concavité d'un obstacle circulaire et comme résistant absolument à la compression, mais incapable d'aucune résistance à l'extension, ainsi que serait, si l'on veut, une série de particules matérielles, incompressibles, mais sans adhérence.

Sans qu'il soit nécessaire d'entrer dans de nouveaux détails, particulièrement applicables au cas que l'on vient de définir, on pourra déterminer les conditions de l'équilibre, purement théorique d'ailleurs, d'un pareil système, en les déduisant par une analogie directe de celles établies pour le cas d'un fil pesant.

En premier lieu, si l'arc occupe la concavité d'une demi-circonférence tracée au-dessous de l'horizontale, on se rendra compte que, sauf le changement de la tension en pression, cet arc est dans le même cas qu'un fil pesant couché sur la convexité d'une demi-circonférence tracée au-dessus de l'horizontale. Conséquemment et suivant la même notation que plus haut : 1° Si la pression est nulle à chaque extrémité du diamètre, elle est égale à pr au sommet inférieur ; 2° L'action normale est nulle aux extrémités du diamètre et égale à $2p$ au sommet.

En second lieu, si l'arc occupe la concavité d'une demi-circonférence au-dessus de l'horizontale, on l'assimile à un fil pesant appliqué sur la convexité d'une demi-circonférence au-dessous de l'horizontale. 1° La pression est égale à $2pr$ à chaque extrémité du diamètre, et à pr au sommet ; 2° L'action normale est $2p$ aux naissances et nulle au sommet.

Enfin, si l'on voulait concevoir l'arc pesant comme occupant toute la concavité d'une circonférence, on aurait : 1° A chaque extrémité du diamètre horizontal, une pression verticale $2pr$ et une action normale $2p$; 2° au sommet supérieur, une pression pr et une action normale nulle; 3° Au sommet inférieur, une pression $3\,pr$ et une action normale $4p$; 4° Pour effort vertical résultant de toutes les actions normales, $2\pi r.p$ ou le poids de l'arc entier.

10. Nous traiterons encore un dernier exemple, parce qu'il offre quelque analogie avec l'état d'une voûte reposant sur cintres.

Imaginons *un arc incompressible, mais sans résistance à l'extension, appuyé sur la convexité d'un support semi-circulaire.*

Il résulte de ce qui a été démontré aux n°s 7 et suivants que, si la pression est t à la naissance de l'arc, elle sera donnée, pour un point quelconque dont l'ordonnée est y, par l'équation :

$$T = t - py.$$

L'arc étant supposé ici n'agir que par son propre poids, la pression est nulle au sommet, où $y = r$; ce qui donne pour expression de la pression en un point quelconque ·

$$T = p\,(r - y). \tag{1}$$

La pression normale due au poids de l'arc est toujours, comme au n° 8, $\dfrac{py}{r}$; mais la réaction normale due à la pression longitudinale de l'arc tend ici à éloigner l'arc du support : il en résulte que l'action normale réellement supportée par l'obstacle a pour valeur :

$$N = \frac{py}{r} - \frac{T}{r}, \quad N = p\left(\frac{2y}{r} - 1\right). \tag{2}$$

Au sommet, la pression normale est p, comme on devait le prévoir ; elle diminue graduellement, depuis le sommet jusqu'au milieu de la hauteur, où elle est nulle, pour $y = \frac{r}{2}$; au-dessous de ce point, elle croît négativement et, à la naissance, elle a une valeur égale à $- p$.

Si donc on voulait, pour fixer les idées, comparer ce système à une voûte extradossée parallèlement, mais d'une épaisseur infiniment petite, on verrait que la charge normale sur le cintre, rapportée à l'unité de longueur, 1° serait, au sommet, égale au poids courant de la voûte, 2° décroîtrait graduellement jusqu'à devenir nulle au milieu de la hauteur ; 3° qu'à partir du dernier point, jusqu'à la naissance, la voûte cesserait de s'appuyer sur le cintre et exercerait, au contraire, une poussée dont l'intensité normale à l'intrados et rapportée à l'unité de longueur, croîtrait depuis zéro jusqu'à la valeur du poids courant de la voûte *.

Il faudrait bien se garder de conclure de là qu'une voûte extradossée parallèlement et d'une épaisseur pratique, qnand bien même le frottement et l'adhérence des voussoirs seraient nuls, ne s'appuierait pas sur son cintre. On se bornera ici à cette remarque en renvoyant, pour la motiver, à ce qui sera dit plus loin sur l'équilibre des voûtes et sur celui des cintres.

Revenant au cas théorique qui nous occupe actuellement, on voit que la pression normale sur le support, donnée par l'équation (2), variera d'un point à l'autre ; que, consé-

---

(*) Ces résultats mathématiques se trouvent littéralement vérifiés par une expérience qu'a faite M. Boistard, sur une voûte en demi-cercle de 2.27 d'ouverture, extradossée parallèlement à $0^m.11$ d'épaisseur et formée de voussoirs polis, sans mortier.

quemment, le support, s'il n'est doué d'une résistance suffisante, tendra à perdre sa forme circulaire. Le contraire aurait lieu, si la pression normale était constante (n° 3).

11. Nous avons eu tout à l'heure occasion de remarquer qu'il n'est pas toujours permis d'attribuer les propriétés d'un arc en équilibre à une pièce matérielle de même forme, mais d'épaisseur finie. Une observation du même genre s'applique généralement à tous les résultats que nous avons réunis ci-dessus.

Afin de n'en point induire des conséquences fausses, en prêtant à ces résultats un sens qu'ils n'ont point, il importe de bien distinguer les cas d'*équilibre stable* de ceux d'*équilibre instable*. Considérons, par exemple, un arc parabolique chargé de poids uniformément répartis sur une horizontale. Si l'arc a sa convexité tournée vers le bas, il travaille par tension et son équilibre est stable : le moindre effort, ajouté aux poids qui tendent l'arc, suffira pour modifier sa courbure et pour changer son équilibre; mais cet équilibre et la forme de la courbe se rétabliront d'eux-mêmes, aussitôt que cessera la cause étrangère qui les a dérangés. Si, au contraire, l'arc a sa convexité tournée vers le haut, il travaillera par pression et son équilibre sera instable · en effet, le moindre effort, fût-il d'une durée limitée, s'il tend à accroître la pression, détruira l'équilibre sans retour et affaissera complétement l'arc. Ainsi, pour qu'un arc convexe puisse supporter des efforts accidentels, il ne suffit pas qu'il soit tracé suivant la courbe d'équilibre et qu'il offre une résistance même indéfinie à la compression, il faut encore qu'il soit doué d'une certaine rigidité ou d'une inertie qui lui permette de réagir efficacement contre toute cause possible de déformation.

Le premier cas comprend l'équilibre des câbles de ponts

suspendus, qui se plient d'eux-mêmes suivant la courbe d'é-
quilibre et qui remplissent toujours leur office, pourvu qu'ils
offrent en chaque point une résistance proportionnée à la
tension qu'ils doivent y éprouver. Dans le second cas, rentrent le mode d'équilibre plus compliqué des arcs en charpente et celui des voûtes en maçonnerie.

12. *Les propriétés des arcs en équilibre peuvent d'ailleurs
être étendues aux surfaces cylindriques ou de révolution dérivant de ces arcs.*

Si l'on conçoit, en effet, qu'un cylindre droit éprouve
d'une manière continue sur sa surface des actions telles que,
dans toute section parallèle à la base, elles se reproduisent
identiquement les mêmes, il est évident que, dans toutes les
sections, la courbe d'équilibre sera la même et qu'ainsi la
surface du cylindre sera une surface d'équilibre ayant pour
base ladite courbe. C'est ainsi que la *surface d'équilibre
d'une toile pesante* homogène, taillée en rectangle et dont
les deux arêtes longitudinales seraient fixées sur deux horizontales parallèles, serait un cylindre droit, ayant pour base
la *chaînette* décrite par un des fils transversaux. C'est ainsi
encore qu'un *tuyau supportant en tous les points de sa surface
une pression normale constante, a pour surface d'équilibre un
cylindre droit, circulaire.*

En second lieu, si les actions appliquées d'une manière
continue à une surface de révolution sont telles que, dans
chaque section passant par l'axe, ces actions se reproduisent
identiquement, on voit de même que *la surface sera une surface d'équilibre si sa courbe génératrice est la courbe d'équilibre.* C'est ainsi *qu'une surface recevant en chaque point une
action normale constante a pour forme d'équilibre celle de la
sphère.*

Le premier principe servira à conclure l'équilibre d'une

voûte en berceau de celui d'une section verticale de cette voûte. Le second permettra de déduire de même les conditions d'équilibre des voûtes en dôme.

13. Tels sont les principes élémentaires que nous avons cru bon de rappeler, avant d'exposer une théorie, tout élémentaire aussi, de l'établissement des voûtes.

Ces principes, ainsi que nous avons eu soin de le faire remarquer, ne peuvent pas devenir, par une conséquence directe, ceux de l'équilibre des voûtes; mais ils fourniront des analogies très-utiles et des inductions incontestables pour arriver à distinguer les lois particulières de cet équilibre.

ARTICLE II.

Conditions fondamentales de l'équilibre des voûtes en berceau.

14. Bien qu'il y ait entre une voûte et un arc en équilibre toute la différence du fini à l'infini, il est incontestable qu'on peut conclure des propriétés de ces arcs, exposées dans l'article précédent, les principes suivants, applicables rigoureusement aux voûtes, et qui auraient pu, encore un peu, être présentés comme des axiomes.

1° Si tous les efforts qui agissent sur la voûte se réduisaient à des actions dont la direction serait constamment normale à la courbe d'intrados, et dont l'intensité varierait suivant une loi continue, la courbe d'intrados devrait être la courbe d'équilibre déterminée en vertu de la loi des actions normales; cette courbe serait surbaissée si l'action normale croissait du sommet aux naissances; elle serait surhaussée dans le cas contraire; elle serait un cercle si l'action normale était constante.

2° Si une voûte n'est soumise qu'à des actions verticales, la pression qui s'établit, d'une manière inconnue, dans l'intérieur de cette voûte, a nécessairement une composante horizontale constante, composante qu'on désigne par *poussée horizontale de la voûte.*

3° Dans les voûtes, construites suivant une des formes usitées, la pression, quelle qu'elle soit, qui agit dans le sens du contour de l'intrados, croît depuis le sommet jusqu'aux naissances.

4° Si la section verticale d'une voûte en berceau satisfait aux conditions de l'équilibre, la voûte est en équilibre sur toute sa longueur.

Fig. 11 et 12. Il résulte du troisième principe qu'on doit naturellement augmenter la résistance de la voûte à l'écrasement, à mesure qu'augmente la pression éprouvée ; qu'en conséquence l'*épaisseur de la voûte doit généralement croître depuis le sommet jusqu'à la naissance.* C'est là d'ailleurs une vérité de sentiment. On reconnaît donc tout d'abord que, ni les voûtes extradossées parallèlement, ni celles dont les reins sont arasés au niveau du sommet de l'intrados, n'ont la forme la plus convenable pour l'équilibre.

15. Afin que les conditions d'équilibre théorique des voûtes en berceau puissent découler plus facilement des observations qui précèdent, nous considérerons séparément, et sous deux points de vue différents, les diverses actions ou réactions auxquelles peut être soumis un pareil système.

Fig. 13. Soit une portion de voûte à intrados circulaire, composée de voussoirs infiniment petits, sans frottement et sans adhérence, et se terminant à la clef par un joint vertical DE, inférieurement par un joint quelconque MN rendu fixe. Il suffit, comme on sait, de raisonner sur une section verticale de la voûte, ou, ce qui revient au même, sur une longueur de berceau égale à l'unité.

Considérons d'abord la voûte au moment où elle repose encore sur un cintre ou support inébranlable. Décomposons le poids de chaque voussoir, à son centre de gravité, en deux forces dirigées l'une suivant la normale, l'autre parallèlement à la tangente à l'intrados : la première sera complétement détruite par la réaction du cintre ; la seconde produira une certaine pression infiniment petite sur le voussoir immédiatement inférieur. En raisonnant de même pour toute l'étendue de la portion de voûte considérée, on voit que le cintre supportera, en chacun de ses points, une pression normale égale à la composante du poids du voussoir correspondant ; qu'en même temps les composantes tangentielles des mêmes poids se reporteront successivement d'un voussoir sur l'autre depuis le haut jusqu'en bas : la pression qui s'établit ainsi dans l'intérieur de la voûte est nulle au joint de clef DE et croît jusqu'au joint MN, où elle est vaincue par la réaction de l'obstacle fixe.

Dans cet état, le cintre supporte évidemment au sommet une charge normale égale au poids de la voûte rapporté à l'unité de longueur, et calculé pour ce sommet même ; car la pression longitudinale, qui agit d'un voussoir à l'autre, étant nulle au sommet, n'influe en rien sur la charge du cintre à ce point. Soit donc d la longueur d'intrados Dm d'un voussoir infiniment petit adjacent au sommet, c son épaisseur DE, qui est supposée ne pas varier dans l'étendue infiniment petite de ce voussoir : on trouvera aisément, en appelant r le rayon du cercle, que la longueur En de l'extrados du même voussoir est égale à :

$$d' = \frac{r + c}{r} d.$$

En sorte que la surface de la section très-petite du voussoir ED*mn*, qui est égale à la différence des deux secteurs E*on*, D*om*, a pour expression :

$$v = \frac{1}{2} \left\{ d'\,(r + c) - dr \right\} = \frac{1}{2} \left(2c + \frac{c^2}{r} \right) d.$$

Si donc on désigne par M la pesanteur spécifique de la maçonnerie, on aura pour le poids d'un voussoir au sommet, sur l'étendue infiniment petite d :

$$Mv = \frac{M}{2r}\,(2cr + c^2)\,d,$$

et, pour le même poids rapporté à l'unité de longueur de l'intrados :

$$p = \frac{M}{2r}\,(2cr + c^2). \tag{1}$$

Admettons maintenant (et nous verrons tout à l'heure comment on peut réaliser cette hypothèse) que le profil de la voûte a été tellement combiné que le cintre supporte partout une charge normale constante. La courbe d'équilibre de ce cintre est circulaire; il pourrait être formé d'un simple arc incompressible s'appuyant inférieurement contre le joint fixe MN, et maintenu en D par une force horizontale Q, qu'on sait calculer. Mais, par la même raison, et la matière de la voûte étant regardée comme sensiblement incompressible, on peut appliquer la force horizontale Q contre le joint vertical DE, au point D, ce qui remplacera effectivement l'office du cintre.

D'après ce qu'on a vu précédemment, la force Q a pour valeur le produit du rayon r par la charge normale p, rapportée à l'unité de longueur, on a donc, ensuite de l'équation (1) :

$$Q = \frac{M}{2}\,(2\,cr + c^2).\tag{2}$$

Nous avons ainsi décomposé par la pensée la *pression effective* qui s'établit dans l'intérieur d'une voûte circulaire en deux autres, l'une, que nous appellerons *pression vive* et qui s'établirait suivant l'arc d'intrados, afin de suppléer l'office du cintre ; la seconde, que nous appellerons *pression morte* est celle qui s'était établie dans l'intérieur de la voûte, lorsqu'elle reposait encore sur son cintre. La pression effective est toujours la résultante des deux autres ; mais ce n'est point en partant d'une telle considération qu'il serait praticable de calculer la pression résultante, c'est-à-dire celle qu'il faut apprécier en définitive.

La pression vive Q est la seule qui existe au sommet, puisqu'en ce point la pression morte est nulle. Au lieu d'appliquer sur le joint DE cette force horizontale Q, il est évident qu'il suffit, pour l'équilibre, d'appliquer à gauche de la verticale DE une autre portion de voûte EDM'N' symétriquement égale à la portion considérée EDMN ; alors, ces deux demi-voûtes s'appuieront l'une contre l'autre suivant le joint DE et avec une intensité évidemment égale à la pression horizontale Q : cette force Q mesurera donc en même temps et la *pression à la clef*, et la composante horizontale de la pression effective au même point.

Conséquemment, et d'après ce qu'on a rappelé au n° 14, *la valeur de Q, donnée par l'équation* (2), *est la poussée horizontale de la voûte* (*).

Fig. 13.

(*) L'expression de la poussée horizontale (2) est identique avec celle qu'a trouvée Navier, en suivant une marche plus mathématique que la nôtre, mais totalement différente. Voir la note I.

Cette poussée, pour les voûtes circulaires, croît avec la densité de la maçonnerie, le rayon de la voûte et son épaisseur à la clef. La formule (2), d'après la manière dont on l'a obtenue, suppose implicitement que la courbe de pression effective, qui s'établit dans l'intérieur de la voûte, passe par le sommet de l'intrados.

16. Ce que nous avons dit, dans le n° 15, d'une voûte à intrados circulaire, s'appliquerait à une voûte dont l'intrados serait tracé suivant une courbe quelconque, pourvu qu'elle fût convexe et continue, et sauf d'ailleurs les interprétations suivantes.

D'abord, le profil de la voûte devrait être combiné de manière que la charge normale sur le cintre fût, non pas constante, mais constamment réciproque au rayon de courbure de l'intrados (voir n° 4).

Ensuite, la valeur du rayon de courbure qui entrerait dans la valeur de Q serait celle du rayon de courbure au sommet de l'intrados et, R désignant ce rayon, c désignant toujours l'épaisseur à la clef, on aurait pour valeur de la *pression à la clef*, ou de la *poussée horizontale de la voûte* :

$$Q = \frac{M}{2}(2cR + c^2). \qquad (1)$$

Ce résultat montre que, dans les voûtes surbaissées, pourvu qu'elles satisfassent à la condition de profil indiquée ci-dessus, la poussée est déterminée par le rayon de courbure au sommet et reste indépendante des autres rayons de courbure. Conséquemment, quand l'intrados est tracé suivant une courbe à plusieurs centres, on doit chercher à réduire autant que possible le plus grand rayon.

17. Les valeurs ci-dessus de la poussée sont fondées sur une hypothèse caractéristique · c'est à savoir que le profil

de la voûte a été réglé par la condition d'exercer sur le cintre une pression normale, constamment réciproque au rayon de courbure. Cette loi suffira, dans tous les cas, pour déter miner successivement les longueurs de tous les joints infiniment rapprochés, aboutissant à l'intrados, depuis le sommet jusqu'à un joint fixe quelconque. On en déduira, par les procédés du calcul intégral, ou plutôt par des formules approchées qui soient équivalentes dans la pratique, la superficie V de la portion de voûte considérée. Alors, M désignant toujours la densité de la maçonnerie, la composante verticale de la pression effective sur le joint extrême sera évidemment égale à :

$$P = MV. \tag{1}$$

Q, étant d'ailleurs calculé comme on l'a indiqué ci-dessus, sera la composante horizontale de la même pression. Celle-ci aura donc pour valeur, suivant une règle de statique élémentaire :

$$T = \sqrt{P^2 + Q^2}. \tag{2}$$

Enfin, si θ indique l'angle que fait avec l'horizontale la direction de la poussée sur le joint qui termine inférieurement la portion de voûte considérée, cet angle sera connu par la relation générale :

$$\operatorname{Tang}\theta = \frac{P}{Q}.$$

On voit donc que toute la théorie de l'équilibre des voûtes est maintenant ramenée à la détermination d'un profil qui satisfasse à la condition caractéristique ci-dessus, ou, ce qui revient au même, à la description d'une *courbe d'extrados* qui remplisse ladite condition, dans chaque cas particulier.

ARTICLE III.

Tracé de la courbe d'extrados.

18. Cherchons d'abord quel peut être le mode de description de la courbe d'extrados pour une voûte circulaire. Ce problème, comme on le prévoit, n'est pas sans difficulté, et, afin de pouvoir en réduire la solution à des termes pratiques, on ne peut éviter des explications assez étendues.

Soient t l'intensité variable de la pression morte, c'est-à-dire, de celle qui s'établit dans l'intérieur de la voûte, lorsqu'elle repose encore sur son cintre; ρ le rayon de courbure de la courbe suivant laquelle se distribue ladite pression : cette courbe, suivant ce qu'on a remarqué au n° 10, ne peut pas être un cercle et par conséquent ρ est variable.

Désignons par la variable p le poids, rapporté à l'unité de longueur de l'intrados, d'un voussoir quelconque infiniment petit; par α l'angle que fait avec la verticale le joint correspondant à ce voussoir : la composante de p, normalement au cercle d'intrados a pour valeur $p\cos\alpha$.

Mais la dernière force ne produit pas tout son effet sur le cintre, parce que, comme on sait, elle est combattue par une autre force, $\dfrac{t}{\rho}$ due à la réaction normale de la tension t. Si n est l'angle que font entre elles les normales à l'intrados et à la courbe de pression, la quantité dont la première force, $p\cos\alpha$, sera diminuée par la seconde, $\dfrac{t}{\rho}$, aura pour valeur $\dfrac{t}{\rho}\cos n$. Quant à l'autre composante de $\dfrac{t}{\rho}$ qui a pour valeur $\dfrac{t}{\rho}\sin n$, on voit qu'elle agira parallèlement à la

pression vive, et concourra ainsi à former la pression effective, dont nous ne nous occupons point pour le moment.

Ainsi donc, pour satisfaire à la condition voulue, c'est-à-
dire, pour que la charge normale sur le cintre soit constante, il faut qu'on ait la relation :

$$n = p \cos. \alpha - \frac{t}{\rho} \cos. \eta = \text{constante} ; \qquad (1)$$

mais on peut satisfaire à cette égalité, en posant séparément :

$$p \cos. \alpha = \text{constante}. \qquad (2)$$

$$\frac{t}{\rho} \cos. \eta = \text{constante}. \qquad (3)$$

La condition (2), comme on le verra, détermine déjà, et
d'une manière complète, la courbe d'extrados, en fonction
du rayon d'intrados r, et de l'épaisseur à la clef c. Or, comme
l'autre condition (3) doit forcément subsister en même temps
que celle-là, il faudra que la courbe d'extrados étant déterminée, la courbe de pression morte, telle qu'elle est réglée
par l'équation (3), puisse encore s'inscrire dans le profil de
la voûte : on conçoit, en effet, que l'équilibre ne saurait
exister, sans que les points d'appui successifs d'un voussoir
sur le suivant forment une courbe comprise tout entière
dans le plein de la maçonnerie.

Il sera démontré ci-dessous, n° 25, et nous nous bornons,
quant à présent, à énoncer comme résultat d'expérience,
*que si l'extrados est décrit suivant la condition (2) ci-dessus,
et si d'ailleurs la clef a une épaisseur conforme aux règles
usitées, la vérification dont il s'agit conduira toujours à conclure la stabilité de la voûte.*

On remarquera de plus, que la simplification introduite,
comme nous venons de l'indiquer, dans la détermination du
profil de la voûte, ne modifie point la valeur générale de la
poussée donnée au n° 15. En effet, au sommet, on a $\alpha = 0$;
en même temps, la tension t est nulle, comme on l'a montré
au n° 15; d'ailleurs, le rayon de courbure ρ, quel qu'il soit,
a évidemment une valeur finie, et cos. n ne peut varier que
de 0 à 1 : conséquemment, la valeur de la pression normale
effective au sommet, déduite soit de la relation (1), soit de
la relation (2), est toujours $N = p$, c'est-à-dire, celle qui
a servi à déterminer la valeur générale Q de la poussée.

19. D'après les explications qui précèdent, la courbe
d'extrados d'une voûte circulaire doit être déterminée par la
condition :

$$p \text{ cos. } \alpha = \text{constante.}$$

p désignant le poids variable de la voûte, rapporté à l'unité
de longueur de l'intrados. Or, suivant ce qui a été démontré au n° 15, et si l'on désigne par ε l'épaisseur variable de
la voûte, on a pour le poids d'un voussoir, sur une étendue
très-petite d de l'intrados :

$$p \, d = M \left(\varepsilon + \frac{\varepsilon^2}{2r} \right) d;$$

par conséquent la condition ci-dessus doit s'écrire :

$$p \text{ cos. } \alpha = M \left(\varepsilon + \frac{\varepsilon^2}{2r} \right) \text{cos. } \alpha = \text{constante,}$$

ou, comme M est constant :

$$\varepsilon \text{ cos } \alpha + \frac{\varepsilon^2 \text{ cos. } \alpha}{2r} = \text{constante.} \tag{1}$$

La solution complétement rigoureuse, déduite de la condition (1), n'est pas sans difficulté et ne conduit pas d'ail-

leurs, à un résultat commode dans les applications ; elle ne peut donc prendre place ici. On se contentera provisoirement, et sauf la justification qui en sera faite plus tard, d'une solution grossière, dont la déduction est aussi simple que son résultat est praticable (*).

Supposons maintenant la voûte formée, non pas d'une infinité de voussoirs infiniment petits, mais d'une infinité de tranches infiniment minces, dirigées suivant des normales à l'intrados et tenues à distance par deux arcs rigides, qui suivraient respectivement les trajets des deux courbes de pression considérées ci-dessus. Soit toujours ε l'épaisseur variable de la voûte, qui deviendra ici la longueur variable desdites tranches ; soit δ le poids de la matière sur l'épaisseur infiniment petite d'une tranche : nous aurons remplacé la valeur du poids de chaque voussoir différentiel par le poids $\varepsilon\delta$ d'une tranche, et la composante normale de la pression due à l'un de ces voussoirs par $\varepsilon\delta \cos. \alpha$. Il faudra donc alors, pour que la pression normale rapportée à l'unité de longueur soit constante, que l'on ait la condition plus simple :

$$\varepsilon \cos. \alpha = \text{constante.}$$

Or, au sommet de la voûte, $\cos.\alpha = 1$ et $\varepsilon = c$, on a donc généralement :

$$\varepsilon = \frac{c}{\cos. \alpha}. \tag{2}$$

(*) Voir n° 25 la justification pratique de cette solution approchée, et n° 27 la solution rigoureuse, qui ne conduit pas à des résultats admissibles dans la pratique.

Voir aussi à la fin du volume les notes I et II, dans lesquelles la parfaite convenance du profil qui va être déterminé est prouvée d'une manière rigoureuse, par l'application des méthodes de M. Méry et de Coulomb.

Cette relation, quoique bien éloignée de celle d'où l'on est parti n° 18, laisse encore à la poussée horizontale sa valeur calculée au n° 15. On a, en effet, pour la pression normale, rapportée à l'unité de longueur :

$$p \cdot \cos \alpha = \mathrm{M}\left(\varepsilon \cos \alpha + \frac{\varepsilon^2 \cos \alpha}{2r} \right);$$

pour $\alpha = 0$, elle se réduit encore à :

$$\mathrm{M}\left(c + \frac{c^2}{2r} \right),$$

valeur qui a servi à établir celle de Q au n° 15.

De la relation (2) on déduit, en appelant ρ le rayon vecteur quelconque ON de la courbe d'extrados, l'équation suivante de ladite courbe, rapportée aux coordonnées polaires ρ, α :

$$\rho = r + \frac{c}{\cos \alpha}. \tag{3}$$

L'équation (3), à cause de son extrême simplicité, conduit à deux constructions géométriques tout élémentaires, et dont l'une même permet de *tracer la courbe d'extrados d'un mouvement continu*.

Fig. 14.

En premier lieu, les équations (2) et (3) expriment que tous les joints LL′, HH′, doivent avoir une projection verticale constamment égale à c : si donc on mène une normale quelconque OHH′, coupant le cercle en H, qu'à une hauteur H′I $= c$ au-dessus du point H, on mène l'horizontale indéfinie H′G, la rencontre de cette ligne, avec la normale OH prolongée, donnera le point H′ de l'extrados correspondant au point H.

Fig. 15.

En second lieu, si à une hauteur $OO' = c$, au-dessus de la ligne de naissance OA, on mène l'horizontale O'A' et que l'on trace la ligne de joint quelconque OM, faisant un angle α avec la verticale et coupant en B l'horizontale O'A', il suffira de porter sur la ligne OM prolongée la distance $BM' = r$, pour avoir le point M' de l'extrados correspondant au point M. On a, en effet, $OB = OO'\cos\alpha = c\cos\alpha$; d'où $OM' = OB + BM'$ ou $OM' = c\cos\alpha + r = \rho$.

Voici maintenant comment la dernière construction peut conduire à une description de la courbe par mouvement continu. On remplace l'horizontale O'A' par une règle fixe, et la ligne de joint OM par une règle mobile qui est traversée au point B, à une distance r de son extrémité M', par un style. On fait mouvoir la seconde règle de manière que son prolongement inférieur passe toujours par le centre O, et qu'en même temps le style s'appuie toujours contre la règle fixe O'A'. Dans ce mouvement, l'extrémité M' décrit évidemment la courbe d'extrados. On réalise très-facilement ce mode de tracé sur les épures de voûtes, en pratiquant dans la règle O'A' une rigole ou rainure continue, dans laquelle glisse le style de la règle mobile, et en pratiquant de même, dans cette dernière, et de B vers O, une semblable rigole, qui glisse à son tour sur un style fixe planté au centre O.

20. La solution pratique qui précède peut être étendue au tracé de la courbe d'extrados d'une voûte dont l'intrados est quelconque; pourvu que, pour chaque inclinaison de la normale, on connaisse la longueur du rayon de courbure, et l'on saura toujours déterminer cette donnée dans les courbes d'intrados qui peuvent être adoptées.

Soit, en effet, ρ un rayon de courbure quelconque dont la direction fait l'angle α avec la verticale; p le poids variable de la voûte rapporté à l'unité de longueur de l'intrados. D'après ce qui a été dit aux n°s 16 et 19, la condition d'équilibre serait :

$$\rho p \cos \alpha = \text{constante},$$

ou, si l'on admet la même simplification que pour les intrados circulaires, en désignant toujours par ε la longueur variable des joints

$$\rho \varepsilon \cos \alpha = \text{constante}.$$

Soient donc R le rayon de courbure au sommet, où $\alpha=0$, et c l'épaisseur à la clef, il viendra la relation :

$$\varepsilon = \frac{R}{\rho}\frac{c}{\cos \alpha}. \tag{1}$$

Cette solution, dont l'exactitude suffisante dans la pratique sera justifiée ci-dessous, conduit à une construction géométrique complétement générale, et d'ailleurs très-élémentaire, qui pourra être faite sur l'épure même de la voûte.

Fig. 16.

On portera sur une verticale OA = R, OB = C et l'on mènera l'horizontale indéfinie BD. Pour obtenir la longueur ε d'un joint quelconque, on mènera OK faisant avec la verticale l'angle α, on portera OK = ρ et, par le point I où cette ligne rencontre l'horizontale BD, on mènera IL parallèle à AK : OL sera la longueur ε cherchée. En effet, les triangles semblables AOK, LOI donnent :

$$OL = \frac{OA \times OI}{OK} = \frac{R \times c \cos \alpha}{\rho}$$

Dans l'application, l'intrados est ordinairement tracé par rayons de courbure successifs ; OA se trouve tout porté sur l'épure et OK, OK′.... sont des parallèles aux autres rayons de courbure, qui se trouvent aussi sur l'épure. Le tracé de l'extrados n'est donc plus qu'un très-petit travail ajouté à l'épure de la voûte.

21. Les courbes d'extrados, tracées comme on vient de l'indiquer, présentent un caractère général, le seul que nous indiquerons ici, parce qu'il est le seul qui intéresse la pratique. Elles ont toutes pour asymptote rectiligne l'horizontale menée à une distance c au-dessus de la ligne de naissances (fig. 15 et 16), ou, en d'autres termes, le voussoir à la naissance aurait une longueur infinie. Cette contradiction montre que, dans la condition donnée, il n'est point possible d'extradosser complétement une voûte. Et on le conçoit *à priori* ; car, pour répondre à l'hypothèse d'où l'on est parti, il faudrait que le voussoir de naissance exerçât une pression horizontale finie, dirigée vers le centre de l'intrados.

Il résulte de là que la courbe d'extrados devra être arrêtée à une certaine hauteur au-dessus des naissances. C'est aussi ce qu'indique l'expérience.

On sait, par une pratique de tous les jours, que les voûtes peuvent être montées, ou tout au moins se soutenir, sans cintres, jusqu'au plan de joint qui forme un angle de 30°, et même plus, avec celui des naissances. Conséquemment, une arche quelconque doit être considérée comme composée de trois parties, l'une moyenne et rachetant un angle de 120°, au plus, laquelle forme la voûte proprement dite ; les deux autres latérales et rachetant chacune un angle de 30° au moins, lesquelles ne fonctionnent que comme culées ou pieds droits. En un mot, il n'y a plus de voûte au de là de 120°.

Dans tout ce qui suivra, nous supposerons que l'extrados   Fig. 15 et 16.

s'arrête sur le joint incliné de 30° sur l'horizontale, ou de 60° sur la verticale, et, pour abréger le discours, nous appellerons souvent ce joint, *joint extrême*. Toute la portion de voûte qui s'étend au-dessous de ce joint jusqu'à la naissance sera considérée comme faisant corps avec la culée et sera regardée comme la culée elle-même, lorsque l'arche s'arrêtera au niveau des naissances.

S'il s'agit d'un plein cintre, le joint extrême correspondra à la moitié de la hauteur de l'intrados et aura une longueur égale à $2\,c$. D'ailleurs, les coordonnées verticale et horizontale d'un point quelconque de l'extrados peuvent être déduites de l'équation (3) du n° 19 et l'on a :

$$\left.\begin{array}{l} u = \rho \cos \alpha = r \cos \alpha + c \\ t = \rho \sin \alpha = r \sin \alpha + c \tan \alpha \end{array}\right\} \qquad (1)$$

Ces équations montrent la propriété annoncée ci-dessus. Au joint extrême, où $\alpha = 60°$, elles donnent pour les coordonnées de l'extrémité de l'extrados :

$$u = \frac{r}{2} + c, \quad t = (r + 2\,c)\frac{\sqrt{3}}{2}. \qquad (2)$$

Dans le même cas d'un intrados circulaire, la courbe d'extrados se trouve être identique avec celle qui est connue sous le nom de *Conchoïde de Nicomède*. Mais, eu égard à l'usage spécial que nous en faisons, en raison de son mode de description, et enfin, par analogie avec les désignations adoptées pour d'autres courbes dérivant du cercle, nous croyons plus naturel de distinguer celle que l'on considère actuellement par le nom nouveau de *Péricycloïde*.

ARTICLE IV.

Calcul des poussées et pressions.

22. Dans les n°' 15 et 16, on a déterminé *à priori* l'expression de la poussée horizontale de la voûte, en supposant implicitement qu'au sommet la pression s'exerçait sur l'intrados même. Mais cette pression pourrait évidemment s'exercer en tout autre point du joint de clef. Alors, la pression normale étant toujours la même, si Q est la poussée calculée pour un rayon r aboutissant au sommet d'intrados, la nouvelle poussée Q′ qui correspondrait à un rayon r' aboutissant à un point quelconque de la clef serait, comme on sait (n° 4), déterminée par la relation :

$$Q' = \frac{r'}{r}\, Q.$$

Comme r' ne peut varier que de r à $r + c$, la plus grande et la plus petite valeur de la poussée horizontale ont respectivement pour expressions : Q et $\dfrac{r + c}{r}$ Q, Q ayant toujours la valeur donnée aux n°' 15 et 16 (*).

Quand la poussée horizontale a sa moindre valeur Q, la courbe de pression passe par le sommet de l'intrados ; la voûte tend à se rompre, en s'ouvrant à l'extrados de la manière indiquée par la fig. 17, c'est-à-dire par *soulèvement de la clef.*

Fig. 17.

(*) Cette conclusion semble, au premier abord, être en contradiction manifeste avec la théorie de Coulomb. Mais cette contradiction n'est qu'apparente. (*Voir* ci-après au n° 33 et à la note II.)

Fig. 18.

Quand, au contraire, la poussée horizontale prend sa plus grande valeur, $\dfrac{r+c}{r}\,Q$, la courbe de pression passe par le sommet de l'extrados; la voûte tend à se rompre de la manière indiquée par la *fig.* 18, c'est-à-dire par *affaissement de la clef.* Mais l'un ou l'autre cas de rupture ne peut arriver qu'après une modification notable du trajet de la courbe de pression, c'est-à-dire après la transformation de l'équilibre stable en équilibre instable. Cette discussion sera reprise plus loin, n° 33.

Entre les deux positions extrêmes que l'on vient de considérer et qui sont, pour ainsi dire, les limites de l'équilibre stable, la courbe de pression peut occuper une infinité de positions, à chacune desquelles correspondra une valeur de la poussée nécessairement comprise entre les deux limites fixées tout à l'heure. Par suite, et d'après ce qu'on a vu au n° 17, la valeur de la pression effective T et l'inclinaison θ de sa direction varieront aussi ; mais la composante verticale P demeurera la même, puisqu'elle reste égale, en chaque point, au poids de la portion de voûte considérée. C'est ce dernier élément qu'il s'agit maintenant de déterminer.

23. Le calcul du poids d'une portion de voûte sur l'unité de longueur du berceau, ou, ce qui revient au même, d'une portion du profil vertical de cette voûte, ne peut être fait généralement qu'au moyen d'une intégration plus ou moins compliquée. Il sera plus commode à la plus part des constructeurs, et d'ailleurs bien suffisant pour l'objet que l'on a présentement en vue, de calculer cette surface par le procédé pratique suivant :

Fig. 19.

On tracera, sur l'épure même de la voûte, ou au moins sur un dessin à grande échelle, des parallèles uniformément espacées d'une quantité *e*, cet intervalle étant assez petit pour que les arcs de courbe interceptés se confondent sensiblement avec des lignes droites. On ajoutera les longueurs de toutes ces parallèles comprises dans le profil DENM ; on retranchera de leur somme la moitié de celle des deux ordonnées extrêmes : le résultat multiplié par l'intervalle constant e donnera la surface cherchée.

Pour plus de sûreté, on pourra recommencer l'opération, en traçant les parallèles dans un autre sens et en comparant les deux surfaces obtenues. Du reste, l'addition des longueurs, qui se fait déjà assez vite au compas, sera encore abrégée de beaucoup et moins sujette à erreur, si l'on se sert de la *roulette* inventée par M. Dupuit, ingénieur en chef du département de la Marne : c'est un compteur très-commode et aussi exact que possible, pour additionner les longueurs (*).

24. Lorsque la courbe d'intrados est un cercle, l'expression de la superficie du profil, entre le joint à la clef et un joint quelconque, prend une forme un peu moins compliquée, quoiqu'elle nécessite encore une intégration.

Suivant ce qu'on a vu précédemment, la surface d'un voussoir infiniment petit dv, qui s'appuie sur un arc infiniment petit de l'intrados ds, a pour expression (n° 19)

$$dv = \left(\varepsilon + \frac{\varepsilon}{2r} \right) ds,$$

ou, si l'on remplace la longueur du joint ε par sa valeur $\dfrac{c}{\cos \alpha}$ et l'arc ds par sa valeur $rd\alpha$

$$dv = cr \frac{d\alpha}{\cos \alpha} + \frac{c^2}{2} \frac{d\alpha}{\cos^2 \alpha}.$$

____

(*) La notice publiée par M. Dupuit sur cet ingénieux instrument qui a

En intégrant et remarquant que $v = o$ quand $\alpha = o$, on a pour expression générale de l'aire cherchée (log. étant l'indice des logarithmes népériens) :

$$V = \frac{1}{2}\left\{ cr \log \frac{1 + \sin \alpha}{1 - \sin \alpha} + c' \, \text{tang} \, \alpha \right\} \qquad (1)$$

Les deux termes variables qui entrent dans la valeur ci-dessus d'une portion de voûte sont donnés, de degré en degré, par la table I (troisième section ci-après). On obtiendra donc la surface voulue, jusqu'à un joint quelconque, au moyen de deux multiplications et d'une addition.

Les résultats de la formule (1) ainsi calculés, seront rigoureusement exacts jusqu'à la sixième décimale. On peut avoir aussi, mais d'une manière seulement approximative, la longueur du développement de l'extrados, laquelle n'a du reste d'importance que pour l'évaluation de la superficie de chape. Sans entrer ici dans des détails que l'ordre de la question ne mérite pas, nous nous bornerons à énoncer la formule pratique y relative. Désignant par C le contour de l'extrados, depuis le sommet jusqu'à un joint quelconque, par S l'arc d'intrados correspondant et par V l'aire du profil, donnée dans les mêmes limites par la formule (1), on a sensiblement :

$$C = S + \frac{V}{r}. \qquad (2)$$

Cette seconde formule donnera des résultats qui ne différeront de la vérité que du 1/5 environ de la longueur c,

---

reçu l'approbation du conseil des ponts et chaussées, se trouve chez Carilian-Gœury et Victor Dalmont.

épaisseur à la clef, et l'on sent que cette erreur est parfaitement négligeable dans l'espèce.

25. Nous pouvons maintenant déterminer les valeurs de la pression effective et sa direction, en un point quelconque d'une voûte à intrados circulaire.

La composante verticale P, quel que soit le trajet de la courbe de pression, aura toujours pour expression :

$$P = MV = \frac{M}{2} \left\{ cr \log \frac{1 + \sin \alpha}{1 - \sin \alpha} + c' \, \text{tang} \, \alpha \right\} \quad (1)$$

La composante horizontale de la pression, pour le cas limite considéré au n° 22, quand la courbe de pression touche au sommet d'intrados, aura pour valeur :

$$Q = \frac{M}{2} (2cr + c'); \quad (2)$$

en même temps, l'inclinaison de la pression effective sera donnée par la formule :

$$\text{Tang} \, \theta = \frac{P}{Q} = \frac{r}{2r + c} \log \frac{1 + \sin \alpha}{1 - \sin \alpha} + \frac{c}{2r + c} \, \text{tang} \, \alpha. \quad (3)$$

Tous ces résultats pourront être calculés facilement, à l'aide de la table I précitée. D'ailleurs, l'intensité de la pression T se calculera à l'aide de la même table et en vertu de la relation :

$$T = \frac{Q}{\cos \theta}. \quad (4)$$

Pour le second cas limite considéré au n° 22, c'est-à-dire quand la courbe de pression touche au sommet d'extrados, on aura d'après ce qui précède :

$$P = \frac{M}{2}\left\{ c\, r \log \frac{1 + \sin \alpha}{1 - \sin \alpha} + c'\, \tan \alpha \right\} \qquad (5)$$

$$Q' = \frac{M}{2}\,\frac{r + c}{r}(2\, c\, r + c^2) \qquad (6)$$

$$\operatorname{Tang} \theta' = \frac{r}{r + c}\, \tan \theta \qquad (7)$$

$$T = \frac{Q'}{\cos \theta'}\,. \qquad (8)$$

Ayant calculé les valeurs successives de tang θ, on aura par une simple multiplication celles de tang θ' correspondant à un même joint qui fait un angle quelconque α avec la verticale. On pourra ainsi tracer par tangentes successives les courbes de pression limites passant, l'une par le sommet d'intrados, l'autre par le sommet d'extrados. Comme ces valeurs de tang θ et de tang θ' dépendent du rayon de l'intrados r et de l'épaisseur à la clef c, on ne peut conclure d'une manière générale aucun résultat mathématique sur le trajet des courbes de pression limites. Mais si, après avoir fait les calculs pour une voûte déterminée, on construit ces courbes comme il vient d'être dit, on reconnaît que la première, tangente au sommet d'intrados, va couper le joint extrême à 1/8 environ de sa longueur en partant de l'intrados ; que la seconde, tangente au sommet d'extrados, va couper le joint extrême à 1/4 environ de sa longueur en partant de l'extrados. On reconnaît de plus, d'après la même expérience, que ces deux courbes peuvent être représentées pratiquement et avec une approximation suffisante par le procédé abrégé qui suit :

Fig. 20.   Si par le point M, extrémité intérieure du joint à 60°, on mène la ligne MI faisant un angle θ avec l'horizontale, l'arc de cercle D*m*, tracé du point I comme centre, suit à très-peu près le trajet de la courbe de pression minimum. Si, par le même point, on mène la ligne MI' faisant un angle θ' avec l'horizontale, l'arc de cercle E*n* tracé du point I' comme centre, représentera approximativement le trajet de la courbe de pression maximum.

Les calculs nécessaires au tracé direct des deux courbes de pression, de 10° en 10°, sont donnés par la table II calculée pour le cas d'une voûte de 1^m,00 de rayon sur 0,40 d'épaisseur à la clef, d'une voûte de 10^m de rayon sur 1^m,30 d'épaisseur à la clef, et enfin d'une voûte de 20^m de rayon sur 2^m,30 d'épaisseur à la clef.

On observera, en comparant, sur cette table, 1° le mode d'accroissement des valeurs de tang θ et de tang α; 2° celui des valeurs de tang θ' et tang n, n étant l'inclinaison d'une tangente à la courbe d'extrados, que les courbes de pression limites ne peuvent point sortir du profil de la voûte, ce qui, comme on l'a vu, est la condition de l'équilibre, pour l'un ou l'autre cas extrême (*). De plus, les valeurs tang Θ, sont calculées pour une courbe de pression qui partirait du milieu du joint de clef : cette courbe occupe, comme on le voit sur la table II, une position moyenne entre les deux courbes limites ; il sera même démontré, aux notes I et II (4e section), que ladite courbe passe sensiblement par les milieux de tous les joints ; enfin, elle représente, très-probablement

---

(*) Désignant par n l'angle que fait avec l'horizontale une tangente à la courbe d'extrados pour une inclinaison α du joint sur la verticale on déduit facilement des équations (1) du n° 21 :

$$\text{Cotang } n = \frac{dt}{du} = - \left\{ \frac{1}{\text{tang } \alpha} + \frac{c}{r \sin \alpha \cos^2 \alpha} \right\}$$

le trajet effectif de la courbe de pression résultante, lorsque la voûte est arrivée à son état d'équilibre permanent. (Voir n° 49, ci-après.)

26. Il est nécessaire de faire ici une remarque sur la direction de la pression qui s'établit d'un voussoir à l'autre, pression qui d'ailleurs est indéterminée, mais reste toujours comprise entre deux limites déterminées.

Fig. 20.

En examinant l'expression de tang θ (n° 25), et les valeurs des deux termes variables qui y entrent, valeurs données par la table I, on voit que l'angle θ, d'abord égal à l'angle α au sommet, croît ensuite moins vite que α, d'où l'on conclut que, sur chaque joint, la tangente à la courbe de pression fait avec la normale au joint un angle $\alpha - \theta$. Cet angle est nul au sommet et prend sa plus grande valeur sur le joint extrême, où $\alpha = 60°$; mais il est toujours dirigé de manière que la pression effective tend à pousser chaque voussoir vers l'extérieur de la voûte.

Si l'on imagine que la courbe de pression, au lieu de passer par le sommet d'intrados passe successivement par tous les points de la clef, la valeur générale de tang. θ décroîtra de plus en plus par rapport à celle de tang α; l'angle $\alpha - \theta$ deviendra de plus en plus grand, pour une même valeur de α. Enfin $\alpha - \theta$ atteindra son maximum, en même temps que la pression, c'est-à-dire quand la courbe de pression passera au sommet. Mais toujours les voussoirs se trouveront poussés vers l'extérieur de la voûte.

Ainsi, quel que soit le trajet de la courbe de pression, l'action exercée sur chaque voussoir pourra être décomposée par la pensée en deux autres : l'une, normale au joint, qui tend à produire l'écrasement du voussoir; l'autre, tangente au joint, et qui tend à chasser le voussoir vers l'extrados. Ces deux modes séparés d'action sont faciles à évaluer. Soit π la composante de la tension T, normale au joint, et qui tend à produire l'écrasement, r la composante parallèle au joint et qui tend à produire le glissement, on aura :

$$\pi = T\cos(\alpha - \theta) = Q\frac{\cos(\alpha - \theta)}{\cos\alpha}, r = T\sin(\alpha - \theta) = Q\frac{\sin(\alpha - \theta)}{\cos\alpha}. \ (1)$$

Ces deux valeurs conduisent à des conséquences importantes pour l'établissement pratique des voûtes.

D'abord, comme l'angle $\alpha - \theta$ est toujours très-petit, son cosinus est toujours assez près de l'unité, et la valeur générale de π diffère peu de $\dfrac{Q}{\cos\alpha}$, tout en restant inférieure à cette dernière valeur. Il résulte de là que la pression d'écrasement sur les joints croîtra sensiblement comme $\dfrac{1}{\cos\alpha}$, ou comme la longueur ε du joint, c'est-à-dire, comme sa surface sur l'unité de longueur du berceau. Donc, si la section c à la clef est suffisante, eu égard à l'espèce de la maçonnerie, pour résister à la pression Q au sommet, elle sera, *à fortiori*, suffisante partout, mais cependant sans qu'il y ait jamais un excès notable. Cela doit s'entendre quelle que soit la pression au sommet Q, c'est-à-dire, quel que soit le trajet de la courbe de pression effective.

En second lieu, la tendance au glissement r ayant une valeur finie, sur tout autre joint que celui de clef, l'équilibre ne saurait avoir lieu, si, par impossible, le frottement des voussoirs joint sur joint était mathématiquement nul. Mais il n'en sera jamais ainsi. Et si, à l'aide de la table II, on vérifie que le rapport de l'action r à la pression π varie de zéro à 0.12 au plus, on reconnaît que, dans la pratique, le glissement sera toujours et nécessairement impossible.

4

On sait, en effet, que le rapport 0.12 du frottement à la pression convient à peu près au glissement de fer sur fer ; que ce rapport est de 0.75 pour le glissement de pierre sur pierre bouchardée et qu'il dépasse certainement 1.00, quand les maçonneries sont unies par un mortier de moyenne qualité, dont l'adhérence s'ajoute à la résistance du frottement.

27. Comparons maintenant ces conséquences, assurément bien satisfaisantes pour la pratique, à ce qui arriverait, si l'on déterminait le profil de la voûte en vertu de la solution rigoureuse, indiquée seulement aux n°s 18 et 19, solution qui avait seule été présentée par les divers auteurs qui ont abordé sous le même point de vue que nous la théorie de l'équilibre des voûtes.

Lorsqu'on détermine le profil de la voûte de manière que la composante du poids des voussoirs, normalement à l'intrados, soit rigoureusement constante, la direction de la pression suit exactement le contour de l'intrados, et comme alors elle reste constamment normale aux joints, il n'y a aucune tendance au glissement. Ainsi, l'on renonce volontairement à la résistance du frottement, qui est dans la nature des choses et dont il est sans doute logique de profiter, puisqu'elle existe nécessairement. Et à quel prix réduirait-on à devenir inutile cette résistance naturelle? en augmentant outre mesure l'épaisseur de la voûte.

On sait en effet que, dans cette hypothèse (*), la longueur ε d'un joint est donnée par l'équation

$$\varepsilon = -r + \sqrt{r^2 + \frac{2Q}{M \cos^2 \theta}}, \quad Q = \frac{M}{2}(2\,cr + c^2),$$

(*) Voir la note I (n° 4) à la fin du volume. — Voir aussi Navier, Leçons de mécanique appliquée, 1826.

r représentant le rayon de l'intrados, c l'épaisseur à la clef, θ l'inclinaison du joint sur la verticale, M la densité de la maçonnerie. Si l'on pose dans ces équations les dimensions pratiques $r = 10^m.00$, $c = 1^m.30$, $\theta = 60°$, on trouve $\varepsilon = 4^m.51 = c \times 3.47$: tandis que le procédé par nous indiqué donne, pour le même joint $2c$ seulement, ou $2^m.60$, dimension un peu plus que suffisante, comme on l'a vu. De plus, pendant que la longueur de joint varierait ainsi beaucoup plus rapidement que $\dfrac{1}{\cos\theta}$, la pression normale sur les joints croîtrait,

elle, exactement comme $\dfrac{1}{\cos\theta}$, de sorte que la résistance de la maçonnerie à l'écrasement, si elle était suffisante au joint de clef, deviendrait énormément exagérée à une certaine distance du sommet.

Ainsi donc, *la détermination rigoureuse du tracé de la courbe d'extrados aurait conduit à des résultats contradictoires dans la pratique*, d'abord en annihilant la résistance du frottement et de l'adhérence, puis en donnant à la voûte des dimensions démesurées, le tout sans profit pour la stabilité. Il ne faut point douter que ce ne soient ces considérations qui aient fait rejeter jusqu'aujourd'hui par tous les praticiens la théorie due à Lahire et souvent reproduite, depuis qu'il l'a donnée en 1695.

ARTICLE V.

Propriétés sommaires du profil d'équilibre des voûtes.

28. — Afin de fixer les idées sur la théorie qui précède, il convient de récapituler les considérations par lesquelles on est arrivé à la détermination du profil d'équilibre des voûtes

proprement dites. On se bornera présentement à ce qui concerne les voûtes à intrados circulaire.

1° On a déterminé *à priori* la valeur de la poussée horizontale, en subordonnant le profil de la voûte à cette condition
caractéristique, que la pression exercée normalement à l'intrados fût constante.

2° Au lieu de déterminer la courbe d'extrados rigoureusement en vertu de ladite condition, on a adopté provisoirement une solution plus grossière en apparence, mais qui a
le double avantage de conduire à un tracé purement géométrique, et de donner une expression quarrable du profil de
la voûte. La courbe d'extrados ainsi déterminée a été désignée sous le nom de *péricycloïde*.

3° On a vérifié que le profil de la voûte résultant dudit
tracé comporte exactement la même expression de la poussée
horizontale qui avait été donnée *à priori*. On a calculé rigoureusement, et réduit à des expressions arithmétiques,
les valeurs de la pression effective et de sa direction, à sa
rencontre avec un joint quelconque.

4° On a montré que, dans le cas d'un équilibre stable, la
courbe de pression effective peut occuper une infinité de
positions dans le profil de la voûte, mais qu'elle est déterminée aussitôt qu'on se donne le point de passage de cette
courbe sur le joint de clef. On a indiqué une méthode
prompte et tout à fait pratique pour tracer, quand on le
voudra, l'une quelconque de ces courbes dans le profil considéré.

5° Parmi toutes les courbes de pression, l'une qui est
tangente au sommet de l'intrados, l'autre, au sommet de
l'extrados, correspondent au cas où la voûte tend à se rompre, soit par soulèvement, soit par affaissement de la clef,
et l'équilibre exige que ces courbes ne sortent point du

profil de la voûte. On a vérifié que, dans le profil adopté,
non-seulement cette double condition est satisfaite, mais que
même elle l'est avec toute l'économie de maçonnerie désirable pratiquement, puisque ces deux courbes limites s'éloignent fort peu, soit de l'intrados, soit de l'extrados.

6° Considérant les effets de la résistance à l'écrasement et
au glissement qui se présentent nécessairement dans la pratique, on a montré, d'une part, que la voûte offrirait dans
tous ses joints une épaisseur proportionnée à la pression
qu'elle supporte ; d'autre part, que le profil adopté utilise
une partie de la résistance des maçonneries au glissement,
mais une partie tellement modérée, qu'il n'en peut résulter
absolument aucun trouble dans l'équilibre, même quand les
mortiers sont encore flasques.

7° On a reconnu que ces deux dernières conditions manqueraient totalement si le profil était déterminé rigoureusement suivant la condition énoncée ci-dessus (1°) ; qu'ainsi,
on se trouverait conduit à des résultats contradictoires dans
la pratique, si l'on négligeait complétement les effets du
frottement et de l'adhérence des voussoirs. C'est, du reste,
ce qu'avait déjà remarqué, d'une manière tout à fait générale, de Prony dans son Architecture hydraulique. (1790,
page 161.)

8° On est ainsi amené à conclure que la solution approchée qui a servi à régler le profil de l'équilibre, loin de
rester entachée d'inexactitude, a eu, au contraire, pour
conséquence de faire disparaître de la question le caractère
contradictoire que l'on vient d'indiquer.

29. — La plupart des considérations précédentes conviennent aux voûtes dont l'intrados n'est point circulaire.

Ainsi, l'on applique au tracé de leur extrados un procédé
graphique, analogue à celui adopté pour les voûtes circu-

laires , et qui peut facilement se faire sur l'épure même de la voûte, pourvu que l'intrados soit tracé par rayons de courbure] successifs. L'aire du profil de la voûte ne peut point alors être calculée généralement par une formule arithmétique ; mais on peut l'obtenir facilement et avec une exactitude suffisante, au moyen d'une sorte d'intégration pratique qui est indiquée au n° 23.

Dans le profil ainsi réglé, l'expression de la poussée horizontale reste aussi telle qu'elle a été déterminée au n° 16. A l'aide de cette valeur de la poussée horizontale et du calcul de l'aire du profil, depuis le sommet jusqu'à un joint quelconque, on trouvera, de la même manière que pour les voûtes circulaires, l'intensité de la pression et sa direction sur le joint considéré. On pourra donc, dans chaque cas particulier, vérifier l'état d'équilibre, qui a été démontré d'une manière générale pour les voûtes circulaires. Toutes les fois que l'intrados aura l'une des figures généralement usitées, on sera conduit à conclure la stabilité du profil. Mais on conçoit que cet objet ne comporte pas de démonstration générale et se prête seulement à des vérifications spéciales. On aura occasion de donner quelques-unes de ces vérifications dans le cours du présent traité.

30. — Les conditions d'équilibre des voûtes en ogive dérivent naturellement de celles relatives aux voûtes à intrados circulaire. Mais, comme on a toujours supposé dans l'art. 4 que les intrados avaient une tangente horizontale au sommet, il est nécessaire de faire une remarque sur le mode particulier d'équilibre des voûtes en ogive où cette circonstance n'existe pas.

Fig. 21.   Considérons une portion de voûte mn NM , dont l'intrados est décrit d'un rayon OA $= r$ et qui s'étend depuis le joint MN rendu fixe, jusqu'à un joint déterminé mn dont la direction fait un angle β avec la verticale. Cette portion de voûte peut être regardée comme appartenant à une demi-voûte circulaire ayant un rayon d'intrados r et une épaisseur c à la clef. Si donc, suivant ce qui a été dit précédemment au n° 15, on règle le profil de la voûte de manière qu'il exerce une pression constante normalement à l'intrados, il suffira, pour conserver la forme circulaire de cet intrados, d'appliquer en m une force tangentielle G dont l'intensité soit

$$G = \frac{M}{2}\,(2cr + c^2).$$

Ici on ne pourrait point, comme dans le cas des pleins cintres, établir l'équilibre de la portion de voûte mn NM, en lui accolant suivant le joint de clef une autre portion de voûte symétriquement égale. En effet, la pression vive G, qui s'exerce en m tangentiellement à l'intrados, peut être décomposée en deux forces, l'une horizontale, $G\cos\beta$, qui sera évidement la poussée horizontale de la voûte, l'autre verticale, $G\sin\beta$, qui sera indispensable pour concourir avec la dernière à maintenir l'équilibre.

Conséquemment, la *poussée horizontale de la voûte a ici pour valeur* :

$$q = \frac{M}{2}\,(2cr + c^2)\cos\beta. \qquad (1)$$

La composante verticale de la même pression G est :

$$p = \frac{M}{2}\,(2cr + c^2)\sin\beta. \qquad (2)$$

Ainsi, au lieu d'appliquer au point m la force horizontale

q, on peut bien accoler contre le joint mn, et par l'intermédiaire du triangle matériel nmn', une autre portion de voûte
symétriquement égale à la portion m MA. Mais il faudra, en
même temps, appliquer au sommet un poids p pour chaque
demi-voûte, ou un poids $2p$ pour la voûte entière. *Ce poids
$2p$, dans lequel se confondra celui du petit triangle nmn',
est indispensable pour l'équilibre*, comme on l'a montré tout
à l'heure.

Ce qu'on vient de dire suppose le profil de la voûte réglé
de manière que la composante du poids, normalement à l'intrados, soit constante. On est donc conduit, sous les mêmes
réserves et sauf les mêmes consequences, à adopter pour profil de l'extrados le même mode de description que celui indiqué précédemment (n° 19) pour les voûtes circulaires. Il
faut seulement remarquer ici *que la constante c*, qui figure
dans les formules (1), (2) et suivantes, ne représente point
l'épaisseur à la clef de la voûte ogivale, mais la *projection
verticale constante* de tous les joints normaux à l'intrados. Ce
qui a été dit précédemment à propos des voûtes circulaires
sur les conséquences de la solution pratique adoptée pour le
tracé de l'extrados, est évidemment applicable, et *à fortiori*,
aux voûtes en ogive. Ce tracé conduira donc encore dans le
cas présent à un profil d'équilibre pratique aussi avantageux
sous le rapport de la stabilité que sous celui de l'économie.

Par suite de cette description de l'extrados, la détermination de l'aire d'une portion de voûte ne présentera aucune
difficulté. β étant toujours l'inclinaison du joint supérieur
sur la verticale, α celle du joint MN auquel on veut s'arrêter, on aura évidemment, d'après la formule du n° 25.

$$P = \frac{M}{2} \left\{ cr \left(\log \frac{1+\sin\alpha}{1-\sin\alpha} - \log \frac{1+\sin\beta}{1-\sin\beta} \right) + c^2 (\tang\,\alpha - \tang\,\beta) \right\} \quad (3)$$

formule dans laquelle on n'aura, dans chaque cas particulier, qu'à substituer les valeurs des termes variables en α et β, tels qu'on les trouve dans la table I.

La composante verticale de la pression sur le joint ayant une inclinaison α sur la verticale sera, d'après ce qui précède, $P + p$; et l'inclinaison sur l'horizontale de la direction de cette pression sera déterminée par la relation :

$$\tang 0 = \frac{P + p}{q} = \frac{P}{q} + \tang \beta. \qquad (4)$$

En examinant les valeurs données par les formules (1), (2), (4) qui précèdent, on reconnaît que, toutes choses égales d'ailleurs, elles ont les significations suivantes : 1° A mesure que l'angle β augmente, c'est-à-dire à mesure que l'ogive devient plus aiguë au sommet, la poussée horizontale diminue ; 2° en même temps, la charge qu'elle peut supporter à son sommet augmente ; 3° en même temps encore la direction de la poussée sur le joint extrême se rapproche de plus en plus de la verticale. On voit donc que, *sauf l'écrasement de la maçonnerie, il n'y aurait point de limites à la hauteur que peuvent atteindre les voûtes en ogive, ni aux poids qu'elles peuvent supporter à leur sommet.* On reviendra dans la deuxième section sur ce caractère radical des voûtes en ogive.

31. Les voûtes en plate-bande comme les voûtes en ogive sont soumises à des conditions spéciales d'équilibre. Leur usage est fort restreint dans les grands travaux d'utilité publique, et par suite leur établissement se trouve presque toujours subordonné à des motifs particuliers de convenance ou de décoration. On doit donc ici regarder comme donné le profil de la voûte, puis vérifier *à posteriori* comment et jusqu'à quel point la stabilité est assurée en vertu de ce profil.

Soit une voûte en plate-bande, dont la demi-ouverture $DM = a$, et dont tous les joints concourent en un point O

Fig. 22.

situé sur la verticale DE prolongée, à une distance $DO = h$; enfin, désignons toujours par c l'épaisseur à la clef DE et par α l'angle variable que fait avec la verticale la direction d'un joint quelconque *omn*.

Si l'on voulait induire les conditions d'équilibre d'une semblable voûte de celles établies précédemment pour les voûtes circulaires, on trouverait qu'ici le rayon de courbure de l'intrados a une longueur infinie, que conséquemment (n° 15) la poussée horizontale prendrait aussi une valeur infinie ; mais il n'en saurait être ainsi que dans le cas où les directions des joints iraient concourir au centre de courbure de l'intrados qui est à une distance infinie, c'est-à-dire dans le cas où tous les joints seraient verticaux. Or, au contraire, les joints concourent en un point O situé à une distance finie comme s'ils appartenaient à une voûte circulaire ayant pour intrados l'arc DI, décrit du rayon $OD = h$. De plus, si l'on se rappelle le tracé de la péricycloïde d'extrados (n° 19), on voit que, dans la voûte en plate-bande, l'épaisseur croît avec l'angle du joint précisément comme elle croîtrait dans la portion de voûte circulaire DI. On doit donc, pour que l'analogie soit exacte, assimiler la voûte en plate-bande EDMN, à une voûte circulaire tracée suivant le profil d'équilibre, avec un rayon d'intrados h et une épaisseur de clef c. Par suite on aura pour expression de la poussée horizontale (n° 15) :

$$Q = \frac{M}{2}\,(2ch + c^2). \tag{1}$$

Cette expression peut d'ailleurs être établie directement et d'une manière très-simple. Considérons une portion quelconque de la voûte à partir du milieu ED*mn* : il faut, pour l'équilibre, que cette portion de voûte, sollicitée par son poids P à descendre le long du joint mn, y soit retenue par l'effet de la poussée horizontale Q, c'est-à-dire que l'on ait :

$$Q \sin \alpha = P \cos \alpha, \quad Q = \frac{P}{\tang \alpha}. \tag{2}$$

Or, $Dm = h \tang \alpha$, $DE = (h + c) \tang \alpha$, d'où l'on conclut pour le poids de la portion de voûte $EDmn$:

$$P = \frac{M}{2} (2ch + c^2) \tang \alpha \tag{3}$$

et la valeur de Q, déduite des équations (2) et (3), retombe sur celle qui résulte de l'équation (1).

L'équation (2) montre que, sur chaque joint, la direction de la pression sera normale à ce joint, ou en d'autres termes, que la courbe de pression sera dirigée suivant un arc de cercle décrit du point O comme centre. Comme cette courbe de pression ne doit pas sortir du profil, la moindre valeur de la distance $OD = h$, correspondrait au cas où ladite courbe, partant du point E, aboutirait au point M. Or on aurait alors, à cause d'une propriété connue du cercle :

$$a^2 = c \left[2 (h + c) - c \right], \quad h = \frac{a^2 - c^2}{2\,c};$$

h devant être plus grand que cette dernière valeur, on y satisfera en posant :

$$2\,ch = a^2. \tag{4}$$

La dernière condition exprime que la courbe de pression ne peut pas sortir du profil de la voûte, et que, conséquemment, l'équilibre est stable. De là une construction géométrique pour déterminer le point de concours O des joints :

on portera, sur l'horizontale DM, DK $= 2c$, sur la verticale ED prolongée, DL $=$ DM $= a$; puis l'on mènera parallèlement à KL la ligne MO. *Lorsque le centre O sera déterminé par cette construction, l'équilibre aura nécessairement lieu.*

Si l'on voulait au contraire se donner la demi-ouverture a et la hauteur du centre DO $= h$, la même formule et la même construction graphique donneraient l'épaisseur à la clef c.

Puisque, moyennant la condition précédente, l'équilibre a nécessairement lieu sur tous les joints, il existe aussi au joint extrême MN. Toutefois, on peut, comme vérification, montrer que la voûte ne peut tomber, en tournant tout d'une pièce autour de l'arête M. Supposons en effet que la courbe de pression occupe la position extrême EM et que, par conséquent, la voûte est prête à tomber de la manière qu'on vient d'indiquer. Il faut que le poids de la demi-voûte EDMN, agissant avec un bras de levier égal à la distance p de son centre de gravité à l'arête M, ait un moment inférieur à celui de la poussée horizontale Q agissant avec un bras de levier MR $= c$, c'est-à-dire que l'on ait :

$$Q\,c > P\,p.$$

Or, d'après la formule (2) et attendu qu'au joint MN $\tang \alpha = \dfrac{a}{h}$, on a :

$$P = \frac{M\,a}{2\,h}\,(2\,c\,h + c^2).$$

D'ailleurs, le centre de gravité du trapèze EDMN est plus près du point M que celui du rectangle EDMR, lequel est

à une distance $\dfrac{a}{2}$: on satisfera donc à la condition ci-dessus
en posant :

$$Q\,c = P\,\frac{a}{2}$$

ou bien, en remplaçant Q, P par leurs valeurs :

$$\frac{M}{2}\,c\ (2\,c\,h + c^{2}) = \frac{M\,a^{2}}{4\,h}\,(2\,c\,h + c^{2}),\quad a^{2} = 2\,c\,h,$$

et l'on retombe ainsi sur la condition (4) ci-dessus. Donc cette condition suffit aussi pour que la voûte se maintienne en équilibre dans le cas que l'on appelle ordinairement *cas d'équilibre mathématique* (*).

Revenons maintenant aux poussées et pressions qui s'établissent dans l'intérieur de la voûte.

D'après l'équation (2) on a, sur un joint quelconque dont la direction fait un angle α avec la verticale :

$$T = \frac{Q}{\cos \alpha}. \qquad\qquad (5)$$

Attendu que la longueur des joints varie aussi comme $\dfrac{1}{\cos \alpha}$, on voit que la *pression sur l'unité de surface des joints est constante.*

Si une voûte en plate-bande une fois en équilibre reçoit sur toute sa longueur une charge uniformément distribuée, tout se passe comme si la pesanteur spécifique de sa matière

---

(*) Tous ces résultats s'accordent, à quelques simplifications près, avec la théorie de l'équilibre des plates-bandes donnée par Navier dans ses Leçons de mécanique appliquée (1826).

était augmentée. La constante M prend une valeur plus élevée dans les formules précédentes; la pression P et la poussée horizontale Q augmentent proportionnellement; mais comme la relation $P = Q \tan \alpha$ subsiste, la courbe de pression reste toujours circulaire et peut encore s'inscrire dans le profil de la voûte moyennant la condition (4).

Si, au contraire, une voûte en plate-bande en équilibre recevait sur un point isolé de son extrados une surcharge accidentelle, la courbe de pression se briserait et prendrait un angle brusque ou *point singulier* au-dessous de la surcharge. Cet effet, qui est vrai dans le même cas pour toute espèce de voûte, ne peut pas être commodément soumis au calcul; mais il ne se présente point dans la pratique, ou du moins il ne se réalise que dans des limites assez restreintes pour qu'il soit combattu d'une manière absolue par l'adhérence des mortiers. On conçoit d'ailleurs que, plus la poussée Q est considérable, c'est-à-dire plus la voûte est massive par elle-même, plus aussi sont bornées les modifications que pourrait causer dans la courbe de pression l'action isolée de surcharges données.

Outre le rôle que joue l'adhérence des mortiers pour s'opposer à l'effet des surcharges accidentelles, elle en joue un bien plus important pour diminuer la poussée. Elle s'ajoute, sous ce point de vue, au frottement qui existe nécessairement dans les joints et dont nous avons fait abstraction ci-dessus.

Désignons par un coefficient F la résistance qu'opposent le frottement et l'adhérence combinés, et, pour plus de simplicité, supposons, selon l'usage, cette résistance proportionnelle à la pression, mais indépendante de l'étendue du contact. Alors le poids P, d'une portion quelconque de voûte, tendra comme ci-dessus à la faire glisser le long du joint avec une action mesurée par $P\cos\alpha$; mais en même temps ce poids exercera sur le joint une pression normale $P\sin\alpha$, laquelle fera naître parallèlement au joint une résistance $FP\sin\alpha$. L'équation exprimant que la voûte ne glisse pas sur son joint deviendra donc, au lieu de l'équation (2) ci-dessus :

$$Q'\sin\alpha = P\cos\alpha - FP\sin\alpha.$$

et comme la poussée Q' doit être constante, cette relation est vraie aussi au joint extrême, où $\tang\,\alpha = \dfrac{a}{h}$: on a donc ici pour expression de la poussée horizontale :

$$Q' = \frac{M}{2}(2ch + c^2)\ \left(1 - \frac{Fa}{h}\right). \qquad (6)$$

Toutes choses égales d'ailleurs, la poussée horizontale sera diminuée par le frottement et l'adhérence, d'autant plus que l'angle du joint extrême avec la verticale sera plus grand.

La tangente de l'angle θ que fait avec l'horizontale la direction de la pression sur chaque joint est alors donnée par la relation :

$$\tang\,\theta = \frac{P}{Q} = \frac{1}{1 - F\dfrac{a}{h}}\,\tang\,\alpha, \qquad (7)$$

et comme F est tout au plus égal à 1 dans la pratique, $\dfrac{a}{h}$ étant généralement une fraction, on voit que $\tang\,\theta$ sera plus grand que $\tang\,\alpha$. Conséquemment la courbe de pression ne sera plus un cercle, mais une courbe surhaussée, et il est aisé de voir que cette courbe est une ellipse pour laquelle le carré du rapport des axes serait égal au coefficient ci-dessus de $\tang\,\alpha$.

En même temps la valeur de la pression effective sur un joint deviendra :

$$T' = \frac{Q'}{\cos \theta}.$$

Elle décroîtra plus rapidement que la longueur du joint $\frac{c}{\cos \alpha}$ parce que $\theta > \alpha$, d'où $\frac{1}{\cos \theta} < \frac{1}{\cos \alpha}$.

Comme on n'a besoin dans la pratique que de connaître les limites des poussées et pressions, il sera convenable de se servir des valeurs (5) et (1), que l'on a obtenues en faisant complétement abstraction du frottement et de l'adhérence. Ainsi, l'omission commise volontairement dans le calcul tournera tout entière à l'avantage de la stabilité (*).

ARTICLE VI.

Stabilité des culées, pieds-droits et piles.

32. — Conformément à ce qui a été indiqué dans le n° 21, on entendra par *culée* toute la portion du profil de la voûte située au-dessous du joint incliné de 60° sur la verticale. Lorsque l'arc d'intrados aura des retombées verticales, la culée s'étendra jusqu'au joint horizontal de naissance, et l'on désignera par le nom de *pied-droit* le massif de maçonnerie situé au-dessous de ce joint de naissance. Lorsqu'au contraire l'intrados n'aura point une tangente verticale à

(*) Voir, dans la deuxième section, art. 6, les motifs qui interdisent dans la pratique l'usage de plates-bandes fonctionnant comme des voûtes proprement dites.

sa naissance, le pied-droit commencera à cette naissance même.

L'action résultante qui s'exerce sur chaque joint d'une culée peut être décomposée par la pensée en deux autres, l'une verticale, qui est formée du poids de la demi-voûte, ajouté au poids de la culée jusqu'au joint considéré, et qui tend à produire l'écrasement ; l'autre horizontale qui, comme on sait, reste constamment égale à la poussée horizontale de la voûte, et qui tend soit à déverser, soit à repousser la culée vers l'extérieur.

On sera toujours maître d'empêcher que la culée ne s'écrase, parce que la résistance à l'écrasement croît très-vite avec la section de la maçonnerie ; d'empêcher que la culée ne se déverse en donnant une largeur suffisante à sa base ; mais la poussée horizontale restant toujours la même, quel que soit le poids ajouté, la tendance au glissement ne saurait être vaincue que par une résistance, horizontale aussi, due au frottement de la culée, joint sur joint et sur sa base. Si, par impossible, le frottement était nul ainsi que l'adhérence, il n'y aurait plus de culée possible. Si seulement, la résistance du frottement à la base de la culée est notablement faible, comme il arrive dans des fondations sur terrain argileux ou tourbeux, la voûte pourra périr par l'écartement des culées, quand même celles-ci auraient des dimensions beaucoup plus que suffisantes sous tous les autres rapports ; le même accident serait à craindre, si la face d'appui sous la base de la culée était sujette à quelque déplacement horizontal, même extrêmement petit. En recherchant avec soin les causes qui ont pu déterminer la chute de ponts dont les maçonneries étaient d'ailleurs bien combinées, on trouvera presque toujours ces causes dans l'une des deux qu'on vient de signaler.

Ainsi, les trois conditions de la stabilité de la culée, savoir : sa résistance au renversement, sa résistance à l'écrasement et sa résistance au glissement, doivent être vérifiées séparément ; mais, la dernière condition subordonnera toujours les deux premières et sera la seule qui fournisse une conclusion pratique (*). En effet, si la direction de la pression sur le joint extrême passe tout entière dans le plein de la culée, la rotation, comme on sait, sera impossible ; mais il pourra encore arriver, et on reconnaîtra le plus souvent que la base de la culée n'offre pas une résistance suffisante à l'écrasement. Enfin, si les deux premières conditions sont satisfaites, c'est-à-dire si la rotation et l'écrasement sont impossibles, on aura encore à craindre, presque toujours, que le glissement ou le déplacement horizontal ne soit point assez énergiquement combattu.

33. Considérons d'abord la culée sous le point de vue de sa résistance au renversement.

Fig. 20.

Nous savons (n° 22) que l'équilibre stable de la voûte peut s'établir d'une infinité de manières, et que chaque mode particulier de cet équilibre est caractérisé par une position particulière de la courbe de pression, mais que cette courbe reste toujours comprise entre deux courbes limites touchant, l'une au sommet d'intrados, l'autre au sommet d'extrados. Dans chaque position de la courbe de pression, les voussoirs pourraient ne se toucher que par la série des points de passage de la courbe sur chaque joint. Si l'on considère, par exemple, le cas où la courbe de pression touche au sommet d'extrados E, les voussoirs pourraient être évidés dans tous leurs joints, tant au-dessus qu'au-dessous de la courbe En ; ils s'appuieraient

---

(*) De Prony, Architecture hydraulique, 1790, page 156.

successivement l'un sur l'autre, suivant une série de points distribués sur cette courbe : dans cet état, tout se passerait comme si un arc en équilibre En supportait les actions successives de tous les voussoirs; c'est par conséquent un cas d'équilibre instable (n° 11). Si donc, par une cause quelconque, la courbe de pression était sollicitée à s'élever au-dessus du point E, le mode d'équilibre primitif serait brusquement détruit et complétement modifié. On sait, en effet, que si la voûte doit périr par l'affaissement de la clef, elle ne peut le faire qu'en se partageant comme l'indique la *fig.* 18 ; alors, la demi-voûte EDMN ne s'appuie plus que sur les points E, M, auxquels aboutit nécessairement la nouvelle courbe de pression qui s'est établie instantanément.

On verrait de même que si, dans l'état d'équilibre stable, la courbe de pression limite passait par le sommet d'intrados, et que la voûte fût sollicitée à se soulever vers la clef, le premier état d'équilibre se transformerait radicalement, la voûte tendant à se partager et à se rompre comme l'indique la fig. 17, et la demi-voûte ne s'appuyant plus que par les points DM.

Tous ces cas différents d'équilibre peuvent être vérifiés *à posteriori*. On remarque en effet que la pression intérieure, quelles que soient son intensité et la courbe qui marque sa direction, n'a d'autre effet, en définitive, que de rendre tous les voussoirs solidaires et de ramener la demi-voûte EDMN à l'état d'un solide invariable qui s'appuie à ses deux extrémités par les points mêmes où aboutit la courbe de pression. Il faut donc, pour l'équilibre, que le moment de l'action et celui de la résistance, pris par rapport au point de rotation connu, soient égaux entre eux.

Soit d'abord le cas où la courbe de pression part du som-

Fig. 20.

met d'intrados D et va aboutir sur le joint extrême en un point situé en m à une distance l de l'intrados ; c'est le premier cas considéré au n° 25 et pour lequel on connaît les valeurs de la poussée horizontale Q et du poids de la demi-voûte EDMN. Soit de plus p la distance horizontale LM , comprise entre le centre de gravité G de la demi-voûte et l'extrémité du joint M. On aura, d'après la figure, pour bras de levier de la force horizontale Q, $Km = \dfrac{r}{2} - \dfrac{l}{2}$, et

pour bras de levier de la force verticale P , $lm = p + \dfrac{l\sqrt{3}}{2}.$ La condition d'équilibre ci-dessus s'écrira donc (*) :

$$Q\frac{r-l}{2} = P\left(p + \frac{l\sqrt{3}}{2}\right), \quad Q = P\,\frac{2\,p + l\,\sqrt{3}}{r-l}. \quad (1)$$

Si l'on considère maintenant le cas de la fig. 18, on verra que la force P restera la même, mais que son bras de levier deviendra LM $= p$; que la force horizontale Q' appliquée maintenant en E aura pour bras de levier $\dfrac{r}{2} + c$, c représentant toujours l'épaisseur à la clef : la condition du nouvel équilibre sera donc :

$$Q'\left(\frac{r}{2} + c\right) = P\,p, \quad Q' = P\,\frac{2p}{r + 2c}. \quad (2)$$

Comparant donc cette valeur accidentelle de la poussée Q' à la valeur précédente, on voit qu'elle sera nécessairement beaucoup plus faible que Q, bien que celle-ci corresponde

---

(*) L'équation (1), où Q est connu *à priori*, détermine rigoureusement l'extrémité de la courbe de pression m. Voir à ce sujet la note II.

au minimum de la poussée qui peut s'établir dans l'état d'é-
quilibre stable.

C'est par suite de ce principe que , dans la théorie de Coulomb, on regarde le minimum de poussée comme correspondant au cas où la courbe de pression passe par le sommet
d'extrados E ; mais, ainsi qu'on vient de le voir , cela ne
commence à être vrai qu'au moment où la voûte est sortie de
son état naturel d'équilibre et s'est partagée comme l'indique
la fig. 18 , c'est-à-dire au moment où elle a cessé d'être une
voûte proprement dite.

On arriverait par les mêmes raisonnements à reconnaître
que , si l'état d'équilibre stable de la voûte est dérangé de la
manière indiquée par la fig. 17 , la pression qui s'établit ac-
cidentellement au sommet d'intrados D , devient supérieure
au maximum de la poussée déterminé au n° 25.

Dans ce dernier cas, la voûte se rompt comme l'indique
la fig. 17. Loin qu'elle tende à renverser la culée vers l'extérieur, c'est au contraire celle-ci qui tend à se déverser
dans l'intérieur de la voûte en faisant remonter la clef. Hâtons-nous de dire que cette circonstance ne se présente jamais
dans la pratique (*). Dans le premier cas , au contraire, celui de la fig. 18, la voûte se rompt par affaissement de la clef ;
la poussée devient de beaucoup inférieure au minimum calculé au n° 25 , et la pression sur la culée s'applique au point
M de l'intrados ; alors seulement la culée, qui tend à être dé-
versée vers l'extérieur, est appelée à résister, par sa propre
inertie, à ce mouvemement de rotation. Voilà donc le seul
point de vue sous lequel il convient d'examiner, la résistance
de la culée au renversement, et il ne sera pas difficile de voir

Fig. 18.

(*) Il n'y a d'exception que pour les voûtes en ogive, qui sont l'objet de
considérations spéciales sous ce point de vue.

ensuite que l'équilibre ne saurait être troublé, négativement pour ainsi dire, par la poussée de la culée sur la voûte.

Fig. 22.

34. D'après ce qu'on vient de voir dans le numéro précédent, la poussée horizontale qui tend à renverser la culée est appliquée en M, rencontre du joint extrême avec l'intrados, et elle est de beaucoup inférieure au minimum de poussée dans l'état d'équilibre stable, minimum que nous avons désigné jusqu'ici par Q. Par suite, la direction de la pression résultante qui passe par ce point M, fait avec l'horizontale un angle beaucoup plus grand que celui désigné précédemment par θ et dont la tangente est égale au rapport $\dfrac{P}{Q}$. On commettra donc une erreur extrêmement avantageuse à la stabilité de la culée, en admettant, qu'au moment où elle va se renverser, la poussée horizontale reste égale à Q et agit suivant une inclinaison égale à θ; mais il est permis de faire cette hypothèse, tout exagérée qu'elle soit au premier abord, parce qu'on sait d'avance que les dimensions déterminées par la résistance au renversement, devront être accrues ensuite pour suffire aux autres modes de résistance de la culée.

Fig. 13.

On est conduit ainsi à déterminer le profil d'équilibre de la culée en opérant dans l'ordre suivant : par le point M, extrémité intérieure du joint à 60°, on mènerait une ligne MR, faisant avec l'horizontale l'angle θ, dont la tangente est égale au rapport $\dfrac{P}{Q}$ du poids de la demi-voûte à la poussée horizontale minimum; on adopterait provisoirement pour le profil postérieur de la voûte un contour qui laissât à l'intérieur la ligne NR tout entière, ce qui déjà rendrait la rotation impossible. On calculerait la section de la culée, ou son poids P' sur l'unité de longueur, et l'on aurait alors pour les actions exercées à la base de la culée verticalement, $P+P'$, horizontalement, Q. Si donc, on désigne par R la résistance *pra-tique* (*) de la maçonnerie à l'écrasement sur l'unité de surface, par b la longueur du joint de naissance, ou l'aire de la base de la culée sur l'unité de longueur du berceau, on aura, pour *condition de résistance à l'écrasement*, l'inégalité :

$$P + P' < bR. \qquad (1)$$

En second lieu, si φ désigne le plus grand angle avec l'horizontale sous lequel une pression inclinée puisse faire glisser la culée sur sa base, en raison de la matière qui la compose, on aura pour *condition de résistance au glissement*, sur cette base (*) :

$$\frac{P + P'}{Q} > \tang \varphi \qquad (2)$$

Pour que la stabilité soit parfaite, il faut que l'inégalité (2) se vérifie, non-seulement à la base de la culée, mais encore sur un joint quelconque. Si donc la culée était construite par assises horizontales, depuis le joint à 60° jusqu'à la naissance, on aurait à vérifier cette condition pour le joint horizontal le plus voisin du joint extrême de la voûte, c'est-à-dire là où le poids P' est nul ou le moindre ; mais toutes les fois que la voûte aura des retombées d'aplomb, la portion de maçonnerie que nous appelons ici culée sera construite par joints normaux à l'intrados, et tout glissement y sera impossible, comme dans la voûte même et *à fortiori*. Ainsi donc, dans le cas d'une voûte à retombées verticales, l'inégalité (2) est la condition unique et suffisante de la résistance au glissement.

(*) Voir aux nᵒˢ 45 et 46 suivants la valeur que l'on attribue à ces expressions : *coefficient de résistance pratique à l'écrasement et coefficient de résistance pratique au glissement*.

Fig. 13.

En voulant opérer strictement comme on vient de le dire, pour déterminer le profil d'une culée, on serait conduit le plus souvent à une impossibilité, parce que la ligne NR, dans la construction précédente, se trouverait en surplomb, ou parce que les conditions (1) et (2) ne se trouveraient point satisfaites ; et quand bien même il en serait autrement, on n'arriverait encore qu'à une largeur de la base de la culée qui, au sentiment des constructeurs, paraîtrait choquante. Or, on doit reconnaître, et tout le monde à cet égard est d'accord, qu'il ne faut pas viser à la limite de l'économie dans les dimensions des culées, qui sont toujours la partie la moins coûteuse des voûtes. En partant de ce principe, et après des essais très-multipliés, nous arrivons à proposer, pour l'objet dont il s'agit, un procédé pratique qui, du moins pour les pleins cintres, a le mérite d'une règle empirique. Les dimensions de culées qui en résulteront, bien qu'inférieures de beaucoup à celles qui se pratiquent communément, pèchent évidemment par excès, d'après ce qu'on a vu dans le numéro précédent ; mais, nonobstant cet excès de stabilité, elles ne paraîtront encore que médiocrement rassurantes à la plupart des constructeurs. Voici en quoi consiste la *règle pratique* que nous proposons.

Fig. 13.

Par un point I, situé sur le joint extrême et au $\frac{1}{5}$ de sa longueur à partir de l'intrados, on mènera la ligne IP faisant avec l'horizontale l'angle $\theta = \mathrm{arc\,tang}\,\dfrac{P}{Q}$: P sera l'extrémité de la base de la culée, au niveau des naissances, et l'on réunira ce point à l'extrémité de l'extrados N, soit par une ligne en talus, soit par une série de retraites quelconque rachetant le talus de NP.

Lorsque la voûte n'aura point un intrados circulaire, il

faudra encore vérifier si les conditions (1) (2) du n° 31 sont satisfaites. Mais, si la voûte est en plein cintre, cette vérification sera inutile, et même alors la détermination du profil de la culée peut être ramenée à des termes encore plus simples.

Si l'on effectue la construction précédente sur le profil d'une voûte en plein cintre d'un rayon r et d'une épaisseur c à la clef, on trouve facilement les résultats suivants :

$$OG = 0.866\,r + 0.346\,c\,,\ GP = 0.375\,r + 0.150\,c.$$

Il suffit pour cela d'observer : 1° que le joint extrême fait un angle de 30° avec l'horizontale ; 2° que tang θ, dans tous les cas pratiques, reste toujours supérieure à $\dfrac{4}{3}$ (*), et en prenant tang $\theta = \dfrac{4}{3}$, ce qui est une simplification favorable à la stabilité. De là, on déduit pour la longueur du joint de naissance :

$$AP = OG + GP - r = 0.241\,r + 0.496\,c.$$

Or, on fera encore une nouvelle simplification favorable à la stabilité, mais sans importance sous le rapport de l'économie, en prenant définitivement pour la longueur b du joint de naissance :

$$b = 0.25\,r + 0.50\,c = \frac{r + 2\,c.}{4} \tag{1}$$

Ainsi , *l'épaisseur de la culée d'une voûte en plein cintre,*

(*) Voir la table III, pour l'établissement des arches en plein cintre de $1^m.00$ à $20^m.00$ de rayon.

au niveau de la naissance , est égale au 1 4 du rayon mené du centre de la voûte à l'extrémité de son extrados (*).

Cette règle pratique , dont personne du moins ne contestera l'incomparable simplicité, doit inspirer une sécurité absolue , sous quelque point de vue que l'on considère la stabilité de la voûte et pourvu qu'on ne sorte pas des dimensions usitées et applicables. Cela résulte clairement des vingt vérifications réunies dans la table III , placée à la fin du volume, et dont il sera d'ailleurs plus amplement question ci-après.

On conclut en effet de cette table III , calculée conformément à la formule (1) qu'on vient d'établir : 1° que le renversement de la culée est impossible, ce qu'on savait déjà ; 2° que le glissement est aussi impossible, eu égard à la résistance qu'y oppose la matière d'une maçonnerie quelconque ; 3° enfin , que la base de la culée éprouve , sur l'unité de surface , sensiblement la même pression que la voûte à sa clef. On remarque de plus que la charge à la naissance , sur l'unité de surface , est toujours supérieure , quoique de très-peu , à la charge sur l'unité de surface de la clef : or, on trouve logique qu'il en soit ainsi , parce que la voûte est moins sujette à se déformer à la naissance qu'à la clef. C'est du reste ce qui sera rendu plus sensible dans les considérations qui seront développées plus loin (n° 45) sur l'écrasement des maçonneries.

(*) Il y a exception seulement pour les voûtes dont le rayon est inférieur à la valeur donnée par l'équation : $r + \dfrac{r+2c}{4} = (r+2c)\dfrac{\sqrt{3}}{2}$, d'où $r = 3.21.c$; c'est-à-dire pour des voûtes dont le rayon est compris entre 0 et $1^m.50$. Alors, on terminera postérieurement le profil de la culée par une perpendiculaire abaissée du point extrême de l'extrados N, et il y aura un petit excès de stabilité.

35. Parmi les voûtes à retombées verticales se rencontrent les voûtes en ogive, dont les arcs d'intrados ont presque toujours une tangente verticale à la naissance.

La méthode indiquée au n° 33, pour la détermination de l'épaisseur de la culée à la base, s'appliquera sans difficulté aux voûtes dont il s'agit, pourvu qu'on détermine la direction extrême de la pression au joint à 60°, de la manière indiquée au n° 30. Il résultera toujours de cette construction des dimensions pleinement satisfaisantes dans la pratique.

36. Lorsque la voûte, à sa naissance, s'arrête à un joint *Fig. 23.* incliné sur l'horizontale MN, la culée comme nous l'entendons ne comprend que le massif MNSP, qui se termine antérieurement par le joint MN lui-même. Alors, le renversement de la culée est évidemment impossible, et il n'y a à vérifier que les deux conditions de résistance à l'écrasement et de résistance au glissement, comme on l'a indiqué au n° 34.

Soit b la base MP du massif formant culée, v le volume de la demi-voûte qu'on sait toujours calculer (n° 23), v' le volume du massif MNSP qu'il s'agit de déterminer : donnant à R et à tang φ les mêmes significations qu'au n° 32, on aura, pour déterminer pratiquement les dimensions du trapèze MNSP :

$$M\,(v+v') < bR, \quad \frac{M\,(v+v')}{Q} > \text{tang } \varphi.$$

Dans chaque cas particulier, on déduira de là les dimensions de la surcharge à la naissance faisant culée, et la largeur MN du pied droit au sommet.

Souvent, lorsque le poids de la voûte ne sera pas consi- *Fig. 24.* dérable et que, dès lors, on n'aura pas à craindre l'écrasement, on élevera le volume additionnel de la culée au-dessus de l'horizontale NS , en diminuant relativement sa base MP.

Fig. 25.

Souvent aussi , on obtiendra une culée suffisante en prolongeant simplement la courbe d'extrados jusqu'à l'horizontale des naissances MP.

Ces différentes dispositions ne peuvent offrir aucune difficulté dans la pratique , d'après ce qui a été exposé tout à l'heure , et seront d'ailleurs examinées , pour les cas les plus ordinaires , dans la deuxième section du présent traité.

37. La stabilité des pieds-droits qui supportent les culées doit être vérifiée de la même manière que celle des culées elles-mêmes. On connaît d'avance l'action horizontale Q , qui s'exerce au sommet d'un pied-droit, l'action verticale $P + P'$, formée du poids de la demi-voûte avec sa culée , et qui s'exerce également au sommet; quant au volume du pied-droit, il doit être tel qu'il ne puisse y avoir ni glissement , ni renversement, ni écrasement, en un joint quelconque de la hauteur : c'est en vertu de ces conditions que les dimensions d'équilibre du pied-droit seront déterminées.

On voit tout d'abord que la résistance au glissement sera assurée d'avance dans toute la hauteur du pied-droit. En effet , la résistance de ce genre est par hypothèse suffisante au sommet ; or, à mesure que la hauteur du pied-droit augmente , son poids propre s'ajoute à l'action verticale primitive , tandis que l'action horizontale reste constante : si donc le rapport de la pression à la poussée est suffisant au sommet, il le sera à plus forte raison dans tout joint inférieur.

Quant aux deux autres conditions de stabilité, elles comportent des explications particulières qui vont être exposées successivement.

Fig. 26.

38. Soit un massif de forme parallélipipède ABRS, qui supporte à son sommet une poussée horizontale Q et une

charge verticale $P + P'$; soit d'ailleurs M le poids de la maçonnerie de ce support sous l'unité de volume , E son épaisseur $AB = SR$, h sa hauteur AS, et soit proposé de déterminer la dimension E, de manière que le support soit doué d'une stabilité suffisante contre la chance de renversement.

On doit admettre dans la pratique que le support tend à tourner, *tout d'une pièce*, autour de son arête R ; alors , suivant une règle de statique, il faut qu'il y ait égalité entre le moment de la force Q , qui pousse au renversement et la somme des moments des forces qui y résistent, tous ces moments étant pris par rapport à l'arête de rotation R. Si donc, on observe que la force Q a pour bras de levier la hauteur h, que la force verticale $P + P'$ a un bras de levier qui peut être pris égal à la demi-base RS, ainsi que celui du poids du support lui-même, on aura pour condition d'équilibre :

$$Qh = \left\{ P + P' + MEh \right\} \frac{E}{2}$$

d'où l'on tirera pour la valeur de E :

$$E = \frac{P + P'}{2\,M\,h} + \sqrt{\left(\frac{P + P'}{2\,M\,h}\right)^2 + 2\,\frac{Q}{M}} \qquad (1)$$

Mais la valeur de E ainsi obtenue conviendrait à un cas d'équilibre mathématique : elle serait telle que le support serait au moment d'être renversé , et le serait en effet en vertu du moindre effort accidentel. Cette dimension est donc inadmissible dans la pratique, à moins qu'elle ne soit augmentée , comme on l'indiquera au n° suivant.

Il est à peine besoin de remarquer que la même objection ne saurait être faite à la méthode suivie , n°ˢ 32 et suivants, pour la détermination des épaisseurs pratiques des culées. On voit tout de suite , en effet , que cette méthode fait abstraction du poids de la culée, et donne conséquemment à la résistance un avantage bien largement suffisant.

39. Pour qu'un pied-droit offre une résistance au renversement qui inspire toute sécurité dans la pratique, il faut que son moment d'inertie dépasse dans un certain rapport le moment qui mesure la tendance au renversement. Ce rapport est ce qu'on nomme communément *coefficient de stabilité*.

La valeur numérique du coefficient de stabilité est évidemment arbitraire, puisqu'elle dépend en définitive du degré de hardiesse du constructeur. Un grand nombre d'ingénieurs ont donné à ce coefficient une valeur de 2.00 ou de 1.90, en se fondant principalement sur la mesure de stabilité qu'offrent des constructions établies par Vauban et qui doivent être regardées comme des modèles. Mais, si l'on faisait la même vérification en l'appliquant aux admirables édifices du style sarrasin, ou seulement au grand nombre de ponts suspendus qui ont été construits en France et en Angleterre, on trouverait assurément une valeur empirique beaucoup moindre pour le coefficient de stabilité. C'est en nous appuyant seulement sur les derniers exemples que nous proposerons la valeur 1.50. Elle paraîtra d'autant plus rassurante pour les pieds-droits de voûtes, que ceux-ci reçoivent ordinairement sur leur parement postérieur la pression des terres, laquelle concourt directement à la stabilité.

D'après ce principe, l'équation d'équilibre posée au n° précédent se transformera dans la relation de stabilité pratique :

$$\frac{3}{2} Q h = \left\{ P + P' + M E h \right\} \frac{E}{2},$$

et l'on en tirera, pour la *valeur pratique de l'épaisseur du pied-droit* :

$$E = -\frac{P+P'}{2\,M\,h} + \sqrt{\left(\frac{P+P'}{2\,M\,h}\right)^{2} + 3\,\frac{Q}{M}}. \qquad (2)$$

40. Les deux valeurs différentes de E, données au n° 38 pour le cas d'équilibre strict, et au n° 39 pour le cas de stabilité pratique, ne croissent pas très-rapidement avec la hauteur du support h. Elles conservent, l'une et l'autre, une valeur finie, quand la hauteur devient infinie : on a en effet alors :

$$\left. \begin{array}{l} \text{Équilibre strict,}\ E = \sqrt{\dfrac{2\,Q}{M}} \\[2ex] \text{Équilibre pratique,}\ E = \sqrt{\dfrac{3\,Q}{M}} \end{array} \right\}. \qquad (1)$$

Cela ne peut être, bien entendu, qu'une abstraction ; car une hauteur infinie de pied-droit supposerait une résistance infinie à l'écrasement.

41. Lorsque les pieds-droits devront avoir une faible hauteur, ou lorsque la dimension E différera peu de l'épaisseur de la culée à sa base, on adoptera un pied-droit ayant uniformément l'épaisseur E, calculée comme on l'a vu au n° 39. Mais, le plus souvent, E sera supérieure à l'épaisseur b, par exemple, de la culée, et l'on aura avantage à substituer au pied-droit dont l'épaisseur uniforme calculée serait E, un autre pied-droit offrant la même stabilité, mais se terminant postérieurement par un parement en talus ou une série de retraites, de manière à avoir à sa base une épaisseur B, plus grande que l'épaisseur en couronnement b.

Cette question de la transformation d'un pied-droit dans un autre d'égale stabilité se présente à chaque pas dans le dessin des constructions. M. Poncelet et M. Cousinery en ont donné des solutions graphiques très-remarquables et parfaitement applicables dans la pratique (*). Le lecteur pourra au besoin recourir à l'une de ces deux méthodes. Mais, attendu qu'il est nécessaire, pour les projets comme pour l'exécution, d'avoir des dimensions numériques et des dimensions faciles à évaluer, nous donnerons encore un procédé de calcul assez simple pour être d'un usage commode.

Fig. 27.   Soit donc un support trapézoïde ABRS, dont la hauteur est h, l'épaisseur en couronne $b = \text{AB}$, et proposons-nous de déterminer son épaisseur à la base $\text{B} = \text{SR}$, SR, de manière qu'il ait une stabilité équivalente à celle d'un support parallélipipède de même hauteur h, mais d'une épaisseur uniforme E.

Si nous prolongeons l'horizontale AB et que nous menions la verticale RT, jusqu'à leur commune rencontre en T, le moment de stabilité du trapèze ABRS sera égal à la différence des moments de stabilité du rectangle ATRS et du triangle BRT. Et, comme le moment du trapèze doit être égal à celui du rectangle Eh, on aura :

$$\frac{\text{B}^2 h}{2} - \frac{(\text{B} - b)^2 h}{6} = \frac{\text{E}^2 h}{2}$$

D'où l'on tire, pour épaisseur à la base :

$$\text{B} = -\frac{b}{2} + \frac{\sqrt{3}}{2}\sqrt{b^2 + 2\,\text{E}^2} \qquad (1)$$

Lorsque la largeur en couronne est égale à E, on trouve aussi $\text{B} = \text{E}$ et l'on retombe sur le pied-droit d'épaisseur uniforme (**).

(*) Mémorial de l'officier du génie n° 13. — Annales des ponts et chaussées, 1841.

(**) Ces diverses formules, ainsi que celles du n° 39, se traduisent en

Le talus total de la face postérieure est $B - b$, et a pour valeur :

$$B - b = -\frac{3}{2}b + \frac{\sqrt{3}}{2}\sqrt{b^2 + 2\,E^2}. \qquad (2)$$

Il devient nul quand $b = E$: le parement postérieur est d'aplomb.

Dans l'exécution, on terminera postérieurement le pied-droit, non pas par le plan en talus BR, mais par une série de retraites rachetant le talus total $B - b$. Ainsi, la largeur du pied-droit en couronne ne sera pas seulement égale à l'épaisseur de la culée b, mais à cette épaisseur accrue de celle d'une des retraites BI. Une pareille disposition ajoutera à la stabilité, mathématiquement d'abord, parce que le poids du pied-droit sera augmenté, puis physiquement, pour ainsi dire, parce que la pression des terres agira d'une manière plus efficace sur le parement postérieur.

42. Après s'être assuré de la résistance d'un pied-droit au renversement, il faudra encore vérifier s'il offre une résistance suffisante à l'écrasement. Cette vérification doit évidemment être faite pour la base inférieure, où la pression est la plus considérable.

Adoptant donc les mêmes notations qu'aux n°⁵ 32, 39 et 41, on aura pour condition de résistance à l'écrasement :

1° Dans le cas d'un pied-droit d'épaisseur uniforme :

$$ER > P + P' + MEh; \qquad (1)$$

2° Dans le cas d'un pied-droit avec parement postérieur à retraites :

$$BR > P + P' + M\frac{B+b}{2}h + M\Sigma r, \qquad (2)$$

---

constructions géométriques à la portée des ouvriers appareilleurs. Voir n° 70.

le dernier terme indiquant le poids cumulé des retraites qu'on ajoutera, s'il en vaut la peine, au poids principal.

Toutes les fois que le pied-droit éprouvera à son sommet une poussée horizontale considérable, relativement à l'action verticale $P + P'$, son épaisseur à la base, déterminée sous le point de vue du renversement, se trouvera même plus forte qu'il ne faut pour résister à l'écrasement. Mais si, au contraire, l'action verticale au sommet est considérable relativement à la poussée, il arrivera que le pied-droit, suffisamment stable, pourra s'écraser à sa base. Cela a lieu notamment pour les piles de pont, sur lesquelles la poussée horizontale est nulle. Il faut, dans un pareil cas, déterminer le profil postérieur du pied-droit, non pas en raison de la stabilité, mais en raison de la résistance à l'écrasement : tel est l'objet du n° suivant.

Fig. 27.

43. Considérons un support qui, par hypothèse, résiste suffisamment au renversement, mais qui est exposé à s'écraser, tant sous l'action de son propre poids, que sous celle d'une charge verticale Π appliquée à son sommet, et proposons-nous de déterminer ses dimensions de manière qu'il offre une résistance suffisante.

Désignons toujours par R le coefficient de résistance pratique de la maçonnerie à l'écrasement : l'épaisseur b du support en couronne ne pourra pas être moindre que celle satisfaisant à l'égalité

$$bR = \Pi. \tag{1}$$

Soit maintenant h la hauteur du support, dont la face antérieure est supposée d'aplomb, τ la tangente d'inclinaison sur la verticale de la face postérieure, ou, si l'on veut, le fruit par mètre de cette face, enfin M la pesanteur spécifique de la maçonnerie. A la base inférieure, l'épaisseur du support deviendra $b + \tau h$, et la condition de résistance à l'écrasement sur cette base s'écrira ainsi :

$$R(b+\tau h) = \Pi + Mh\,\frac{2b+\tau h}{2},$$

d'où l'on tirera, en observant que $b\mathrm{R} = \Pi$,

$$\tau = \frac{2\,M\cdot b}{2\mathrm{R} - Mh}\qquad\qquad(2)$$

Si le support doit avoir du fruit sur ses deux faces, les formules (1) et (2) resteront applicables, pourvu que Π et b représentent la demi-charge et la demi-épaisseur au sommet.

Le fruit τ croît avec la pesanteur propre de la maçonnerie, avec l'épaisseur en couronne b, ou avec la charge au sommet Π; il est d'autant plus grand que la résistance R de la maçonnerie est plus faible; enfin, il devient infini lorsque $2\mathrm{R} = Mh$. Ainsi donc, il faut ajouter aux deux équations ci-dessus la condition

$$2\,\mathrm{R} > Mh.\qquad\qquad(3)$$

Si cette condition ne se trouvait pas satisfaite, ou si elle ne l'était qu'en donnant une valeur démesurée au fruit, ce serait une preuve que l'espèce de maçonnerie qu'on a en vue n'offre pas une résistance suffisante et n'est point admissible dans la circonstance. Il faudrait alors adopter une autre espèce de maçonnerie, plus résistante et qui déclinât cette contradiction.

On pourrait, en supposant le poids Π nul, déduire de ce qui précède les conditions de résistance qui conviennent à un solide chargé seulement de son poids propre. Alors b devenant nul aussi, on verrait que le fruit est indéterminé, ce qui est évident *à priori*; secondement que la condition (3) doit toujours être satisfaite, et qu'ainsi, la plus grande hauteur que pourrait atteindre un prisme triangulaire d'une maçonnerie déterminée a pour valeur $h = \dfrac{2R}{M}$.

44. Le plus souvent, l'épaisseur du support en couronne est plus considérable que la dimension b relative à la stricte résistance à l'écrasement sous la charge supérieure Π, et alors, comme on le prévoit, le fruit à donner à la face postérieure est moins considérable. Ce fruit se déterminera d'ailleurs d'une manière analogue à celle exposée au n° précédent.

Soit toujours b l'épaisseur stricte déterminée par l'équation (1) du n° 43 ; mais supposons que l'épaisseur en couronne dépasse b d'une certaine quantité e, et soit $b + e$. La condition de résistance à l'écrasement sur la base inférieure sera

$$R\,(b + e + \tau h) = \Pi + Mh \cdot \frac{2b + 2e + \tau h}{2};$$

d'où l'on tire, à cause de $Rb = \Pi$,

$$\tau = \frac{2M(b+e)}{2R - Mh} - \frac{2R}{2R - Mh}\,\frac{e}{h}. \tag{1}$$

Le premier terme de cette valeur est égal au fruit que l'on trouverait si l'épaisseur $(b + e)$ en couronne était strictement suffisante ; le second terme mesure la diminution du fruit en raison de la surépaisseur en couronne : ce terme négatif croît avec la surépaisseur et avec la dureté de la maçonnerie ; il décroît avec la hauteur h.

Du reste la formule (1) ci-dessus implique , comme celle du n° 43 , l'inégalité obligée

$$2R > Mh. \tag{2}$$

Elle s'appliquerait à un support ayant ses deux faces en talus , pourvu que Π et $(b+e)$ représentassent la demi-charge et la demi-épaisseur au sommet.

Pour que le support pût avoir ses deux faces d'aplomb , il faudrait que la valeur ci-dessus de τ fût nulle , ce qui donnerait la condition

$$2M(b+e)h - 2Re = 0.$$

On tire de là , pour valeur de la surépaisseur e , dans le cas de deux faces d'aplomb ,

$$e = \frac{Mbh}{R-Mh}, \tag{3}$$

et l'on est conduit à la condition obligée

$$R > Mh. \tag{4}$$

De l'équation (3) on déduit , pour l'épaisseur totale uniforme du support $B = (b+e)$,

$$B = \frac{\Pi}{R-Mh}. \tag{5}$$

C'est de la formule (5) que l'on se servira pour régler l'épaisseur des supports qui , comme les piles des ponts par exemple , doivent pour un motif quelconque être montés à deux parements sensiblement verticaux. Cette épaisseur croîtra avec la charge au sommet Π , avec la hauteur h et la pesanteur propre à la maçonnerie M ; l'épaisseur décroîtra, au contraire, avec la résistance pratique de la maçonnerie à l'écrasement R. La plus grande hauteur à laquelle pourrait être monté un support de cette espèce, la charge au sommet fût-elle nulle, à pour limite $h = \dfrac{R}{M}$, ce qui d'ailleurs est évident *à priori*. Quand la charg Π est nulle, B est indéterminée ; si Π a une valeur finie, B est infinie.

Nous sommes conduits à une remarque sur la hauteur différente que peuvent atteindre, selon la figure différente de leur profil vertical, des volumes d'une maçonnerie donnée, chargés seulement de leur propre poids. On trouverait facilement que, pour une pyramide, la limite de la hauteur serait égale à $\dfrac{3\,R}{M}$, quel que fut le fruit : ainsi, *lorsqu'on élève autant que possible, c'est-à-dire jusqu'au moment où ils s'écraseraient à la base, trois massifs d'une même maçonnerie montés, le premier en parallélipipède, le second en prisme triangulaire, le troisième en pyramide, les plus grandes hauteurs de ces massifs sont entre elles comme les nombres* 1, 2, 3.

ARTICLE VII.

Effets de l'écrasement, du glissement et de la compression dans les voûtes.

45. On a fréquemment fait figurer dans les considérations qui précèdent, 1° le coefficient de résistance pratique de la maçonnerie à l'écrasement sur l'unité de surface, et

on a désigné ce coefficient par R ; 2° le coefficient de glissement de la maçonnerie, abstraction faite de la surface, ou autrement, la tangente de glissement qu'on a désignée par tang φ. Il est nécessaire de placer ici quelques observations sur l'idée qu'on doit se faire de ces deux coefficients et les valeurs qu'on doit leur attribuer dans la pratique.

Lorsqu'on exprime, en premier lieu, qu'une maçonnerie résiste à l'écrasement, ce mot *écrasement* est pris dans son acception la plus étendue ; il ne doit pas s'entendre de la pulvérisation des matériaux, pierres ou mortiers, qui composent la maçonnerie, mais seulement d'une déformation quelconque, par affaissement ou désagrégation des parties, ce qu'on appelle vulgairement une *soufflure* ou une *lézarde*. Sous ce point de vue, la résistance pratique à l'écrasement varie non-seulement avec la dureté des pierres et la qualité des mortiers, mais encore avec le mode d'appareil des premières et l'état plus ou moins flasque des seconds. Bien plus, on conçoit que la valeur du coefficient R se modifiera encore suivant l'office qu'aura à remplir une maçonnerie de même espèce, par exemple, selon qu'elle sera plus ou moins sollicitée à se déformer, plus ou moins également pressée : ainsi, une plus grande résistance sera nécessaire vers le sommet d'une voûte, que dans les pieds-droits qui ont seulement à la supporter.

Malheureusement, les expériences qui seraient propres à fixer les valeurs pratiques du coefficient R, et qui seraient si faciles à exécuter à peu de frais, n'ont point encore été entreprises, ou du moins publiées. On doit cependant à M. Vicat (*) deux résultats fondamentaux qui fixent la

---

(*) Recherches expérimentales sur la rupture et l'affaissement des Solides, par M. Vicat, Annales des ponts et chaussées, 1833.

charge que peut supporter sans altération quelconque une maçonnerie âgée de cinq mois, savoir : à 200,000 k. par m. q., pour un appareil en pierre de taille, et à 40,000 k. moyennement, pour un massif en moellons bien gisants et mortier médiocrement hydraulique.

Lorsqu'il s'agit d'une maçonnerie de voûte, laquelle, comme nous le verrons plus loin, doit être abandonnée à elle-même avant que les mortiers soient tout à fait pris, nous croyons que les coefficients ci-dessus doivent être réduits au quart. Mais ce n'est là, il faut bien le noter, qu'une opinion personnelle, une induction toute de sentiment, que chacun pourra rectifier suivant son expérience propre.

Nous proposerions donc, en l'absence de déterminations positives, et pour faire une large part à la sécurité, les valeurs suivantes du coefficient de *résistance pratique à l'écrasement*, selon les diverses espèces de construction qui peuvent être adoptées pour l'établissement des voûtes, savoir :

Résistance pratique à l'écrasement de la

Maçonnerie en moellons informes, en béton : 5,000 k. par m. q.
   Idem   en moellons, dits pendants : 10,000   *idem*
   Idem   en moellons équarris, bien posés : 20,000   *idem*   = R.
   Idem   en moellons appareillés en coupe : 30,000   *idem*
   Idem   en pierre de taille appareillée : 50,000   *idem*

46. En second lieu, nous avons désigné par tang φ le *coefficient de glissement* de la maçonnerie. φ est l'angle que forme avec l'horizontale la direction d'une poussée inclinée qui commence à produire le glissement du massif sur un joint horizontal, de telle sorte qu'avec une inclinaison plus petite que φ, la poussée ferait glisser, tandis qu'avec une inclinaison supérieure à φ, le glissement serait impossible. Si le frottement seul était en jeu, tang φ serait l'inverse de ce qu'on

appelle ordinairement le rapport du frottement à la pression, c'est-à-dire que, f étant ce dernier coefficient, on aurait

$$\tan \varphi = \frac{1}{f}.$$

Mais il s'en faut que les deux valeurs du *coefficient de glissement* et du *coefficient de frottement* soient toujours identiquement réciproques, et cela saute aux yeux. Ainsi, dans une maçonnerie en pierre de taille, par exemple, le frottement à sec de joint sur joint a pour coefficient 0.75 environ, auquel correspondrait tang $\varphi = 1.33$; mais le coefficient de tendance au glissement est bien plus fort au commencement, à cause de l'onctuosité des mortiers, bien plus faible ensuite, à cause de leur adhérence. S'il s'agit d'un joint de rupture dans une maçonnerie en moellons bruts, la contradiction devient plus tranchée. Il y a alors, en effet, plus que le frottement, plus que l'adhérence, il y a encore engrenage mutuel des moellons. Enfin, quand on considère un glissement de maçonnerie sur terre, comme il se présente dans la plus part des fondations, il n'est absolument plus permis de confondre le coefficient de glissement avec le rapport inverse du frottement des terres, ou, ce qui revient au même, avec la cotangente du talus naturel de ces terres : on sait en effet que certaines argiles smectiques, humectées seulement à la surface de contact, n'opposent qu'une résistance sensiblement nulle au glissement, tandis que, dans le même état d'humidité, l'angle de leur talus naturel est fort loin d'être nul.

Ainsi, ce que nous avons appelé résistance au glissement dans les maçonneries, et ce que l'on pourrait aussi bien appeler leur *résistance transverse*, comprend à la fois les effets du frottement, de l'adhérence du mortier et de l'emboîtement des pierres. Elle croît évidemment avec la surface du joint de rupture. Les expériences propres à déterminer directement les diverses valeurs du coefficient de cette résistance manquent totalement. Il serait sans doute utile, et peut-être indispensable de les faire, afin d'arriver à pouvoir donner aux maçonneries toute la hardiesse qu'elles comportent, sans danger pour la stabilité, et d'atteindre ainsi au dernier terme de l'économie que le constructeur doit toujours avoir en vue.

En attendant que ce vœu se réalise, nous chercherons du moins à conclure de quelques faits généraux et notoires dans la pratique, les limites certaines des valeurs principales du coefficient actuellement en question.

1° Lorsque l'on construit une voûte à retombées verticales, on réussit facilement à poser, sans le secours du cintre, tous les rangs de voussoirs compris entre la naissance et le plan de joint incliné d'un peu plus de 30° sur l'horizontale. Dès que le mortier a commencé seulement à faire prise, le dernier rang de voussoirs, ainsi posé, est très-stable, et on ne pourrait plus le faire glisser sans un certain effort.

Dans un pareil état de choses, la pression, résultant du poids d'un voussoir, a une direction verticale, et fait, avec le plan de glissement, un angle d'un peu moins de 60°. Or, tang 60° = 1.732, et, pour plus de sécurité, on peut admettre 1.75 au lieu de 1.732.

Conséquemment, *lorsque les joints des pierres sont dressés et que le mortier est encore flasque, tang* $\varphi = 1.75$.

2° Lorsqu'on démolit sur cintres une ancienne voûte en pierre de taille et mortier médiocre, en enlevant successivement les rangs de voussoirs à partir de la clef, on remarque que les voussoirs se soutiennent d'eux-mêmes et ne peuvent même pas être détachés sans un certain effort, dès que le plan de joint forme un angle de 45°, ou plus, avec l'horizontale.

Conséquemment, *lorsque les joints sont dressés, mais que le mortier est complétement pris, tang φ = 1.00 au plus.*

Les deux limites ci-dessus des valeurs de tang φ, à deux époques différentes de la construction, conviennent évidemment aux maçonneries en moellons appareillés ou seulement équarris. Quant à la maçonnerie brute, comme elle est plus exposée à *souffler* sous la charge, nous serions porté à penser qu'il ne faut point, malgré les inégalités du joint, attribuer à tang φ une valeur inférieure à 1.75, au moment où le mortier est encore flasque. Mais tang φ deviendra évidemment plus petite que 1, et même de beaucoup, lorsque le mortier aura fait prise. Nous proposerons donc, *pour la maçonnerie en moellon brut et mortier de moyenne qualité, savoir :*

Lorsque le mortier est encore flasque, tang φ = 1.75.

Lorsque le mortier est pris, tang φ = 1.00.

La première de ces valeurs s'appliquera à la partie supérieure des voûtes, lesquelles devront toujours être décintrées presque aussitôt qu'achevées. La seconde s'appliquera aux culées, dont la construction est toujours plus ancienne que celle de la voûte, et auxquelles on devra d'ailleurs laisser, autant que possible, le temps de prendre complétement, avant de leur faire porter la voûte.

Le coefficient de glissement, ainsi arbitré, est naturellement plus faible que ne le donneraient des expériences spéciales. Mais à défaut de ces expériences, on ne pouvait éviter une certaine exagération, c'est-à-dire une insuffisance d'économie, qu'on a le regret de rencontrer presque à chaque pas dans la routine des constructions.

47. D'après les limites que l'on vient de fixer à la valeur du coefficient tang φ, et ce qui a été démontré au n° 26, la résistance au glissement dans l'intérieur des voûtes sera tou-

jours 5 fois environ plus considérable qu'il ne faut. Et ainsi, la pression effective sur les joints sera diminuée par le frottement, sans aucune conséquence contre la stabilité.

Mais l'adhérence du mortier, dont l'effet est implicitement compris dans le coefficient tang φ, jouera un rôle bien plus important en atténuant la poussée de la voûte. On conçoit, en effet, que cette adhérence, qui tend à maintenir le rapprochement des voussoirs, produit sur chaque joint un effet directement opposé à celui de la pression, qui tend à repousser ces mêmes voussoirs. Ainsi, lorsque la cohésion est parfaite, quand, par exemple, la voûte se compose d'un demi-cylindre de matière homogène, la poussée est complétement annulée, jusqu'à la flexion ou à la rupture du système ; or l'adhérence du mortier réalise, jusqu'à un certain point, cette condition d'une voûte monolithe. Cet effet est d'autant plus sensible que la voûte a moins d'ouverture, parce que la poussée croît rapidement avec cette ouverture, tandis que l'adhérence absolue du mortier ne croît qu'avec la longueur de joint.

Si l'on connaissait d'une manière positive la force d'adhérence d'un mortier donné, peut-être ne serait-il pas impraticable de calculer *à priori* la quantité dont la poussée d'une voûte, construite avec ce mortier, se trouverait diminuée par l'effet de l'adhérence. Toujours est-il que cette atténuation de la poussée a lieu, et qu'elle varie avec la qualité du mortier ; qu'elle est d'autant plus tranchée que les voûtes ont moins d'ouverture ; enfin, que tout calcul de la poussée qui, comme le nôtre, fait abstraction de l'adhérence, donne pour résultat une limite supérieure.

Ce principe a été reconnu, plus ou moins complétement, par tous les auteurs qui ont écrit sur l'équilibre pratique des voûtes. Les exemples, d'ailleurs, ne manquent pas pour le confirmer ; nous n'en citerons qu'un très - petit nombre.

Premièrement, lorsqu'on démolit une ancienne voûte en diminuant peu à peu l'épaisseur de sa culée sur la face postérieure, l'équilibre subsiste encore longtemps après que l'épaisseur de la culée a été réduite bien au-dessous de celle qui serait nécessaire pour faire équilibre à la poussée de la voûte, si cette poussée n'était considérablement réduite par l'adhérence des voussoirs entre eux.

Secondement on voit, dans les expériences qui sont relatées à la fin du présent traité (note III), que l'adhérence du mortier, alors même qu'il est de la plus mauvaise qualité, exerce encore une influence notable pour réduire la poussée au-dessous de ce qui est indiqué par le calcul.

Troisièmement, on a dit longtemps que les voûtes construites en briques et plâtre n'exerçaient absolument aucune poussée. M. le capitaine du génie Olivier, dans un mémoire inséré aux Annales des ponts et chaussées (1837), montre que, même avec des briques à crochet, il reste encore une poussée, dont il a même mesuré directement l'intensité, pour une voûte circulaire de 0.29 de longueur, de $0^m.08$ d'épaisseur et de $4^m.89$ d'ouverture pour 0.47 de flèche. La poussée, calculée en raison du poids de l'espèce de maçonnerie, aurait dû être de 215 kil. environ, abstraction faite de l'adhérence ; M. Olivier n'a trouvé par une expérience précise que 100 kil. : l'adhérence du plâtre a donc contre-balancé dans ce cas plus de moitié de la poussée.

Quatrièmement, on trouve aussi dans les Annales des ponts et chaussées (1835) la description de deux voûtes en arc de cercle maçonnées en briques et ciment hydraulique qui ont été construites, pour essai, par Brunel. Ces voûtes, quoique très-plates, quoique construites sans cintres, se soutenaient en encorbellement sur toute l'étendue de leur demi-ouver-

.ture qui était, pour l'une, de 11^m.20, et pour l'autre de 15^m.00. Ici *la poussée était complétement annulée par l'adhérence du mortier.*

48. En raison du rôle important que joue la liaison des voussoirs de l'un à l'autre pour atténuer la poussée, on est porté quelquefois à tenter d'augmenter cette adhésion au moyen de tirants ou d'attaches en fer. On sait en effet que ce moyen a été employé dans la construction du pont Saint-Maxence, la hardiesse de l'exécution n'ayant point répondu à celle du projet. Un pareil moyen a été employé dans certaines voûtes du Panthéon français; mais nous ne croyons pas que ces exemples doivent être imités, l'interposition du fer, dans l'intérieur des maçonneries, ayant certains inconvénients, chimiques ou mécaniques, que tout le monde appréciera.

Il n'en est point de même des tirants proprement dits qui seraient établis d'une naissance à l'autre des voûtes en berceau ou des ceintures horizontales qui envelopperaient une voûte en dôme. Les premiers, qui jouent le rôle de l'entrait dans les fermes en charpente, peuvent être employés avec succès et doivent même être employés par précaution lorsqu'on a à craindre un déplacement horizontal, si petit qu'il soit, de la base de la culée. Les secondes ont été appliquées, comme on sait, et de l'aveu des savants le plus distingués, à la consolidation du dôme de St-Pierre de Rome. Il y a seulement une petite attention à avoir pour éviter que l'effet des variations de température, en tendant à modifier la longueur des tirants ou ceintures, n'ait un inconvénient dans l'application. On peut voir à ce sujet les leçons de mécanique appliquée de Navier. (1826, pag. 171.)

Des ceintures appliquées sur l'extrados d'une voûte, s'il était possible de tendre leurs deux extrémités et d'atténuer leur frottement contre la maçonnerie, pourraient ajouter à la stabilité, comme cela a eu lieu dans les expériences très-connues de M. Boistard; mais, comme les deux conditions ci-dessus ne sont point réalisables dans la pratique, on ne voit pas que cette espèce de ceintures puisse être employée utilement.

49. Les valeurs qui ont été indiquées au n° 45 pour le coefficient de la *résistance pratique des maçonneries à l'écrasement* ou de ce qu'on peut appeler, avec M. Vicat, la *force portante des maçonneries*, ces valeurs, disons-nous, sont telles qu'elles ne laisseront à craindre dans l'exécution aucune espèce d'affaissement anormal.

Cependant, si l'on décintre une voûte, pour ainsi dire, au moment où elle vient d'être achevée, il est difficile de ne point penser qu'il y aura une légère compression du mortier dans les joints, compression qui complétera la solidité de la voûte, loin de l'altérer, et ne produira en somme, qu'un très-léger abaissement du sommet sans déformer la régularité du profil d'intrados.

M. Vicat, dans son mémoire précité, exprime l'opinion que cette compression du mortier doit être absolument négligée. Elle est si faible en effet, qu'il est impossible de la mesurer directement, et qu'on ne saurait la conclure que par induction des effets observés sur un massif considérable de maçonnerie. C'est ainsi que nous avons essayé de le faire au moyen de l'expérience qui suit. Lors du décintrement d'une voûte de 15^m.00 d'ouverture, tout récemment achevée, nous avons observé, au moyen d'une mire scellée sur la clef et d'un niveau à bulle d'air stationnaire, l'affaissement du sommet, lequel s'est arrêté définitivement à 0^m.004. Le nombre des joints étant de 41 pour une demi-voûte et leur épaisseur moyenne étant de 0^m.015, nous en avons conclu que le tassement du mortier ne pouvait avoir dépassé $0^m.01$ sur $1^m.00$ de hauteur (*), résultat très-faible comme on le voit. Nous avons cru reconnaître clairement que l'abaissement du sommet était dû exclusivement à la compression uniforme du mortier ; mais si quelque autre effet y avait concouru, on serait conduit à attribuer une valeur encore plus faible à la compression sur l'unité de hauteur. Nous ajouterons que, dans une expérience analogue sur une voûte de $9^m.00$ d'ouverture, construite toute en meulière brute à mortier éminemment hydraulique, et décintrée aussitôt son achèvement, on n'a pu constater aucun abaissement quelconque du sommet.

Il est donc permis d'admettre que, si une voûte est construite suivant le profil d'équilibre, la compression du mortier ne produira, lors du décintrement même immédiat, aucun effet anormal dont il y ait lieu de tenir compte dans la pratique. Mais cette compression, si faible qu'elle soit, aura une conséquence fort avantageuse, en permettant à la pression de se répartir uniformément sur la surface de chaque joint, et voici comment l'on est conduit à cette conclusion.

La courbe de pression qui s'établit dans l'intérieur d'une voûte en équilibre stable, occupe, comme nous l'avons vu, une position indéterminée. Lors même qu'on regarderait comme déterminés la courbe de pression, et par suite les

---

(*) Les naissances n'ayant point varié, on prend, pour rayon moyen de la courbe de tassement, $\dfrac{7.50 + (7.500 - 0.004),}{2}$ d'où le tassement par mètre : $\dfrac{\pi \times 0.002}{41 \times 0.015} = 0.01$. M. Vicat a trouvé par des expériences directes, en petit, quatre résultats qui varient de 0.004 à 0.007 ; mais il opérait sur des mortiers complétement pris.

points d'application de la pression résultante sur chaque joint, le mode de répartition de cette pression sur la surface du joint resterait encore indéterminé mathématiquement. Mais il ne peut pas y avoir indétermination dans les effets des forces naturelles, et cela, parce qu'elles agissent toujours par l'intermédiaire d'agents plus ou moins élastiques. Ainsi, il est dans la nature des choses que les parties les plus chargées cèdent, jusqu'au moment où les parties les moins chargées d'abord viennent au secours des premières, et *l'état final est la répartition uniforme* de l'action entre les diverses résistances, toutes les fois qu'il n'existe point d'obstacle évident à ce que toutes les résistances fonctionnent également. Puisque l'élasticité favorise la répartition égale de la pression, il est donc important que cette pression commence à agir, c'est-à-dire que le décintrement ait lieu lorsque les mortiers sont encore *flasques* ou peuvent encore se comprimer sans désorganisation.

Le prompt décintrement des voûtes est encore motivé par une autre considération qu'on ne doit point perdre de vue, lorsqu'on entreprend de plier aux déductions si bornées du calcul les résultats si étendus, au contraire, et si variés des circonstances physiques. Si bien que vous ayez calculé l'équilibre d'une voûte, quelque soin que vous ayez apporté à tenir compte de toutes les propriétés des corps, de tous les accidents que votre esprit peut saisir, soyez assuré qu'au moment où vous abandonnerez cette voûte à elle-même, la nature lui imposera un mode d'équilibre qui ne sera pas celui prévu par vous, bien qu'il puisse s'en rapprocher beaucoup, bien que souvent la différence échappe complétement à nos sens (*). Alors, si les mortiers sont encore suffisam-

---

(*) Les maçons disent alors, pour exprimer ce retour à l'équilibre naturel, dont ils ont le sentiment intime, que la maçonnerie *s'assoit.*

7

ment compressibles, l'équilibre nouveau s'établira sans aucune altération, même invisible, de la maçonnerie ; tout se passera comme si le mode d'équilibre prévu avait tout d'abord atteint la perfection ; le décintrement aura réparé efficacement vos fautes de calcul. Mais, si vous attendez au contraire que les mortiers soient complétement secs, le nouvel arrangement du système ne pourra point se faire sans qu'il y ait écrasement sur certains points, déchirement sur d'autres ; la maçonnerie sera désorganisée au moment même où elle commencera à fonctionner. Ce dernier effet, qui n'en existe pas moins lorsqu'il est insensible à nos moyens d'observation, acquiert un caractère très-grave lorsque le profil de la voûte offre un défaut d'équilibre tranché. Il n'est besoin, pour s'en convaincre, que de se rappeler tout ce qui a été écrit sur le décintrement des anciens ponts.

50. Bien que les considérations exposées dans le précédent numéro soient, nous le croyons du moins, conformes aux idées les plus vulgaires sur la pratique des constructions, il est possible que quelques personnes les trouvent sujettes à critique et fassent difficulté de les admettre. Nous sommes dès lors obligé de résoudre d'avance une objection relative à la répartition uniforme de la pression sur chaque joint d'une voûte.

Lorsqu'on n'admet point une compression notable des mortiers, ce qui revient à supposer les pierres des voussoirs juxtaposées, on retrouve l'indétermination de la répartition dont il s'agit. Navier, dans ses Leçons de mécanique appliquée (page 165), admet que, par l'effet de l'élasticité et au moment de la rupture, la pression exercée sur un joint et sa résistance augmentent uniformément, depuis une extrémité du joint où elle est nulle, jusqu'à l'autre extrémité où elle atteint son maximum : conséquemment chaque joint pourrait être chargé, au maximum, autant que si la pression normale à ce joint se doublait. Or on se rappelle qu'au n° 45 nous proposons d'admettre, pour coefficient de résistance de la maçonnerie employée en voûte, un quart seulement de la valeur qu'atteint ce coefficient pour les mêmes maçonneries employées en murs droits. Notre coefficient serait donc encore suffisant, quand bien même la pression ne devrait point se répartir également.

ARTICLE VIII.

Épaisseur à la clef.

51. La détermination de l'épaisseur à la clef est peut-être le point le plus important de l'établissement des voûtes. Malheureusement cette question ne semble pas, jusqu'à présent, pouvoir être résolue par un mode de calcul rigoureux. Les différents auteurs qui ont écrit sur la théorie des voûtes ont en général omis la question dont il s'agit, ou s'en sont référés à l'usage pour le règlement de la dimension fondamentale de la clef. M. Méry, dans son mémoire précité, est le seul qui ait fourni une indication propre à diminuer le vague d'une semblable recherche.

Dans l'état de la question, il n'y a point encore autre chose à faire que de raisonner par induction, d'après les innombrables types qui, depuis longtemps déjà, ont fixé à cet égard le sentiment des constructeurs. La méthode que nous allons proposer ne sera donc que la consécration de la règle empirique généralement admise pour le calcul de l'épaisseur à la clef dans les pleins cintres ; sa transformation motivée pour les voûtes d'une autre forme, et surtout la réduction de ces règles à des formules aussi simples et aussi commodes que l'exige leur emploi dans la pratique journalière.

52. Au premier abord, on est tenté de calculer l'épaisseur à la clef, en la concluant de la résistance qu'elle doit opposer à la pression qui s'y exerce ; mais il est aisé de voir que ce mode d'opérer serait tout à fait contradictoire.

Désignons toujours par Q la poussée horizontale, ou la pression sur le joint de clef, par r le rayon de la voûte, par c l'épaisseur à la clef, qu'il s'agirait de déterminer, par R le coefficient de résistance pratique de la maçonnerie à l'écrasement ; la condition exprimant qu'il n'y a point écrasement à la clef, s'écrirait :

$$R c > \frac{M}{2}(2cr + c'),$$

et reviendrait à :

$$\frac{2R}{M} > 2r + c.$$

Comme tout est constant dans cette inégalité, excepté la dimension cherchée c, on voit qu'on y satisferait d'autant mieux qu'on réduirait davantage c et que, toutes choses égales d'ailleurs, l'épaisseur à la clef devrait être d'autant plus faible que le rayon de l'intrados serait plus grand : conséquence manifestement contraire au sens commun.

Nous reviendrons sur la nécessité de vérifier *à posteriori* cette inégalité, et sur la conclusion qu'on en doit tirer dans la pratique. (*Voir* art. 9.)

53. C'est donc sous un autre point de vue qu'on doit con-

sidérer la conséquence d'une plus ou moins grande épaisseur à la clef dans les voûtes : c'est celui de leur résistance au renversement.

On a vu précédemment (n° 33), qu'au moment où une voûte va s'écrouler par affaissement de la clef, la courbe de pression se surhausse de manière à avoir son sommet au sommet de l'extrados, et sa naissance à l'origine du joint extrême. Quelque chose de semblable doit évidemment arriver lorsqu'une voûte, primitivement en équilibre sous son propre poids, reçoit vers sa clef une surcharge accidentelle. En raisonnant d'après ce qui a été dit des arcs en équilibre (n° 4), et en vertu d'une analogie qui est permise ici, on voit que, s'il y a surcharge à la clef d'une voûte, la courbe de pression tend à se surhausser, et que de même, s'il y a surcharge aux reins, la courbe de pression tend à se surbaisser. Lorsqu'une pareille modification doit s'établir, il est dans la nature des choses que l'équilibre subsiste tant qu'il est possible. La courbe de pression accidentelle cherche, pour ainsi dire, sa place dans le profil de la voûte, et, quand sa modification devient assez tranchée, arrive l'un des cas extrêmes spécifiés au n° 32, et qui marquent l'instant mathématique du renversement. Plus la hauteur de la clef est considérable, plus sont étendues les variations que peut subir ainsi le trajet de la courbe de pression, avant qu'il sorte du profil de la voûte. *L'épaisseur à la clef est donc la mesure de la stabilité de la voûte sous le rapport du renversement.*

Dans la réalité, l'épaisseur et le poids de la voûte sont toujours assez considérables, par rapport aux surcharges accidentelles, pour que les modifications qu'aurait à subir, par l'effet de ces surcharges, la courbe de pression, soient extrêmement bornées. Alors il n'y a point, à proprement parler, répartition accidentelle de la pression, et, au point de vue des circonstances physiques, la voûte réagit d'une manière absolue contre les surcharges variables, sans sortir elle-même de son état permanent de stabilité.

54. Par des considérations analogues à celles que l'on vient d'exposer, et par application des principes relatifs aux arcs en équilibre, on pourrait, jusqu'à un certain point, déterminer l'épaisseur à la clef, en raison des surcharges permanentes ou accidentelles que la voûte est appelée à supporter (*). Mais hâtons-nous de dire qu'un semblable calcul paraîtrait nécessairement vague et fort peu rassurant à la plus part des constructeurs. Bornons-nous donc, à cet égard, à interpréter les leçons d'une expérience qui date de plus de deux mille ans.

L'épaisseur d'une voûte à la clef ne peut jamais descendre jusqu'à une certaine épaisseur sous laquelle il deviendrait impossible de maçonner. De là un terme constant m dans la formule qui devra régler l'épaisseur à la clef. Mais lorsque le diamètre de la voûte augmente, les chances de renversement augmentent aussi, et la clef doit être augmentée proportionnellement, puisque c'est son épaisseur totale qui donne la mesure de la stabilité : de là, dans la même valeur, un terme nr, proportionnel au rayon de courbure de l'intrados.

Ainsi, pour les pleins cintres, où le rayon r est constant, l'épaisseur à la clef sera donnée par une expression de cette forme :

$$c = m + nr,$$

(*) On y parviendrait également par la méthode de M. Méry. *Voir* la note II.

et ce sont les coefficients m, n qu'il s'agit de déterminer empiriquement, par analogie avec les types existants des voûtes de même espèce. Or, lorsqu'on a en vue les maçonneries ordinaires, celles des ponts par exemple, on ne peut point admettre pour m une valeur inférieure à 0.30. Quant à n, sa valeur conclue par interpolation est au-dessous de 0.10, mais s'en éloigne assez peu pour qu'il soit convenable dans la pratique, d'admettre le coefficient 0.10 lui-même.

Ainsi nous proposons de *régler l'épaisseur à la clef des voûtes en plein cintre par la formule pratique*

$$c = 0.30 + 0.10r. \qquad (1)$$

Les épaisseurs résultant de cette formule pour les voûtes de diverses ouvertures sont calculées jusqu'à celle de $40^m.00$, dans la table III précitée. Quoique un peu supérieures à celles qui sont données par d'autres tables connues, elles concordent peut-être mieux avec ce qui se pratique le plus habituellement.

55. La formule précédente une fois admise, nous croyons qu'on en peut déduire la formule équivalente pour toute espèce de voûte autre que le plein cintre, en raisonnant par simple induction, comme il suit.

Considérons, par exemple, une voûte en plein cintre et une voûte en arc de cercle de 60° d'amplitude, décrites l'une et l'autre avec le même rayon d'intrados r. Supposons, ce qui est permis pour l'objet qui nous occupe, que, dans l'état d'équilibre sans surcharge, la courbe de pression suivait à peu près l'intrados, et avait, par conséquent, le rayon de courbure constant r. Imaginons que, sur une même étendue de chaque voûte, de part et d'autre de la clef, on ajoute une certaine pression constante et normale à l'intra-

Fig. 28.

dos. Dans cet état, la voûte proprement dite, c'est-à-dire la partie située au-dessus des deux joints extrêmes, peut être assimilée à un arc en équilibre qui, dans sa partie inférieure, supporterait une certaine pression normale constante, et aurait un rayon de courbure égal à r, mais qui, dans sa partie supérieure, supporterait une pression normale constante plus considérable que la première et aurait conséquemment un rayon de courbure $r' < r$. Le trajet de la courbe de pression dans l'intérieur de la voûte, lequel est analogue à celui de l'arc considéré, deviendrait donc, au lieu du demi-cercle d'intrados, une courbe à trois centres décrite avec les rayons r et r', et aboutissant aux deux joints extrêmes, tels que M.

Retranchons maintenant de DE, épaisseur totale du plein cintre à la clef, une distance EI, égale à la partie constante $0^m.30$; le surplus DI sera la portion de cette épaisseur qui doit croître proportionnellement au rayon. Traçons, à partir du point I, la courbe à trois centres IKM. Il faut, pour l'équilibre, que cette courbe ne sorte nulle part du profil de la voûte, ce que l'on a réalisé dans la figure en admettant, 1° que la surcharge était répartie sur une étendue de 10° environ, de part et d'autre du sommet ; 2° que la proportion de la surcharge conduisait à une longueur BI pour le rayon de surhaussement r'.

En faisant exactement la même construction dans le profil de la voûte en arc de cercle de 60° supposée décrite du même rayon r, et supportant une surcharge semblable et semblablement placée, on voit qu'on peut tracer une nouvelle courbe de pression, avec les mêmes rayons r et r', sans qu'elle sorte du profil de la voûte, et cela en partant d'un point I' situé au milieu de DI. Ainsi donc, et attendu que, dans l'usage ordinaire, les voûtes sont toutes appelées à sup-

porter les mêmes surcharges à leur sommet, on peut conclure de l'essai ci-dessus que, si le coefficient de r, dans la.
valeur de l'épaisseur à la clef, est 0.10 pour la première espèce de voûtes, il doit être seulement de 0.05 pour la seconde
espèce, et l'on est conduit par analogie à adopter *pour régler l'épaisseur à la clef des voûtes en arcs de cercle de 60°,
la formule pratique*

$$c = 0.30 + 0.05\,r. \qquad (2)$$

La même figure montre que, si l'arc d'intrados est de 50°,
on peut prendre

$$c = 0.30 + 0.035\,r. \qquad (3)$$

On est encore conduit, par un tâtonnement semblable, à
adopter pour épaisseur à la clef des voûtes surbaissées au
tiers, R étant le rayon de courbure au sommet,

$$c = 0.30 + 0.07\,R. \qquad (4)$$

Et enfin pour *hauteur de la projection verticale constante
du joint dans les voûtes en ogive tiers-point*, r étant l'ouverture égale au rayon,

$$c = 0.30 + 0.05\,r. \qquad (5)$$

Les formules (2), (3), (4), (5), donneront généralement
des résultats qui n'auront rien de choquant ni d'inusité
dans la pratique.

Lorsque la voûte projetée sortira d'un des cas précédents,
qui sont les plus habituels, on pourra, au moyen de la sorte
de solution graphique essayée ci-dessus, déterminer par

aperçu la dimension convenable de la clef, sauf à la comparer ensuite à des types existants.

56. Nous n'avons pas besoin de faire observer que tout ce qui est relatif à l'espèce de détermination qu'on vient de considérer, reste entièrement livré à l'expérience particulière du constructeur. Aussi, avons-nous eu le soin de ne rien préjuger à cet égard, et de faire figurer l'épaisseur à la clef comme une donnée arbitraire dans toutes les formules relatives à l'établissement des voûtes.

Comme contrôle des valeurs que nous avons indiquées pour l'épaisseur à la clef des diverses espèces de voûtes, nous rappellerons ici deux règles pratiques bien connues.

La première est celle de Perronnet, rapportée dans les premières éditions du cours de M. Sganzin. Elle ne fait acception que de l'ouverture et consiste à ajouter à $\frac{1}{24}$ de cette ouverture une longueur constante de 1 pied, ou $0^m.325$, puis à retrancher de cette somme $\frac{1}{144}$ de l'ouverture. Le reste exprime l'épaisseur à la clef. Si donc A est l'ouverture. *cette règle donne pour toute espéce de voûtes :*

$$c = 0.325 + 0.035\,A, \qquad (6)$$

La seconde est celle donnée par M. Saint-Guilhem, ingénieur des ponts et chaussées, dans son supplément aux Tables de M. d'Aubuisson. Elle ne fait acception que du rayon de courbure au sommet de l'intrados. *Si ρ est le rayon au sommet, cette seconde règle donne pour toute espèce de voûtes :*

$$c'' = \frac{1}{3}\,(0.20.\,\rho + 1). \qquad (7)$$

Voici maintenant quelques résultats de la comparaison de

ces deux règles avec les formules pratiques proposées dans le numéro précédent (*).

1° Dans le cas des pleins cintres, la formule (1) ci-dessus donne des épaisseurs de clef qui dépassent celles données par la formule de Perronnet (6) de

$$c - c' = 0.03 . r - 0.025,$$

et qui dépassent aussi celles données par la formule de M. Saint-Guilhem, de

$$c - c'' = 0.033 . r - 0.033.$$

2° Pour une arche elliptique de 30^m.00 d'ouverture sur 10^m.00 de montée, et dont le rayon de courbure au sommet est, conséquemment, de 22^m.50, la formule (4) ci-dessus donne 1^m.875 ; celle de Perronnet 1^m.375 ; celle de M. Saint-Guilhem 1^m.85.

3° Pour la voûte en arc de cercle du pont d'Iéna, laquelle a 28^m.00 d'ouverture pour 3^m.30 de flèche, et conséquemment un rayon de 31^m.35, pour 53° d'amplitude, l'épaisseur à la clef devrait, suivant nous, être comprise entre les résultats des formules (2) et (3), c'est-à-dire entre 1^m.867 et 1^m.397, mais se rapprocher davantage du dernier résultat ; la formule de Perronnet donne 1^m.305, celle de M. Saint-Guilhem 2^m.423 : la dimension suivie dans l'exécution est 1^m.44, et paraît à tout le monde parfaitement convenable.

(*) Rondelet dans son Traité théorique et pratique de l'art de bâtir, donne une table d'épaisseurs à la clef qui implique la formule

$$c = 0.08 \, r + 0.40.$$

57. Les diverses formules rapportées ci-dessus pour la détermination de l'épaisseur à la clef, ne doivent évidemment pas être appliquées aux voûtes qui, d'après l'office qu'elles sont appelées à remplir, n'ont point à éprouver des surcharges accidentelles. Telles sont, par exemple, les voûtes en plate-bande, les voûtes supportant un comble, les voûtes d'aqueduc sous un cours d'eau, les voûtes souterraines, etc. Dans chacun de ces cas, le profil de la voûte doit être déterminé par des considérations particulières qui ne peuvent prendre place ici. (*Voir* à la deuxième section.)

────────

ARTICLE IX.

Limites de l'ouverture et de la hauteur des voûtes en maçonnerie.

58. Ainsi qu'il a été établi dans l'article précédent, l'épaisseur des voûtes à la clef doit être accrue en raison de la stabilité qu'on veut obtenir ; mais à mesure que cette épaisseur s'accroît, la poussée horizontale augmente aussi, et l'on se trouve ramené, en définitive, à vérifier si, avec la section adoptée et la poussée qui en résulte, la matière de la clef oppose une résistance suffisante à l'écrasement.

Cette condition de résistance est, comme on l'a vu au numéro 52 ,

$$\frac{2R}{M} > 2r + c. \tag{1}$$

Or maintenant, dès que r est déterminé, c l'est aussi en vertu de l'une des formules empiriques énoncées ci-dessus. Si donc l'inégalité (1) n'est point satisfaite en raison des valeurs des coefficients R et M, particuliers à l'espèce de maçonnerie qu'on a en vue, ce sera une preuve que cette espèce de maçonnerie est inadmissible dans la circonstance, et qu'il en faut adopter une autre, pour laquelle le rapport $\frac{R}{M}$ soit plus considérable.

De là, une limite de l'ouverture des arches qui peuvent être construites avec chaque classe donnée de maçonnerie. Si, par exemple, il s'agit d'un plein cintre, et qu'on remplace c par sa valeur du n° 54, la limite de la valeur r sera donnée, pour chaque cas, par l'équation

$$r = \frac{1}{2.10}\left(\frac{2R}{M} - 0.30\right) = 0.952\cdot\frac{R}{M} - 0.143;$$

et en substituant dans cette formule, d'une part les valeurs pratiques de R indiquées au n° 45, d'autre part et pour M la valeur 2,000 qui représente moyennement la pesanteur spécifique de la maçonnerie en pierres et mortier, on trouve les relations suivantes entre les principales espèces de maçonneries et les limites d'ouverture qu'elles comportent, pour la construction des arches en plein cintre :

Maçonnerie en moellons informes, en béton : $2r =$ environ			$4^m.50$
Idem	en moellons dits pendants :	*idem*	$8^m.00$
Idem	en moellons équarris, bien posés :	*idem*	$19^m.00$
Idem	en moellons appareillés en coupe :	*idem*	$28^m.00$
Idem	en pierre de taille appareillée :	*idem*	$46^m.00$

Ces résultats pourront paraître faibles, principalement en ce qui concerne les voûtes en moellons bruts. Nous avons nous-même cité une voûte de $9^m.00$ d'ouverture, construite en meulière brute, et qui n'a éprouvé absolument aucun accident quelconque au décintrement ; mais des résultats de ce genre ne peuvent être dus qu'à une qualité exceptionnelle des mortiers, qui enchâssent assez solidement des moellons informes pour leur donner la stabilité de moellons taillés. On sait aussi qu'il a été construit plusieurs ponts en maçonnerie d'une ouverture bien supérieure à $46^m.00$ (*). Mais ces arches, d'une dimension si peu usitée, supposent une dureté exceptionnelle dans les pierres employées à leur construction. Nous n'avons voulu, au contraire, donner ci-dessus que des résultats d'une espèce générale, qui pussent inspirer une sécurité complète et presque exagérée pour tous les cas ordinaires de la pratique. C'est en effet dans cette vue, que nous avons proposé, au n° 45, des valeurs pratiques du coefficient de résistance à l'écrasement, d'où dérivent les limites calculées tout à l'heure. Mais chacun, nous le répétons, pourra rectifier ces données générales, suivant son expérience particulière des circonstances physiques, qui dominent les résultats ci-dessus.

59. La détermination de la hauteur limite des pieds-droits pour une ouverture de voûte et une espèce de maçonnerie donnée, découle de ce qui a été exposé précédemment dans l'art. 6.

D'abord, l'équation exprimant que le pied-droit a une stabilité pratique suffisante contre le renversement est (n° 39) :

$$3Qh = \left\{ P + P' + MEh \right\} E. \qquad (1)$$

(*) Traité de la construction des ponts par Gauthey. Dernière édition du Cours de construction de M. Sganzin. Mémoire sur la construction d'arches en pierre de 500 pieds d'ouverture, par Perronnet, 1793.

Ensuite l'équation exprimant que la base du pied-droit éprouve toute la pression qu'elle peut supporter sans s'écraser, est (n° 42) :

$$ER = P + P' + MEh. \qquad (2)$$

La valeur de h qui satisfera simultanément à ces deux équations, représentera la plus grande hauteur possible du pied-droit. On aurait donc à éliminer E entre les équations (1) et (2) pour en tirer la valeur de la limite cherchée ; mais afin d'arriver à un calcul moins compliqué, on opérera inversement. Les deux équations donnent d'abord

$$h = \frac{RE^2}{3Q}; \qquad (3)$$

et, substituant cette valeur dans l'une d'elles, on trouve :

$$E^3 - \frac{3Q}{M} E + \frac{3Q(P + P')}{MR} = 0.$$

On pourrait, par substitutions successives, obtenir la valeur de E, puis en déduire h au moyen de la relation (3). Mais, en appliquant à cette dernière équation des données usuelles, on reconnaît facilement que E reste toujours compris entre la valeur $\sqrt{\dfrac{3Q}{M}}$ et la valeur plus faible $\dfrac{3}{4} \sqrt{\dfrac{3Q}{M}}$. Puis donc qu'il s'agit d'obtenir une valeur limite de h, on se placera évidemment au-dessous de la vérité, en prenant pour E une valeur un peu trop faible, à laquelle correspondra une valeur trop faible aussi pour h. Substituant donc, dans l'équation (3), pour E la quantité

$$\frac{3}{4}\sqrt{\frac{3Q}{M}}, \text{ on trouve :}$$

$$h = \frac{9}{16}\frac{R}{M}. \tag{4}$$

Comparons maintenant ce résultat à celui du numéro précédent, exprimant que la clef éprouve toute la pression qu'elle peut supporter pratiquement sans s'écraser :

$$\frac{2R}{M} = 2r + c.$$

Mais remarquons bien que, lorsqu'il s'agit des pieds-droits (n° 45), on doit attribuer au coefficient R une valeur quadruple de ce qu'elle est pour les voûtes. Nous verrons ainsi que, *si la voûte et le pied-droit sont construits avec la même maçonnerie, et s'ils éprouvent l'un et l'autre une pression égale à la limite de leur résistance pratique, la limite de la hauteur du pied-droit est donnée par l'équation*

$$h = \frac{9}{8}(2r + c). \tag{5}$$

La limite de l'ouverture de la voûte étant donnée en même temps par l'équation

$$2r + c = \frac{2R}{M}, \tag{5 \textit{bis}}$$

si l'on adopte pour dimension de la clef la valeur du numéro 54, on aura pour limiter la hauteur de pieds-droits des voûtes en plein cintre :

$$h = 2.362.r + 0.338; \tag{6}$$

et, en appliquant cette dernière formule aux valeurs limites de r établies au numéro précédent, on trouve :

Maçonnerie de	Moellons bruts	$2r = 4^m.50$	$h = $ environ	$5.^m60$
	Id. pendants	$2r = 8^m.00$	$h = $	$9^m.80$
	Id. écarris	$2r = 19^m.00$	$h = $	$22^m.80$
	Id. appareillés	$2r = 28^m.00$	$h = $	$33^m.40$
	Pierre de taille	$2r = 46^m.00$	$h = $	$54^m.70$

Les valeurs considérables, assurément, qu'on trouve pour les diverses limites de hauteur qui conviennent aux diverses classes de maçonnerie, montrent qu'il n'y avait nul inconvénient à adopter, comme nous l'avons fait, dans la recherche dont il s'agit, une marche plus simple qui réduit de quelque chose les dites limites.

60. Dans la pratique on n'aura presque jamais occasion d'approcher des limites ci-dessus fixées pour la hauteur des pieds droits. Alors ces pieds droits, afin de ne point offrir un excès de résistance à l'écrasement, devront être construits en maçonnerie d'une moindre qualité que celle des voûtes.

Lorsque les pieds droits et voûtes, au lieu d'être construits tout en pierre de taille, ont leurs parements seuls, ou même leurs arêtes seules, montés avec cette espèce de maçonnerie, le massif étant formé d'une maçonnerie moins résistante, il est évident que c'est avec les coefficients applicables à la dernière que doivent être faits tous les calculs relatifs à l'écrasement. Du reste, ce défaut d'homogénéité de la maçonnerie n'a point dans l'exécution l'inconvénient qu'au premier abord on serait tenté de lui attribuer. En effet, si la maçonnerie la moins résistante est employée dans des limites convenables, elle résiste d'une manière absolue aux efforts prévus, et la maçonnerie la plus résistante remplit, à plus forte raison, le même but : il n'y a donc ni différence de tassement, ni différence de mouvement, parce qu'il n'y a ni tassement, ni mouvement proprement dits. Le contraire arriverait si la voûte n'était point en équilibre, ou si la maçonnerie de moindre qualité était soumise à des efforts plus considérables que ceux qu'elle comporte; alors les accidents peuvent être très-graves, et l'on sait que les exemples de cette espèce ne manquent pas dans l'histoire des constructions.

61. En considérant la formule (4) du n° 59, on voit que la hauteur limite d'un pied droit en équilibre pratique sous le poids d'une voûte est donnée d'une manière absolument générale par l'équation :

$$h = \frac{9}{16}\,\frac{R}{M},$$

R ayant ici une valeur quadruple de celle indiquée pour chaque espèce de maçonnerie au n° 45.

Si l'on rapproche ce résultat de celui du n° 44, relatif aux pieds droits *isolés*, ou qui ne supportent aucune pression au sommet, on voit que, *pour une même espèce de maçonnerie, les hauteurs limites d'un pied droit isolé et d'un pied droit de voûte sont entre elles comme les nombres 16 et 9.*

FIN DE LA PREMIÈRE SECTION.

DEUXIÈME SECTION.

ÉTABLISSEMENT PRATIQUE DES VOÛTES DE TOUTE ESPÈCE.

ARTICLE PREMIER.

Simples considérations sur l'équilibre pratique des voûtes.

62. Parmi les voûtes de ponts que l'on construit communément, la plus part, sans doute, ont un profil déterminé par sentiment : presque toutes tiennent ; quelques-unes s'écroulent ; mais celles qui doivent tomber éprouvent ordinairement cet accident, ou du moins les mouvements qui l'annoncent, au moment même du décintrement. Lorsqu'au contraire une voûte a supporté sans déchirements ni écrasements partiels, sans tassement anormal, l'opération capitale du décintrement, le constructeur regarde son ouvrage comme assuré contre tout dérangement d'équilibre, et ne ressent plus d'inquiétude sur les effets du remplissage en terres ou des surcharges dues à la circulation.

On est en droit de conclure de là que, dans les conditious habituelles, les voûtes qui se maintiennent parfaitement en équilibre sous leur propre poids, offrent, par présomption, une résistance suffisante à toutes les autres actions qu'elles sont appelées à supporter. *Si donc une voûte est extradossée confor-*

mément au profil d'équilibre, si, de plus, la clef a l'épaisseur fixée par l'expérience, cette voûte doit être considérée comme stable pratiquement.

On peut, au moyen des principes exposés dans la *première section*, se rendre compte du fait qui vient d'être énoncé, comme un résultat infaillible de l'expérience des constructions.

Fig. 29.   D'abord, le poids du remblai, en agissant au sommet de la voûte, tend à surhausser la courbe de pression ; en agissant sur les reins, il tend à surbaisser la même courbe. Si le dessus du remblai était profilé suivant un arc de péricycloïde dérivant du cercle d'intrados, rien n'empêcherait de considérer ce remblai comme faisant partie de la voûte même, dont alors le mode d'équilibre ne serait pas changé (*). Mais il n'en sera jamais ainsi dans l'exécution : le remblai sera toujours arrasé suivant un plan ; la charge exercée par lui sur les reins de la voûte, dépassera toujours la charge au sommet, mais d'une quantité assez faible, qui a pour mesure la figure EIK, et qui croît graduellement depuis le sommet jusqu'à l'extrémité N de l'extrados. Il en résultera un faible surbaissement de la courbe de pression, effet directement opposé à celui que tendent à produire les surcharges passagères. Donc, *le remblai fait sur les voûtes accroît leur stabilité contre l'action des surcharges passagères.*

Le poids du remblai concourt d'ailleurs à la stabilité, en augmentant la pression qui s'établit dans l'intérieur de la voûte, comme le ferait une certaine augmentation de l'épaisseur de cette voûte. De plus, et attendu que les terres ont,

---

(*) Cette supposition n'est peut-être point aussi abstraite qu'elle le paraît au premier abord. La démolition des vieux ponts montre souvent que les terres peuvent, jusqu'à un certain point, se soutenir en voûte.

jusqu'à un certain degré, les propriétés des fluides, il forme entre la voûte et les surcharges passagères une sorte de *matelas* qui sert à disséminer les pressions accidentelles, de manière à les répartir sur l'extrados et à les rendre dès lors moins dangereuses. C'est ainsi qu'un poids additionnel, réparti sur une certaine longueur d'un arc en équilibre, n'y produirait qu'un accroissement de tension et une modification de courbure insignifiants, tandis que le même poids, réuni en un seul point de l'arc, ferait naître dans sa courbure un *point singulier* ou angle brusque, et dans sa tension un accroissement notable. On voit donc *qu'il y a avantage à accroître, autant que le permettent les circonstances données, l'épaisseur du remblai sur une voûte.*

63. Ce que l'on vient de dire des effets favorables à la stabilité, que produit le remblai fait sur l'extrados des voûtes, est vrai non-seulement pour les voûtes en plein-cintre, mais plus encore pour les voûtes surbaissées, et surtout pour les voûtes plates en arc de cercle. Dans tous les cas semblables, la pression du remblai, agissant sur une plus grande hauteur contre les culées ou pieds-droits, leur restitue amplement l'excès de stabilité qui leur est nécessaire, pour répondre à l'excès de poussée que produit ce même remblai sur la partie supérieure de la voûte. Dans les applications, on n'aura généralement pas à craindre que ce but ne soit dépassé, c'est-à-dire que la pression du remblai sur les culées ou pieds-droits ne les déverse vers l'intérieur, en faisant remonter la clef de la voûte (voir *fig.* 17). Un pareil accident ne se présente guères que dans les culées des ponts en bois, lesquels exercent une poussée très-faible. On pourra d'ailleurs, par un calcul fort simple, s'assurer que le même accident ne peut avoir lieu dans chaque cas donné d'un pont en maçonnerie.

Il est loin d'en être de même pour les voûtes en ogive. Les terres qui pressent sur chaque flanc d'une pareille voûte y accroissent la pression, ou, ce qui revient au même, la poussée qui existe entre chaque naissance et le sommet ; la pression verticale, exercée par le même remblai sur le sommet, ne peut point, à beaucoup près, contre-balancer le premier effet. Il résulte de là (n° 30), que le poids additionnel du sommet, lequel est *indispensable* pour l'équilibre, devient insuffisant, et que le sommet peut remonter. Alors, chaque moitié de la voûte en ogive se trouve dans le même cas qu'une voûte en arc de cercle, dont une culée glisserait horizontalement ; la maçonnerie s'écrase à l'extrados, les joints s'ouvrent à l'intrados, et les voussoirs finissent par se détacher en tombant à l'intérieur. On sait, en effet, que ce sont là les caractères de l'écroulement d'une voûte en ogive, et que, dans quelques occasions, on est parvenu à rétablir l'équilibre ainsi troublé, en appliquant une surcharge suffisante au sommet de la voûte. Lorsque l'insuffisance du poids d'équilibre au sommet, ou le remplissage en terres, ne produit point les altérations qu'on vient d'indiquer dans une voûte en ogive, on peut être assuré que cette anomalie est due à l'adhérence des mortiers, qui, comme on sait, pourrait aller jusqu'à annuler la pression dans chaque moitié de la voûte, et ne laisser ainsi au sommet qu'une simple pression horizontale, comme entre deux solides qui se contre-butent.

On reviendra sur les dernières considérations dans l'article qui traitera spécialement de l'établissement pratique des voûtes dont il s'agit. Ici, il suffira de noter que *le remblai fait sur les voûtes en ogive tend à déranger leur équilibre.*

64. Il y a encore à faire une restriction, médiocrement importante du reste, sur les remplissages en terre qui se font au-dessus des voûtes.

Puisque les culées et pieds-droits ont, par hypothèse, une stabilité suffisante pour résister soit à la poussée de la voûte, soit à la poussée en sens inverse des terres, il n'y a point d'inconvénient à remblayer, concurremment ou successivement, jusqu'au niveau des naissances de la courbe d'extrados. Mais, arrivé à ce point, il sera convenable d'amener les terres sur l'extrados par couches successives, profilées *à peu près* suivant des arcs de péricycloïde dérivant du cercle d'intrados, si la voûte est circulaire, ou, dans le cas contraire, suivant des courbes qui soient déduites de celle d'intrados, par la même règle que le profil de l'extrados lui-même. Ce ne sera là que l'affaire de placer quelques repères sur les murs de tête, et l'on obtiendra ainsi que le mode d'équilibre de la voûte ne tende point à se modifier d'une manière anormale pendant l'opération, quelquefois assez longue du remblayement.

65. Dans l'article 6 de la première section, on a indiqué les moyens de déterminer les dimensions des culées, pieds-droits et piles, de manière qu'ils résistent pratiquement tant à la poussée qu'au poids des voûtes et à leur propre poids. D'après ce qu'on vient de voir, ces massifs offriront *a fortiori* une résistance suffisante à la poussée des terres. Il sera aisé d'ailleurs d'accroître la section horizontale des culées, pieds-droits ou piles, afin de tenir compte du poids des mêmes terres, lorsqu'il y aura lieu par exception, et si ce but n'est pas déjà amplement rempli par les valeurs larges que l'on aura attribuées aux coefficients de résistance pratique (n° 45).

On sera donc assuré de trouver une stabilité pratique suffisante dans toute l'étendue des massifs dont on vient de parler. Reste à examiner les conditions auxquelles doivent satisfaire les bases sur lesquelles ils reposent, c'est-à-dire leurs *fondations*.

Les fondations des pieds-droits de voûtes peuvent céder de trois manières différentes : 1° par *tassement uniforme*, ce qui produit un abaissement vertical de la naissance ; 2° par *glissement horizontal*, ce qui produit un accroissement d'ouverture ; 3° par *tassement inégal*, ce qui produit un déversement de tout le support, ou le déversement d'une partie seulement de ce support, et, par suite, un déchirement de la maçonnerie. C'est dans cet ordre que les accidents dont il s'agit se présentent le plus communément : *c'est aussi dans cet ordre que leurs conséquences sont de plus en plus dangereuses pour la stabilité de la voûte.*

En premier lieu, on n'en saurait douter, tous les pieds-droits de voûtes éprouvent, soit dans leurs fondations, soit dans leur maçonnerie même, un certain tassement vertical plus ou moins appréciable. Mais ce tassement est toujours peu considérable, lorsque le mode de fondation est convenable, et la maçonnerie bien exécutée ; on n'y prend pas garde d'ailleurs, parce que, dans des limites restreintes, les conséquences de ce tassement n'offrent point d'inconvénient pratique. En effet, les deux pieds-droits symétriques éprouvent presque toujours le même tassement ; chaque naissance s'abaisse d'une égale quantité, et le mode d'équilibre de la voûte n'a été nullement altéré. Ou bien, si une naissance se trouve abaissée un peu plus que l'autre (pendant la construction de la voûte, bien entendu), la différence est toujours si faible que le profil de l'intrados n'est point altéré d'une manière appréciable, et que l'état encore flasque des mortiers, lors du décintrement (voir n° 49), permet à la voûte de s'asseoir suivant un nouvel état d'équilibre, sans déchirement de la maçonnerie.

Ce qui atténue encore les inconvénients d'un tassement vertical uniforme, c'est qu'il est dans la nature d'un semblable mouvement de s'arrêter à une certaine limite, limite qui dépend évidemment de l'étendue de la base de fondation et de la charge totale qu'elle supporte. On pourra donc, d'une part, diminuer le tassement en accroissant la base du support relativement à son poids ; d'autre part, *en chargeant le support une fois construit d'un poids provisoire*, au moins égal à celui de la demi-voûte s'il s'agit d'une culée, d'une voûte entière s'il s'agit d'une pile : cette précaution, très-souvent adoptée par les ingénieurs, amène en peu de temps le tassement à la limite voulue, de telle sorte que la construction de la voûte ne tend plus à produire aucun tassement nouveau.

Lorsque la fondation d'un support doit être établie sur terrain naturel, cela implique une constitution homogène de ce terrain, laquelle le rend susceptible de résister et de tasser uniformément. Alors, l'étendue totale du tassement est en rapport inverse avec la profondeur de la fondation. On conçoit en effet que le support ne peut s'enfoncer dans le sol sans soulever plus ou moins les terres tout autour de lui : il s'établit ainsi une sorte de siphonement, qui tient à ce que les terres participent, jusqu'à un certain point, aux propriétés des fluides (*). Il est évident que, toutes choses

---

(*) Cet effet, qui est incontestable mathématiquement, saute aux yeux lorsqu'on élève une maçonnerie sur terrain vaseux : on voit alors, à une certaine distance du support, le terrain souffler et s'élever de plus en plus à mesure que le poids de la maçonnerie augmente. Cette remarque a été faite, dit-on, sur une très-grande échelle, lors de la construction des abords du pont de Cubzac. On l'observe aussi toutes les fois qu'on fait un grand remblai sur terrain tourbeux : le volume du remblai dépasse d'une quantité considérable celui qu'on avait prévu et le terrain naturel se relève, de part et d'autre de la levée.

égales d'ailleurs, un semblable déplacement du terrain exige un effort d'autant plus considérable que la fondation est établie à une plus grande profondeur au-dessous du sol naturel. De là ces indications pratiques qui sont d'accord avec l'expérience de tous les temps : *Il y a avantage à creuser, à une certaine profondeur au-dessous du niveau du sol, les fondations sur terrain naturel ; lorsque des fondations de cette espèce doivent supporter des charges égales, elles doivent être établies à des profondeurs égales ; si les charges sont différentes, la profondeur doit croître en même temps que la charge.* Dans le dernier cas, on ne peut guère apprécier exactement les relations à établir entre les profondeurs diverses de fondation : il faut donc, en général, viser à avoir des charges égales sur les fondations, ou, si les données de la question ne permettent pas cette égalité, adopter une espèce de fondation qui offre une résistance verticale, *sensiblement indéfinie*, en raison des charges qu'elle est appelée à supporter.

Les considérations qui précèdent sont les seules qu'on doive avoir en vue, lorsqu'il s'agit de l'établissement d'un support isolé ou d'une pile séparant deux voûtes égales.

Alors, en effet, la charge est rigoureusement verticale, et il n'y a point d'autre accident à présumer qu'un tassement vertical aussi.

En second lieu, si un massif soumis à la poussée horizontale d'une voûte peut glisser sur sa base, le moindre déplacement de cette espèce produit des altérations très-notables, et souvent la rupture de la voûte : on sait, en effet, que lorsqu'une courbe a une longueur donnée, l'accroissement de la corde produit nécessairement la diminution de la flèche, et que cette diminution est d'autant plus forte, pour un même accroissement de la corde, que la courbe primitive était plus surbaissée ; ainsi, dans un arc de cercle de 60°, si la

demi-corde s'accroît de 1 centimètre, le sommet s'abaisse de
5 centimètres environ. Comme la maçonnerie résiste à la
compression, tandis qu'elle ne peut aucunement s'étendre,
il résulte nécessairement de cet abaissement du sommet que
la voûte s'ouvre à l'intrados, et se place dans l'un des cas de
rupture spécifiés précédemment. Il est donc *indispensable
que les culées résistent d'une manière absolue à tout déplacement horizontal.*

Ainsi, toutes les fois que le terrain sur lequel on veut établir la fondation n'offre pas une résistance suffisante au glissement, en raison de la direction de la poussée résultante,
il faut suppléer à cette imperfection du sol par des moyens
qui seront plus ou moins simples, suivant les circonstances.
Par exemple, si le terrain est très-glissant, mais cependant
compacte, comme certaines marnes ou argiles, il suffira souvent d'employer sa résistance transversale à combattre le
glissement, et pour cela on n'aura qu'à *enterrer la fondation*
à une certaine profondeur, toujours facile à apprécier entre
des limites pratiques. *Si le terrain est en outre mobile,
comme les vases et les tourbes, il ne suffirait pas d'asseoir chaque
culée sur un pilotis* ; car, dans de pareils cas, les pieux sont
ordinairement très-longs, et comme ils ne sont pas contenus
par le terrain, ils peuvent plier dans le sens de la direction
de la poussée, et produire ainsi un écartement de la culée.
Quand cette circonstance se présente, il faut absolument
relier ensemble les grillages qui supportent les deux culées,
de manière que les deux poussées horizontales se détruisent
mutuellement. La même précaution doit être prise, à plus
forte raison, quand les deux grillages de fondation ne reposent point sur des pieux, mais sont simplement noyés dans
le terrain naturel, ainsi qu'il est convenable de le faire dans
un grand nombre de cas : alors, les deux grillages opposés

étant rendus solidaires, on n'a à craindre aucun glissement horizontal; en même temps on peut, au moyen d'un poids provisoire, se mettre à l'abri du tassement vertical, qui d'ailleurs est d'autant plus facile à prévenir ici, que les deux culées sont exactement dans les mêmes circonstances.

En troisième lieu, si le terrain ou l'aire de fondation n'offre point une résistance uniforme à la compression, le massif, quel qu'il soit, est toujours exposé à s'incliner du côté qui offre la moindre résistance. Le cas le plus grave se présentera quand une culée de voûte rencontrera la résistance moindre dans sa partie postérieure; alors la culée tournera autour de son arête antérieure, en se couchant en arrière, et il en résultera un écartement des naissances de la voûte, écartement d'autant plus considérable que la hauteur de la culée sera plus grande. Quelquefois, on semble vouloir à plaisir créer ce défaut d'homogénéité dans la fondation, alors que le terrain naturel est lui-même suffisamment homogène. Ainsi, soit par excès de précaution, soit par économie mal entendue, on croit devoir établir le parement antérieur de la culée sur un bon pilotis, mais se contenter d'asseoir la partie postérieure sur le sol naturel (*). Il est à peine besoin de dire que c'est là une faute énorme, attendu qu'un terrain quelconque est toujours compressible à un certain degré, et qu'ainsi la culée ne peut manquer de s'incliner en arrière, en prenant une arête de rotation sur le pilotis antérieur. *Il faut donc que la fondation présente une résistance absolument uniforme dans toute son étendue.*

Il n'arrive, pour ainsi dire, jamais que l'on élève une culée sur une aire de fondation qui aurait une résistance va-

---

(*) Historique.

riable dans le sens de la longueur du berceau (*). On n'aura donc point à insister sur une pareille chance d'accidents. On voit seulement que si ce cas se présentait, la voûte pourrait s'incliner tout d'une pièce sur une de ses rives, et qu'à cause de l'adhérence des maçonneries, ce mouvement pourrait atteindre une certaine limite avant qu'il n'y eût ni lézardes, ni écroulement. Cela suppose, bien entendu, que les deux culées se comporteraient absolument de même, ce qui n'est guère probable ; si leurs inclinaisons, au contraire, étaient inégales et tendaient à imprimer à la voûte un mouvement de torsion, il est clair que le déchirement de la maçonnerie serait immédiat.

66. Pourvu qu'on établisse les maçonneries suivant leur profil d'équilibre pratique et qu'on ait égard à l'influence que peuvent exercer sur cet équilibre les terres fonctionnant, soit comme surcharges, soit comme agents directs ou indirects de fondation, on obtiendra une voûte suffisamment stable quelle que soit l'espèce de son intrados. Il n'y a donc aucune différence à établir entre les voûtes en *plein cintre*, en *cintre surbaissé*, en *arc de cercle*, en *ogive* ou en *plate-bande*, lorsqu'on les considère d'une manière absolue sous le rapport de la stabilité pratique.

Le choix que fait le constructeur de l'une ou de l'autre des voûtes qui viennent d'être énumérées, pour l'appliquer à un office déterminé, n'est donc soumis qu'à des règles d'un autre ordre que celles proposées ci-dessus. Dans les travaux d'architecture c'est un motif de convenance spéciale, souvent un motif de décoration qui commande et l'espèce et même les dimensions de la voûte. Dans la construction des ponts

---

(*) Il y a eu cependant un exemple de ce genre, tout récemment, dans des travaux d'une importance considérable.

en pierre, on n'a à satisfaire qu'à des convenances plus générales, et qui, conséquemment, laissent un champ plus libre aux déductions logiques de l'ingénieur. Sous ce dernier point de vue, on trouvera des instructions aussi sûres et aussi complètes que possible dans le grand ouvrage de Gauthey sur la construction des ponts. On ne fera ici que rappeler très-succinctement les principes les plus généraux de l'espèce.

1° Une voûte ou une série de voûtes a toujours pour objet d'occuper l'espace limité par un profil vertical ayant la figure d'un rectangle, ou plus souvent d'un trapèze. La disposition qui, toutes choses égales d'ailleurs, procurera le plus d'économie, est celle pour laquelle *le rapport des vides aux pleins, dans le profil des maçonneries, sera le plus considérable. On obtiendra presque toujours ce maximum d'économie, en adoptant des pleins-cintres ou des arcs-de-cercle sur pieds-droits.*

2° *Lorsqu'une voûte doit donner passage à un cours d'eau dont le niveau est variable, la voûte en arc-de-cercle sur pieds-droits doit être préférée, à l'exclusion de toutes les autres.*

3° *S'il s'agit de deux rangs de voûtes superposés et que chaque voûte du rang inférieur doive supporter à son sommet un pied-droit du rang supérieur, la voûte en ogive est seule admissible pour le rang inférieur.*

4° Si une voûte doit soutenir un autre rang de voûtes d'une ouverture beaucoup plus petite, de telle sorte que la première puisse être considérée comme supportant des surcharges réparties, uniformément et à intervalles rapprochés sur une horizontale, on sait, par induction, que le profil d'équilibre de l'intrados doit se rapprocher d'un arc de parabole ; on sait, de plus, qu'un tel arc, tant que la flèche est petite par rapport à l'ouverture, se confond avec un arc-de-cercle. Ainsi donc , *lorsqu'une série de petites voûtes doit être superposée à une série de voûtes d'une ouverture beaucoup plus considérable , les voûtes du rang inférieur doivent avoir pour intrados un arc-de-cercle à petite flèche.*

5° *Les deux systèmes précédents pourront être réunis lorsqu'on voudra occuper une hauteur considérable, au moyen de trois rangs de voûtes superposés. On remplirait le même but au moyen de trois rangs d'ogives superposés,* le nombre des voûtes étant n au rang inférieur, $2n$ au second , $4n$ au troisième. *Cette dernière disposition offrirait plus d'économie,* le rapport des vides aux pleins étant plus considérable.

6° Les voûtes en cintre surbaissé ou en anse de panier dont l'intrados est tracé , soit par rayons successifs , soit en demi-ellipse , n'offrent point , comme les voûtes des autres espèces, quelque propriété qui les désigne à un office particulier ; il leur manque d'ailleurs et l'économie et le style : on ne saurait être tenté de les adopter que dans les cas, excessivement rares sans doute , où la hauteur et l'ouverture de la voûte sont données impérieusement. Et même alors, on peut toujours leur substituer avec avantage un arc-de-cercle sur pieds-droits. Il semble donc que *les voûtes en anse de panier doivent être généralement proscrites dans les constructions sérieuses.*

ARTICLE II.

Formules pratiques pour l'établissement des voûtes en plein cintre.

67. D'après ce qui a été développé dans la première section , l'établissement pratique d'une voûte en plein-cintre ne

consiste plus que dans le tracé d'une épure, qui peut être abandonné à l'intelligence du premier maçon venu.

Après s'être donné le rayon de la voûte r et son épaisseur à la clef c, on tracera le demi-cercle ADA'. Au milieu de la hauteur OD on mènera une horizontale MM' qui déterminera les joints extrêmes OMN, OM'N' de la voûte extradossée. Au moyen de l'horizontale CC' menée à une distance c au-dessus du diamètre AA', on décrira l'arc de péricycloïde MEM', qui limite l'extrados de la voûte (n° 19). On portera de A en P et de A' en P' des distances égales au 1/4 de la longueur ON = ON', ce qui déterminera la base b de chaque culée (n° 34). Enfin, on joindra NP, N'P', et l'on terminera la face postérieure de la culée par une série quelconque de retraites, rachetant le talus de ces deux lignes NP, N'P'.

La superficie du profil de la voûte compris entre les deux joints extrêmes MN, M'N' a pour valeur (n° 24 et table I):

$$2V = cr \times 2.633\,,\,913 + c' \times 1.732\,,\,050. \qquad (1)$$

Ayant calculé cette surface, on en déduira approximativement la longueur développée de l'extrados au moyen de la seconde formule (n° 24),

$$2c = r \times 2.094 + \frac{2V}{r}\,; \qquad (2)$$

longueur qui pourra d'ailleurs être relevée directement sur l'épure.

La section du profil de culée compris entre l'arc d'intrados MA et la ligne en talus NP est égale à la différence de la surface du triangle ONP, dont la base est $\left(r + \dfrac{r+2c}{4}\right)$ et la hauteur $\frac{1}{2}$ ON ou $\frac{r+2c}{2}$ avec la surface du secteur MOA dont l'angle au centre est de 30° ; on déduit de là pour ladite surface MAPN :

$$\Sigma = r^2 \times 0.050, 701 + cr \times 0.75 + c^2 \times 0.25 \qquad (3)$$

Pour avoir la section de la culée entière, il faut ajouter à cette dernière valeur la section cumulée des retraites réparties de N en P. Afin de faire sur la disposition de ces retraites une hypothèse générale et qui soit toujours convenable dans la pratique, on admettra que *le nombre des retraites est égal au nombre qui représente le rayon*, ce nombre pouvant d'ailleurs être fractionnaire, c'est-à-dire l'une des retraites, la retraite supérieure par exemple, pouvant avoir une hauteur moindre que les autres. Moyennant cette fixation, on verra facilement que la hauteur cumulée des retraites est égale à $\frac{r+2c}{2}$; que la somme de leurs largeurs est égale à $r + \frac{r+2c}{4} - (r+2c)\frac{\sqrt{3}}{2}$; et que, par suite, leur section cumulée σ a pour expression :

$$\sigma = r \times 0.095,994 - c \times 0.116,025 - \frac{c^2}{r} \times 0.616,025. \qquad (4)$$

La section totale d'une culée est égale à la somme $\Sigma + \sigma$ des valeurs (3) et (4). Si l'on ajoute de plus à cette somme la demi valeur V donnée par la formule (1), on aura exactement la section d'une demi-voûte, y compris sa culée complète.

Si l'on veut se contenter d'une valeur approximative, on observe que, eu égard aux valeurs usuelles de r et c, la valeur de σ varie de 0 à 1.686, et qu'on peut ainsi, sans erreur notable dans la pratique, adopter moyennement, pour *section cumulée d'une demi-voûte et de sa culée* :

$$W = r^2 \times 0.051 + cr \times 2.067 + c^2 \times 1.116 + 0.843. \quad (5)$$

68. Les composantes horizontale et verticale de la pression qui s'exerce sur la base de la culée s'obtiendront immédiatement.

D'abord, si **M** représente la pesanteur spécifique de la maçonnerie, on a d'après les n°s 15 et suivants :

$$Q = \frac{M}{2}(2cr + c^2), \quad (1)$$

et la valeur déduite de cette équation mesurera à la fois la *poussée horizontale* constante de la voûte et l'*effort d'écrasement à la clef*.

Si donc *R est le coefficient de résistance pratique à l'écrasement*, pour la maçonnerie qu'on a en vue, il faudra s'assurer que cette maçonnerie suffit à la condition (n° 58)

$$\frac{2R}{M} > 2r + c. \quad (2)$$

En second lieu, W représentant le poids de la demi-voûte et de sa culée, la composante verticale de la pression exercée sur la base de la culée a évidemment pour valeur WM. Ainsi, cette composante, que nous avons désignés par $P + P'$ dans les n°s 34 et suivants est telle que

$$\frac{P + P'}{M} = W, \quad (3)$$

et χ désignant l'inclinaison sur l'horizontale de la direction de la pression au joint de naissance, on a :

$$\tan g\ \chi = \frac{2\,W}{2cr + c^2}. \qquad\qquad (4)$$

R ayant la même signification que ci-dessus et *tang φ désignant le coefficient de résistance pratique au glissement*, pour la maçonnerie que l'on a en vue, il faut que les deux conditions ci-dessous soient satisfaites (n° 34) :

$$\frac{r + 2c}{4}\ \frac{R}{M} >\ W, \quad \frac{2\,W}{2cr + c^2} > \tan g\ \varphi. \qquad (5)$$

On se rappelle du reste que, si l'établissement de la voûte est fait conformément au profil d'équilibre indiqué au n° 67, *la condition* (2) *sera la seule qui reste à vérifier*, toutes les autres se trouvant nécessairement satisfaites, soit en raison de celle-là, soit en raison du profil même et des propriétés communes à toute espèce de maçonnerie.

69. Les formules des n°ˢ précédents laissent indéterminée la relation que l'on voudra établir entre le rayon *r* de la voûte et son épaisseur à la clef *c*. Si l'on adopte la règle empirique indiquée à ce sujet, dans le n° 55 précédent, on pourra substituer, dans les formules exactes, la valeur en *r* de la constante *c*, soit

$$c = 0.10\,r + 0.30.$$

Ces formules, ne contenant plus alors qu'une quantité variable *r*, pourront être calculées pour toutes les valeurs usuelles du rayon, et les résultats, réunis dans une table, fourniront d'avance toutes les données nécessaires au métrage de la voûte. En même temps, on pourra exprimer, aussi en fonction du rayon, tous les résultats relatifs aux poussées et pressions, à l'écrasement des maçonneries, à leur glissement, etc.

Tel est le double objet de la *Table III*, *pour l'établissement des voûtes en plein cintre et de leurs culées*. Elle est calculée de mètre en mètre, depuis le rayon 1^m.00 jusqu'à celui de 20^m.00 : on a considéré comme limite d'ouverture pratique des voûtes en plein cintre celle de 40^m.00. Dans un cas exceptionnel où l'ouverture dépasserait 40^m.00, ou pour toute ouverture qui ne se trouverait pas comprise dans la table, on ferait aisément les calculs nécessaires au moyen des formules qui ont servi à établir ladite table, et qu'on va réunir ici.

$$c = r \times 0.10 + 0.30,$$

$$b = r \times 0.30 + 0.15,$$

$$h = 0.60 + \frac{1}{r} \times 0.30,$$

$$e = 0.260,770 - \frac{1}{r} \times 0.369,615,$$

$$C = r \times 1.187,553 + 0.447,048 + \frac{1}{r} \times 0.077,942,$$

$$V = r^2 \times 0.140,356 + r \times 0.447,048 + 0.077,942,$$

$$W = r^2 \times 0.268,557 + r \times 0.765,279 + 0.028,673 - \frac{1}{r} \times 0.055,442,$$

$$\frac{Q}{M} = r^2 \times 0.105 + r \times 0.330 + 0.045,$$

$$\text{Tang } 0 = \frac{V}{\frac{Q}{M}},$$

$$\text{Tang } \chi = \frac{W}{\dfrac{Q}{M}}.$$

70. Si la voûte doit reposer sur des pieds-droits, on a vu (n° 39) que *l'épaisseur uniforme d'équilibre pratique* du pied-droit est, pour une hauteur h, comptée de la fondation aux naissances :

$$E = -\frac{P+P'}{2Mh} + \sqrt{\left(\frac{P+P'}{2Mh}\right)^2 + 3\frac{Q}{M}},$$

ou bien, à cause de la valeur W ci-dessus,

$$E = -\frac{W}{2h} + \sqrt{\left(\frac{W}{2h}\right)^2 + 3\frac{Q}{M}}. \qquad (1)$$

Cette formule est très-facile à calculer en nombres. On peut, plus facilement encore, la construire en lignes sur l'épure même de la voûte, ne fût-ce que comme vérification du calcul.

On aura d'avance, au moyen des résultats donnés aux n°° 67 et 68, ou bien l'on prendra dans les tables III et IV, les valeurs de W et $\sqrt{\dfrac{3Q}{M}}$, qu'on regardera comme des longueurs exprimées en mètres, et l'on portera la dernière longueur $\sqrt{\dfrac{3Q}{M}}$ sur l'horizontale BB' de B' en I', par exemple ; on élèvera la perpendiculaire I' K' égale à $\dfrac{W}{2h}$, et l'hypoténuse B' K' représentera la valeur du radical ci-dessus. On rapportera la longueur I' K' $= \dfrac{\mathrm{W}}{2\,h}$ de K' en L' : le reste B' L' représentera l'épaisseur E, et, en la rapportant de B' en F', on aura enfin la base F' B' du pied-droit. Du reste, la valeur E est donnée de mètre en mètre de hauteur, et de mètre en mètre d'ouverture, par la *table IV pour l'établissement des pieds-droits des voûtes en plein cintre.*

Lorsque les pieds-droits, au lieu d'avoir une épaisseur uniforme E, devront être profilés en talus sur leur face postérieure, de manière que leur épaisseur soit en haut celle de la culée, ou $b < \mathrm{E}$, en bas $\mathrm{B} > \mathrm{E}$, on a vu (n° 34) que la dimension B est déterminée par l'équation

$$\mathrm{B} = -\frac{b}{2} + \frac{\sqrt{3}}{2}\sqrt{b^2 + 2\,\mathrm{E}^2}. \qquad (2)$$

Cette dimension, qui ne peut guère se prêter à une table calculée d'avance pour tous les cas usuels, n'est pas difficile à évaluer en nombres et se construit géométriquement aussi commodément que la précédente.

Fig. 30.   Au moyen de la verticale PG, on déterminera sur la base une longueur $\mathrm{BG} = b$; avec les lignes $\mathrm{GS} = \mathrm{ST} = \mathrm{E}$ on construira le carré GST, dont la diagonale $\mathrm{GT} = \mathrm{E}\sqrt{2}$; on rapportera GT en GH, et l'hypoténuse BH représentera le radical $\sqrt{b^2 + 2\,\mathrm{E}^2}$; on mènera la ligne indéfinie BI, parallèle à OM', qui fait un angle de 60° avec la verticale, on rapportera BH sur cette ligne de B en I, puis on mènera l'horizontale IK : IK sera égale à $\mathrm{BH} \times \dfrac{\sqrt{3}}{2}$ et par conséquent au second terme complet de la valeur de B. On retranchera de K en L une longueur $\dfrac{b}{2}$, puis on rapportera enfin sur l'horizontale BS la distance BF = BL, qui sera la base cherchée du pied-droit. Cette construction est plus longue à indiquer qu'à exécuter sur l'épure, et l'ouvrier qui aura fait une fois le tracé dont il s'agit l'appliquera ensuite sans le moindre embarras. Ce sera toujours un moyen très-prompt de vérifier les calculs d'épaisseur de pieds-droits.

Au reste, on prévoit que, pour les hauteurs usuelles de pieds-droits, on sera souvent conduit par les recherches précédentes à des épaisseurs moindres que celle de la culée, déterminée conformément au n° 67. Alors, la face postérieure du pied-droit devra être profilée d'aplomb avec l'arête extrême de la base de culée, et le pied-droit aura toujours un certain excès de stabilité. Cette contradiction résulte de ce qui a été exposé dans le n° 34.

71. Lorsque la voûte devra reposer sur des pieds-droits d'une hauteur considérable relativement à la poussée qu'ils supportent, ou quand il s'agira d'une pile séparant deux arches de même poussée, soit de poussée à peu près égale, on devra, au moyen des données spéciales de la question, faire les calculs d'établissement indiqués dans le n° 43. Ces calculs seront toujours très-simples ; mais ils ne peuvent point être donnés par une table calculée à l'avance.

Quand la pente du couronnement est prononcée, il arrive que les deux arches séparées par la pile sont trop inégales pour que la différence de leurs poussées puisse être négligée. Alors, si les poussées horizontales de la grande et de la petite voûte sont Q, q, les poids de chaque demi-voûte, avec le demi-massif situé au-dessus de la pile W, w, cette pile sera évidemment dans le cas d'un support chargé à son sommet d'un poids $W+w$ et supportant aussi à son sommet un effort horizontal $Q-q$: on déduira de là l'épaisseur pratique convenable pour la hauteur donnée, conformément à ce qui a été exposé dans le n° 39.

Si, dans un cas semblable, il y a plusieurs arches décroissantes, et conséquemment plusieurs piles, on sera conduit par un motif de coup d'œil à donner à toutes ces piles la même épaisseur, qui sera alors le maximum de celles indiquées par le calcul : il ne résultera jamais de là un accroissement appréciable de maçonnerie, et cela d'autant plus, que les dimensions des piles sont toujours, dans la pratique, supérieures à celles qu'exige leur stabilité.

ARTICLE III.

Formules pratiques pour l'établissement des voûtes en arc de cercle de 60°.

72. En consultant les catalogues bien connus des ponts construits jusqu'à présent, on trouve des arcs d'intrados de toutes les amplitudes, depuis 30° jusqu'à 90°, et même au delà. Il ne peut en effet y avoir aucune règle sur la proportion à établir entre la flèche et l'ouverture de cette espèce de voûtes.

Lorsque l'ouverture a et la flèche f sont données, on en déduit le rayon r, et l'amplitude α du demi-arc d'intrados, ou l'angle que fait avec la verticale la direction du joint extrême : on a pour cela les deux formules suivantes, résultant de propriétés connues du cercle :

$$r = \frac{a^2}{8f} + \frac{f}{2}, \qquad \sin \alpha = \frac{a}{2r}. \qquad (1)$$

Afin de pouvoir appliquer plus commodément à la voûte considérée les formules d'établissement données dans la première section, il sera préférable de fixer d'avance l'angle α du joint extrême, en nombre rond. On déduirait alors de cet angle et de l'ouverture, donnés l'un et l'autre, les valeurs suivantes du rayon et de la flèche :

$$r = \frac{a}{2\sin\alpha}, \qquad f = \frac{a}{2}\left(\frac{1}{\sin\alpha} - \frac{1}{\tang\alpha}\right). \qquad (2)$$

Connaissant l'angle extrême α, le rayon d'intrados r et l'épaisseur à la clef c, qu'on fixera empiriquement, on déterminera, dans chaque cas particulier, les conditions de stabilité de la voûte, de sa culée et de son pied-droit ou pile, conformément à ce qui a été exposé précédemment n°s 19, 36, 39 et 43. Enfin, on calculera la section de la voûte, puis le développement de son extrados, ainsi qu'il a été indiqué au n° 24 et à l'aide de la table I, le surplus du métrage ne comportant que des opérations de simple géométrie.

Des formules pratiques et une table ne peuvent être faites que pour une classe particulière de voûtes en arc de cercle ; et il convient, à cet égard, de choisir la classe qui satisfait aux besoins les plus ordinaires de la pratique. Il nous a semblé que c'est celle des voûtes dont l'intrados a 60° d'amplitude. On sait en effet que les voûtes en arc de cercle qui se construisent de nos jours ont généralement de 50 à 70° (*).

(*) Pont de Bordeaux 67°. — Pont de la Concorde 57°. — Pont d'Iéna 53°. —Le pont de Chester a 87°, quoique son ouverture soit de 60^m.00.

La proportion moyenne de 60° est très-satisfaisante sous le rapport du coup d'œil, à moins que l'ouverture ne soit extrêmement considérable, et peut-être alors un autre motif, plus sérieux que celui de l'élégance du profil, devrait-il conseiller de ne point trop réduire l'amplitude de l'intrados. L'usage des arcs de 60° pourrait donc devenir à peu près général. Il comporte d'ailleurs de grandes simplifications dans tous les calculs d'établissement, ainsi qu'on va le voir.

73. Lorsque l'arc d'intrados a 60° d'amplitude, on a tout de suite les résultats suivants :

Le rayon de la voûte est égal à son ouverture,

$$r = a. \tag{1}$$

La flèche a pour valeur $f = r \left(1 - \dfrac{\sqrt{3}}{2} \right)$ ou bien

$$f = r \times 0.134. \tag{2}$$

L'arc d'intrados a pour longueur $\dfrac{\pi}{3} r$, ou

$$S = r \times 1.047. \tag{3}$$

Le joint extrême a pour longueur $\dfrac{c}{\cos. 30°}$ ou (table I)

$$\varepsilon = c \times 1.155. \tag{4}$$

La section de la voûte, si l'on substitue dans la formule du n° 24 les valeurs données par la table I pour $\alpha = 30°$, devient :

$$2V = cr \times 1.098,612 + c^2 \times 0.577,350. \tag{5}$$

Et des résultats des formules (3), (5), on déduit, comme on sait, le développement de l'extrados de la voûte, si on ne l'a déjà relevé directement sur l'épure.

La poussée horizontale de la voûte a toujours pour expression

$$Q = M \,(cr + 0.50 \, c^2). \qquad (6)$$

La résistance horizontale qu'oppose à cette poussée le poids même de la voûte est égale à ce poids divisé par le coefficient de résistance au glissement, dont la valeur pratique est plus petite que $1^m.00$ pour le cas présent (n° 46). Cette résistance horizontale est donc ici au moins égale à

$$q = P = M \,(cr \times 0.549 + c^2 \times 0.289),$$

et, en définitive, le massif formant culée doit s'opposer à la différence de ces deux actions ou

$$Q - q = M \,(cr \times 0.451 + c^2 \times 0.211).$$

Si donc on désigne par π le poids de ce massif, lequel fait naitre aussi une résistance horizontale égale à $\dfrac{\pi}{\tang \varphi}$, ou au moins égale à π, on aura pour condition de stabilité, en divisant tout par M :

$$\frac{\pi}{M} = cr \times 0.451 + c^2 \times 0.211. \qquad (7)$$

Le second membre donne, en fonction de c et de r, la section verticale du massif formant culée et qui s'élève au-dessus de la naissance de la voûte. En se conformant à cette relation, on sera assuré contre toute chance de glissement au niveau de la naissance, et à plus forte raison, contre celles d'écrasement et de renversement. On pourra d'ailleurs donner à ce massif, soit l'une des formes indiquées au n° 36, soit toute autre forme, pourvu que la condition (7) soit satisfaite. On n'examinera ici que deux hypothèses, parmi les plus simples et les plus générales.

Fig. 32.   Supposons que la largeur du massif de culée ou l'épaisseur du pied-droit à son sommet, soit égale à une certaine dimension b qu'il s'agit de déterminer; que d'ailleurs la hauteur dudit massif, comptée depuis la naissance jusqu'à son couronnement, soit dans un certain rapport n avec la constante c: la section du massif de culée, y compris le petit triangle AMI, déjà compté dans la section de la voûte, serait nbc. Or ce petit triangle a pour section à très-peu près:

$$\frac{1}{2}\frac{c}{\cos 30°} \times \frac{c}{2\cos 30°} = c^2 \frac{1}{\sqrt{3}},$$

en sorte que la section du massif réellement ajouté est

$$\frac{\pi}{M} = nbc - c^2 \times 0.577,350,$$

la dimension b sera donc, ensuite de l'équation (7), donnée par cette relation générale :

$$b = r \times \frac{0.451}{n} + c \times \frac{0.788}{n}. \qquad (8)$$

En général, le couronnement du massif de culée ne devra pas s'élever au-dessus du sommet d'intrados de la voûte, qui est lui-même au-dessus de la naissance d'une quantité égale à $r \times 0.134 + c$. On conclut de là, et de l'épaisseur

usuelle de la clef dans les voûtes dont il s'agit, les conséquences suivantes :

1° De $r = 0$ jusqu'à $r = 4^m.00$, exclusivement, on doit
prendre $n = 1$, d'où

$$b = r \times 0.451 + c \times 0.788 ; \qquad (9)$$

2° De $r = 4^m$ à $r = 18^m$, $n = 2$, et

$$b = r \times 0.225 + c \times 0.394 ; \qquad (9\ bis)$$

3° Pour $r = 18^m$, et au-dessus, $n = 3$, d'où

$$b = r \times 0.15 + c \times 0.26. \qquad (9\ ter)$$

Il est bien entendu que ces proportions du massif de culée, en raison de l'ouverture de la voûte, n'ont et ne peuvent avoir rien d'absolu. Mais il reste du moins évident que
ce massif doit toujours s'élever à une certaine hauteur au-
dessus de la naissance, et au minimum, à une hauteur c
correspondant au point extrême de l'extrados.

74. Les formules pratiques du n° précédent laissent indéterminée la constante c, qui représente l'épaisseur à la clef.
Lorsqu'on détermine cette dimension fondamentale au moyen
de la règle empirique proposée au n° 55, on peut exprimer
dans une table toutes les quantités relatives, tant au métrage de la voûte qu'aux pressions, poussées, etc.

En même temps, la substitution de la valeur : $c = 0.05\,r$
$+ 0.30$, dans la formule (8) du n° précédent, donne généra-
ment pour l'épaisseur à la naissance :

$$b = r \times \frac{0.490}{n} + \frac{0.235}{n}. \qquad (1)$$

De $r = 0$ à $r = 4^m$ exclusivement, on aura, par suite :

$$b = r \times 0.49 + 0.24. \tag{2}$$

De $r = 4^m$ à $r = 18^m$, $n = 2$, et l'on peut, sans différence appréciable dans la pratique, négliger le second terme de la valeur de b, pourvu qu'on écrive pour le premier $0.25\,r$ au lieu de $0.245\,r$. Cette simplification est d'autant plus permise qu'on a adopté ci-dessus une valeur évidemment trop grande pour le coefficient pratique tang φ. On aura donc, *de 4^m à 18^m d'ouverture, la hauteur de la culée étant 2c, une épaisseur aux naissances égale à*

$$b = \frac{r}{4}. \tag{2 bis}$$

On aura de même, pour $r = 18^m$, et au delà, *la hauteur du massif de culée étant 3c :*

$$b = \frac{r}{6}. \tag{2 ter}$$

Tous les résultats nécessaires pour l'exécution des voûtes dont il s'agit, sous les conditions exprimées tout à l'heure, ont été calculés de 2^m en 2^m d'ouverture, depuis $r = 2^m.00$ jusqu'à $r = 40^m.00$, et sont réunis dans la *table V pour l'établissement des voûtes en arc de cercle de 60°, et de leurs culées ou pieds-droits.*

Pour toute ouverture qui dépasserait 40^m, ou qui ne figurerait pas exactement dans la table V, on ferait aisément les calculs d'établissement et de métrage, tant au moyen des formules (2), (2 *bis*), (2 *ter*) ci-dessus, qu'au moyen des suivantes, qui ont servi à établir ladite table.

$$c = r \times 0.05 + 0.30 \, ,$$

$$\varepsilon = r \times 0.115,470 + 0.346,410 \, ,$$

$$b = \text{(voir les formules (2), (2 } bis\text{), (2 } ter\text{)} \, ,$$

$$C = r \times 0.551,786 + 0.173,452 + \frac{1}{r} \times 0.025,981 \, ,$$

$$V = r^2 \times 0.028,187 + r \times 0.173,452 + 0.025,981 \, ,$$

$$W = r^2 \times 0.051,744 + r \times 0.306,131 - 0.025,970 \, , \qquad (^*)$$

$$\frac{Q}{M} = r^2 \times 0.051,250 + r \times 0.315,000 + 0.045,000 \, ,$$

$$E = -\frac{W}{2h} + \sqrt{\left(\frac{W}{2h}\right)^2 + 3\frac{Q}{M}} \, ,$$

$$E' = \sqrt{3\frac{Q}{M}} \, , \qquad E'' = \sqrt{2\frac{Q}{M}} \, .$$

75. Lorsqu'on aura calculé, conformément à ce qui a été dit au n° 73, l'épaisseur à la naissance d'une voûte de 60°, on sera certain à l'avance que cette dimension, réglée en raison de la résistance au glissement, sera toujours plus que suffisante pour résister à l'écrasement, et bien mieux encore au renversement de la culée proprement dite, lequel même est impossible mathématiquement et abstraction faite du poids du massif de culée.

Quant à la détermination de l'épaisseur des pieds-droits, en raison de leur hauteur, on y arrivera comme il est indiqué aux n°ˢ 70 et 71. Ces épaisseurs sont d'ailleurs calculées

---

(*) Il y a exception à cette formule, seulement pour les voûtes au-dessous de 4ᵐ.00 d'ouverture, cas de la formule (2) ; alors on doit calculer avec celle-ci :

$$W = r^2 \times 0.051,844 + r \times 0.310,331 - 0.004,380.$$

pour toutes les ouvertures et jusqu'à 10^m de hauteur de pied-droit dans la table V précitée.

L'usage veut qu'on donne le plus souvent à ces pieds-droits une épaisseur uniforme. Cependant, on ne voit aucun motif pour en agir ainsi, dès que l'épaisseur au sommet est suffisante pour résister à tout glissement ou rupture horizontale, au niveau de la naissance. On pourra donc toujours substituer avec avantage au pied-droit d'épaisseur uniforme, un autre pied-droit d'*égale stabilité*, avec retraites sur le parement postérieur : on opérera alors, soit numériquement, soit graphiquement, comme il a été exposé au n° 70 précédent.

Lorsque la hauteur du pied-droit sera peu considérable, il arrivera que son épaisseur, déduite de sa résistance pratique au renversement, sera plus faible que l'épaisseur à la naissance, calculée en raison de la résistance au glissement : alors la face postérieure du massif de culée devra être prolongée d'aplomb dans toute la hauteur du pied-droit, et celui-ci offrira un certain excès de stabilité, lequel est inévitable, ainsi qu'on l'a déjà observé.

On peut, à la vérité, diminuer la chance du glissement et conséquemment l'épaisseur à la naissance, en appareillant les joints du pied-droit, au-dessous de la naissance, suivant des plans passant par le centre de l'intrados. Mais il est très-peu de cas où, tout compte fait, une pareille disposition puisse procurer quelque économie, et sous tous les autres rapports elle ne paraît offrir que des inconvénients.

76. Il est clair, sans qu'on fasse à cet égard aucun calcul comparatif, que les voûtes en arc de cercle exigeront, à égalité d'ouverture, des pieds-droits de plus en plus épais, à mesure que l'amplitude de l'arc d'intrados diminuera, ou que la voûte se rapprochera de plus en plus d'une plate-

bande. Au contraire, quand l'amplitude de l'arc augmentera ou que la voûte se rapprochera d'un plein cintre, l'épaisseur à la naissance pourra devenir de moins en moins considérable.

A la limite qui, suivant nous, borne toute espèce de voûtes (n° 21), c'est-à-dire pour une voûte en arc de cercle de 120°, la longueur du joint extrême est $2c$ et sa projection horizontale, qui est égale à $c\sqrt{3}=c\times 1.732$, est alors plus que suffisante pour former l'épaisseur à la naissance. On voit en effet, au moyen de la table III, que la tangente d'inclinaison de la poussée extrême $\dfrac{P}{Q}$ est alors, et pour tous les cas usuels, supérieure à 1.33, tandis que la tangente de glissement est seulement 1.

Fig. 36.

Une voûte de 120° peut être employée avec avantage lorsqu'il s'agit de franchir une très-grande ouverture et que l'on est gêné pour la hauteur. Si on la compare en effet à une voûte en plein cintre de même rayon et de même clef, conséquemment de même poussée, on voit que la hauteur est réduite dans le rapport de 2 à 1, tandis que l'ouverture est diminuée seulement dans le rapport de 2 à 1.732. On obtient en même temps une énorme économie sur le cube des maçonneries, pourvu, bien entendu, que l'on n'élève pas la voûte sur des pieds-droits d'une hauteur notable, ce qui serait une contradiction, puisqu'on a voulu diminuer la hauteur sous clef. Ce sont sans doute des considérations analogues qui ont guidé le constructeur du pont de Chester, cité dans la dernière édition du traité de M. Sganzin, et qui est formé d'un arc de 87° d'amplitude, avec pieds-droits d'une faible hauteur. Dans ce pont, l'appareil de la voûte est continué dans l'épaisseur des pieds-droits, précaution qui était surabondante d'après ce qui a été indiqué ci-dessus.

Dans la même édition du cours de constructions de M. Sganzin, publiée et augmentée de nombreuses planches par M. l'ingénieur en chef Reibell, on trouvera plusieurs exemples se rapportant à celui qu'on vient de rappeler.

ARTICLE IV.

Formules pratiques pour l'établissement des voûtes en ogive tiers-point.

77. Les voûtes en ogive offrent à l'art des constructions des ressources tellement variées, tellement importantes, qu'on ne peut comprendre l'espèce de discrédit où la routine les a laissées depuis trois siècles. Cependant, on savait depuis longtemps, et l'on a exposé au n° 30 précédent, que cette espèce de voûtes est celle qui comporte *la plus grande hardiesse*, c'est-à-dire la plus grande élévation avec un volume donné de maçonnerie; que *c'est aussi la seule dont le mode d'équilibre comporte une surcharge considérable au sommet.*

Ces heureuses propriétés des voûtes en ogive n'avaient point échappé aux constructeurs du moyen âge, dont les édifices, si remarquables par la richesse de la décoration, le sont plus encore par la hardiesse du style et par une merveilleuse entente de l'équilibre. On voit presque toujours les voûtes de cette espèce supportant à leur *coupeau* quelque surcharge permanente : tantôt c'est un comble dont le faîtage s'appuie directement sur le sommet de la voûte et dont les deux versants suivent à très-peu près la courbe d'équilibre de l'extrados ; tantôt ce sont des pendentifs qui s'attachent au sommet de l'intrados pour compléter l'équilibre ; et quand une pareille disposition n'existe point en réalité dans la construction elle-même, ce caractère fondamental des ogives est du moins rappelé par quelque motif de la décoration.

Il ne peut pas entrer dans notre cadre de rapporter, à l'appui de cette assertion, des exemples qui seraient innombrables. Nous nous bornerons à citer comme un des plus saillants celui du *pont de Pavie*, décrit dans l'ouvrage de Gauthey, et que tout le monde connaît. Dans le profil de ce pont, l'évidement des tympans peut, comme on l'a dit et jusqu'à un certain point, servir à augmenter le débouché ; mais ce résultat est à peu près insignifiant. La conséquence principale de la disposition dont il s'agit est de reporter la charge sur les sommets des ogives, où elle profite à l'équilibre, et de la supprimer au contraire sur les reins, où elle tendrait à le troubler.

Le même principe, ainsi qu'on l'a remarqué au n° 66 précédent, peut recevoir une application très-importante pour la construction des aqueducs ou viaducs qui doivent franchir à la fois une largeur et une hauteur considérables. L'élévation que l'on pourrait ainsi atteindre par la superposition de plusieurs rangs d'ogives, dont le nombre irait toujours en se doublant du bas en haut, n'aurait d'autre limite que celle de l'écrasement des matériaux à la base, ou de l'insuffisance du sol de fondation lui-même. Or cette limite serait beaucoup plus large dans le système dont il s'agit que dans tout autre. Il en résulterait donc, dans les circonstances ordinaires, une économie d'argent, et dans les circonstances extrêmes, une possibilité plus étendue.

L'emploi des voûtes en ogives serait encore très-bien motivé dans la construction des culées et piles de ponts suspendus, où elles supporteraient à leur sommet l'inflexion des câbles, en accroissant considérablement, pour un volume donné de maçonnerie, la base de ces massifs et par suite leur résistance au renversement. Ces voûtes pourraient, dans le même genre de constructions, servir à former de grandes piles culées, sous lesquelles devrait être réservé un passage accidentel pour les navires mâtés. La voûte, supportant à son sommet l'inflexion des câbles de suspension, et recevant dans ses culées les amarres des retenues, serait traversée, à une certaine hauteur dépendant de la flèche des câbles, par un plancher mobile, auquel on accéderait par deux baies de pénétration pratiquées dans les flancs de ladite voûte.

Nous ne voulons point essayer d'indiquer tous les autres usages auxquels se prêtent les voûtes en ogive, dans les travaux publics. Nous nous abstenons même d'établir ici les principes d'après lesquels on pourrait, dans certains cas, appliquer utilement ces sortes de berceaux à la construction des voûtes souterraines et des voûtes d'aqueduc submergées.

78. De toutes les voûtes en ogives, celle dont les proportions sont le plus agréables à l'œil, et en même temps celle qui se rencontre le plus souvent parmi les voûtes de cette espèce construites dans un but direct d'utilité, c'est la *voûte en ogive tiers-point :* son intrados est formé de deux arcs de cercle dont les centres sont aux deux naissances et dont le rayon est égal à l'ouverture. Cette classe de voûtes paraît donc devoir se présenter presque exclusivement dans les applications ultérieures, et c'est pour elle, en conséquence, qu'on réduira à des termes pratiques les formules générales du n° 30.

Ici encore, et ainsi que pour toutes les autres voûtes, on doit regarder la culée comme commençant au joint OM qui est incliné de 60° sur la verticale. Le joint supérieur DE, DE' fait avec la verticale un angle de 30°, et, si l'on termine la voûte par la face horizontale EE', le triangle équilatéral E'ED aura une hauteur c et une base égale à $c\dfrac{2}{\sqrt{3}}$. Par suite sa base EE' et sa surface auront respectivement pour valeurs :

$$l = c \times 1.154,701, \quad v = c^2 \times 0.577,350. \qquad (1)$$

l est en même temps la longueur du joint supérieur DE. Celle du joint inférieur MN est, comme on sait, égale à $2c$.

La hauteur CD de la voûte sous clef est égale à $r\dfrac{\sqrt{3}}{2}$ et se trouve donnée par la formule

$$H = r \times 0.866,025. \qquad (2)$$

La section de la voûte, après qu'on a substitué, dans la formule (3) du n° 30, les valeurs correspondant à $\alpha = 60°$ et $\beta = 30°$, conformément à la table I, devient pour le cas présent et non compris le triangle E'ED :

$$2V - v = cr \times 1.535,301 + c^2 \times 1.154,700. \qquad (3)$$

D'où l'on tire pour le poids de la demi-voûte EDMN, y compris la moitié du triangle E'ED, formule (1) :

$$P = MV = M(cr \times 0.767,650 + c^2 \times 0.866,025). \qquad (4)$$

On a de même, conformément à la formule (1) du n° 30, en mettant pour cos β sa valeur $\dfrac{\sqrt{3}}{2}$:

$$\frac{q}{M} = cr \times 0.866{,}025 + c^2 \times 0.433{,}012. \tag{5}$$

Quant au poids p qui doit être ajouté au sommet, afin de compléter l'équilibre, on trouve aussi, en remplaçant, dans la formule (2) du n° 30, sin β par sa valeur $\dfrac{1}{2}$:

$$\frac{p}{M} = cr \times 0.50 + c^2 \times 0.250. \tag{6}$$

Ainsi qu'on l'a remarqué au n° 30, ce poids d'équilibre $\dfrac{p}{M}$ comprend le demi-poids du petit triangle DEE' qui vient d'être compté dans la demi-section V du profil de la voûte. Si donc on désigne par 2π le poids qui doit être ajouté en réalité au-dessus de EE' pour équilibrer l'ogive, on aura d'après les formules (1) et (6) et pour une demi-voûte :

$$\frac{\pi}{M} = \frac{p}{M} - c^2 \times \frac{0.577{,}350}{2} = cr \times 0.50 - c^2 \times 0.038{,}675.$$

Or, comme l'ogive peut, mieux que toutes les autres voûtes, supporter à son sommet un poids un peu plus considérable que celui strictement nécessaire pour l'équilibre, comme il est même utile dans la pratique qu'il y ait une certaine prédominance de charge au sommet, afin de parer aux surcharges éventuelles sur les reins, on voit qu'il est logique de négliger dans la valeur ci-dessus de $\frac{\pi}{M}$, le terme négatif qui n'a d'ailleurs que peu d'importance et de poser *pratiquement* :

$$\frac{\pi}{M} = \frac{cr}{2}, \qquad \frac{2\pi}{M} = cr. \qquad (7)$$

Ainsi *la charge que doit supporter au-dessus de son sommet une voûte en ogive tiers-point, en équilibre, est représentée par le poids d'un prisme de maçonnerie qui aurait pour hauteur le rayon* r *d'intrados et pour base l'épaisseur à la clef* c.

L'extrême simplicité de ce résultat rendra très-faciles toutes les applications du genre de voûtes dont il s'agit, applications qui supposent nécessairement l'addition de la surcharge Mcr au sommet. On observera d'ailleurs qu'il n'y a pas lieu de s'astreindre à donner à cette surcharge une valeur mathématiquement égale à Mcr. On sait en effet que, dans l'exécution, la stabilité propre de la voûte suffirait aisément à un certain excès de la surcharge, et que l'adhérence du mortier parerait aussi à une certaine insuffisance de la même surcharge. En déterminant convenablement les dimensions r, c, on sera maître de faire supporter par une telle voûte à son sommet toute charge donnée, jusqu'à la limite de l'écrasement de la clef. On réalisera ainsi, au moyen d'un calcul d'établissement des plus simples, les diverses combinaisons indiquées dans le n° précédent et toutes les combinaisons analogues.

79. D'après ce qu'on a établi ci-dessus la pression sur le joint extrême MN de la voûte a pour composantes verticale et horizontale, savoir :

$$P + \pi = M \left\{ cr \times 1.267,650 + c^2 \times 0.866,025 \right\},$$
$$q = M \left\{ cr \times 0.866,025 + c^2 \times 0.433,012 \right\}.$$

De là on tire pour exprimer l'inclinaison θ sur l'horizontale de la direction de la pression extrême :

$$\text{Tang } \theta = \frac{1.267,650 + \dfrac{c}{r} \times 0.866,025}{0.866,025 + \dfrac{c}{r} \times 0.433,012}. \qquad (1)$$

Eu égard aux valeurs usuelles de c, r, celle ci-dessus de tang θ, de 2^m à 40^m d'ouverture, varie de 1.512 à 1.478 (voir table VI). On sera certain de se tenir dans des limites favorables à la stabilité, en adoptant généralement la valeur tang $\theta = 1.48$ pour déterminer, conformément à ce qui a été indiqué dans le n° 34, l'épaisseur de la culée à sa base.

Faisant donc ladite construction sur la figure 37, et prenant $\dfrac{1}{\text{tang } \theta} = 0.676$, ce qui correspond à tang $\theta = 1.479,3$ seulement, on trouvera successivement :

Fig. 37.

$$\text{IO} = r + \frac{2c}{5} = r + c \times 0.40, \quad \text{IG} = \frac{\text{IO}}{2} = r \times 0.50 + c \times 0.20,$$

$$\text{OG} = \text{IO} \times \frac{\sqrt{3}}{2} = r \times 0.866,025 + c \times 0.346,410,$$

$$\text{GP} = \text{IG} \times 0.676 = r \times 0.338 + c \times 0.135,200,$$

et enfin, pour base de la culée $b = \text{OG} + \text{GP} - r$:

$$b = r \times 0.204\, r + c \times 0.482.$$

Dans la pratique, on peut n'attribuer au premier coefficient que la valeur 0.200, au lieu de 0.204, sauf à écrire pour le second 0.500, au lieu de 0.482, et cela d'autant plus que, dans le calcul d'établissement dont on s'occupe, le poids propre de la culée et sa résistance au renversement ont été regardés comme nuls.

On aura donc pour largeur de la culée à sa base :

$$b = \frac{r}{5} + \frac{c}{2}. \tag{2}$$

On trouvera, comme au n° 67, que la section AMNP du massif de culée se terminant postérieurement par la face en talus NP a pour valeur :

$$\Sigma = r^2 \times 0.038,201 + cr \times 0.725,000 + c^2 \times 0.250,000. \tag{3}$$

Pour obtenir d'une manière générale la section cumulée des retraites qui seraient réparties de N en P, on admettra que le nombre de ces retraites, qui peut être fractionnaire, est égal à $\frac{r}{2}$. Alors la hauteur cumulée de ces retraites sera égale à $\frac{r+2c}{2}$, leur largeur cumulée, à $\left(r+\frac{r}{5}+\frac{c}{2}\right)-(r+2c)\frac{\sqrt{3}}{2}$ et l'on trouvera pour leur section totale :

$$\sigma = r \times 0.166,987 - c \times 0.282,050 - \frac{c^2}{r} \times 1.232,050. \tag{4}$$

La section totale d'une demi-voûte et de sa culée s'obtiendra exactement par l'addition des valeurs $V + \Sigma + \sigma$, données par la formule (3) du n° 77 et par les formules (3), (4) ci-dessus.

Eu égard aux valeurs usuelles de r et de c, l'importance de la section cumulée des retraites σ, ne varie que de 0 à

2.90 environ , et est égale en moyenne à 1.45. On pourrait donc adopter, *pour évaluer approximativement la section d'une demi-voûte et de sa culée, la formule pratique* (*) :

$$W = r^2 \times 0.038 + cr \times 1.493 + c^2 \times 1.116 + 1.450. \quad (5)$$

80. A moins de circonstances particulières , il sera toujours plus que suffisant de donner aux piles des voûtes en ogive tiers-point une épaisseur égale à $2c$, ou double de l'épaisseur à la clef : cela résulte de ce qui a été dit précédemment sur l'écrasement des maçonneries , selon la position qu'elles occupent dans le profil de la voûte. Il y aurait d'ailleurs quelque chose de contraire aux habitudes reçues à réduire l'épaisseur des piles au-dessous de ladite dimension. On croit donc devoir faire, dans cette hypothèse particulière , le calcul pratique y relatif ; puis l'on verra que le résultat obtenu équivaut à un résultat complétement général.

Fig. 37.

Par le milieu Q de l'épaisseur de la pile , menons la verticale QL ; menons aussi, par l'extrémité supérieure N′ du joint à 60°, l'horizontale N′L. La surface qu'il s'agit d'évaluer généralement est celle de la figure OM′N′LQ , limitée d'une part par l'arc d'intrados OM′ , d'autre part par les lignes QL, LN′. Or il est aisé de voir que les bases horizontales du trapèze N′LQA ont pour longueurs $AQ = r + c$, $d = N′L$ $= r + c - (r + 2c) \dfrac{\sqrt{3}}{2}$, et que sa hauteur $QL = \dfrac{r + 2c}{2}$. Retranchant donc de la surface de ce trapèze celle du secteur M′AO, qui est $\dfrac{\pi r^2}{12}$, on trouvera pour *section du massif au-dessus d'une demi-pile , exactement* :

(*) Le nombre moyen 1.45 remplace la valeur exacte de σ, formule (4).

$$\Sigma' = r^2 \times 0.021,694 + cr \times 0.633,975 + c^2 \times 0.133,975. \quad (1)$$

Si l'épaisseur de la pile au lieu d'être précisément égale à $2c$ en différait en plus ou en moins d'une quantité 2γ, il est évident qu'on déduirait immédiatement de la formule (1) la section voulue dont la valeur deviendrait alors :

$$\Sigma'' = \Sigma' \pm \gamma \, \frac{r + 2c}{2}. \quad (2)$$

En ajoutant à l'une de ces valeurs Σ', Σ'' la valeur de V donnée par la formule (3) du n° 78, on a généralement pour *section cumulée d'une demi-voûte et d'un massif de demi-pile* :

$$W' = r^2 \times 0.022 + cr \times 1.402 + c^2 \pm \gamma \, \frac{r + 2c}{2}. \quad (3)$$

Si l'épaisseur de la pile est précisément $2c$, γ est nul et le dernier terme disparaît.

81. Lorsque la valeur de c, qui figure comme donnée arbitraire dans ce qui précède, est déterminée au contraire au moyen de la formule empirique proposée au n° 55,

$$c = 0.30 + 0.05 \, r,$$

on peut substituer cette valeur dans les formules exactes des n°s 78, 79 et 80 ; toutes les quantités nécessaires, tant pour l'établissement que pour le métrage de la voûte, se trouvent ainsi exprimées en fonction de la seule variable r, et l'on peut alors réunir dans une table les divers résultats de ces formules.

Tel est l'objet de la *table VI pour l'établissement des voûtes en ogive tiers-point et de leurs culées ou piles*. Elle est calculée de 2 en 2^m d'ouverture et depuis $r = 2^m.00$, jusqu'à $r = 40^m$.

Les formules en fonction de r qui ont servi à établir la dite table, et qui, dans les cas intermédiaires, serviraient encore à faire aisément tous les calculs d'établissement et de métrage, sont les suivantes, conformément à la notation adoptée précédemment.

$$H = r \times 0.866, 0.25,$$
$$c = r \times 0.05 + 0.30,$$
$$b = r \times 0.225 + 0.15,$$
$$b' = r \times 0.05 + 0.30,$$
$$d = r \times 0.097,372 - 0.219,615,$$
$$l = r \times 0.057,735 + 0.346,410,$$
$$h = 1.100 + \frac{1}{r} \times 0.60,$$
$$e = 0.544,745 - \frac{1}{r} \times 0.739,230,$$
$$C = r \times 0.563,425 + 0.247,616 + \frac{1}{r} \times 0.051,961,$$
$$V = r^2 \times 0.040,548 + r \times 0.256,276 + 0.077,942,$$
$$W = r^2 \times 0.115,624 + r \times 0.631,081 - 0.021,134 - \frac{1}{r} \times 0.110,884 \ (*),$$
$$W' = r^2 \times 0.094,276 + r \times 0.450,488 + 0.09,$$
$$\frac{\pi}{M} = r^2 \times 0.025 + r \times 0.15,$$

(*) La plus grande valeur des termes négatifs ensemble est de 0.08 pour $r = 2.00$; pour $r = 10^m$, elle n'est plus que 0.03, et va toujours en décroissant à mesure que r augmente. On pourrait donc, dans la plus part des applications, négliger ces deux derniers termes.

$$\frac{q}{M} = r^{2} \times 0.044,384 + r \times 0.272,798 + 0.038,971 \,,$$

$$\mathrm{Tang}\ 0 = \frac{V + \overline{M}^{\,\pi}}{\dfrac{q}{M}} \,,$$

$$\mathrm{Tang}\ \chi = \frac{W + \overline{M}^{\,\pi}}{\dfrac{q}{M}} \,.$$

82. Les formules des n°ˢ 78 et 79 , et s'il y a lieu , la table VI donneront tous les résultats nécessaires pour calculer, ou construire graphiquement, les épaisseurs uniformes ou variables des pieds-droits de culées, en raison de leur hauteur. On n'aura , à cet égard, qu'à suivre la marche indiquée au n° 70 précédent. On trouvera d'ailleurs les épaisseurs uniformes toutes calculées , de deux en deux mètres de hauteur jusqu'à 20ᵐ , et pour toutes les ouvertures, dans la *table VII, pour l'établissement des pieds-droits des voûtes en ogive tiers-point.* Ces pieds-droits pouvant dans l'espèce avoir quelquefois une hauteur considérable , il faudra avoir l'attention de vérifier si la base a une section suffisante pour résister pratiquement à la charge totale qu'elle supporte.

Quand les piles devront atteindre une hauteur notable , il sera également nécessaire de vérifier si leur dimension à la base est suffisante pour résister à l'écrasement. Comme ces piles , à cause de l'espèce de la voûte , auront toujours leurs deux parements d'aplomb , la condition (n° 43) pour que la pile ne s'écrase point à sa base deviendrait suivant la notation adoptée :

$$\frac{R}{M}(c \pm \gamma) > W' + ch. \qquad\qquad (1)$$

83. On terminera ce qui concerne l'établissement des voûtes en ogive par une remarque qui paraît indispensable.

Puisque le mode d'équilibre des voûtes de cette espèce comporte essentiellement une surcharge isolée au sommet, il est évident qu'on ne doit point les employer à supporter une charge distribuée, uniformément ou à peu près, sur une horizontale. Dans un pareil cas, c'est la voûte en arc de cercle qui convient spécifiquement, ainsi qu'on l'a observé au n° 66. Les voûtes en ogive ne peuvent donc servir, par exemple, à former un pont, qu'à la condition d'être surmontées d'un second rang de voûtes en plein-cintre, ou, bien plus tôt, de voûtes en arc de cercle, comme dans le type si remarquable du *pont de Pavie*.

Ce qu'on a dit aux n°ˢ 66 et 77 des systèmes de voûtes en ogive superposées doit être interprété dans ce sens : si les ogives du rang supérieur n'ont point à supporter à leur sommet des charges isolées et à peu près constantes, on devra couronner ledit ouvrage par un dernier rang de voûtes à tangente horizontale au sommet et dont les pieds-droits reposent sur les sommets des dernières ogives, ou à la fois sur ces sommets et sur les piles intermédiaires.

ARTICLE V.

Des voûtes en anse de panier.

84. On désigne généralement sous le nom de *voûtes en*

anse de panier celles dont l'intrados a deux retombées verticales et une flèche différente de la demi-ouverture. Ces voûtes peuvent, suivant une telle définition, être surhaussées ou surbaissées ; mais c'est presque constamment le dernier cas qui se présente dans la pratique.

On a déjà remarqué que les voûtes en arc de cercle, avec ou sans pieds-droits, peuvent se prêter à toute proportion donnée entre l'ouverture et la hauteur sous clef, que d'ailleurs elles satisfont le mieux qu'il est possible à la condition du débouché : il ne peut donc jamais y avoir nécessité à employer les anses de panier. L'usage, ou plutôt l'abus, qu'on a fait de cette espèce de voûtes dans les trois derniers siècles ne pouvait donc être fondé que sur des motifs non admissibles dans une pratique raisonnée : ou bien on trouvait leur profil gracieux, ce qui paraît contestable à beaucoup de monde, ou bien on s'imaginait, comme plusieurs praticiens l'ont professé, que ces voûtes, *parce qu'elles ont des retombées verticales, n'exercent point de poussée sur leurs culées.* Mais il suffit de jeter les yeux sur les constructions existantes, de comparer par exemple le pont Royal au pont d'Iéna, pour reconnaître que l'avantage de la correction et de l'élégance n'appartient pas aux anses de panier ; il suffit aussi d'appliquer, dans une circonstance donnée, les règles d'établissement à l'hypothèse d'un plein cintre ou d'un arc de cercle, et comparativement à celle d'une anse de panier, pour être amené à conclure que la dernière espèce de voûte n'offre point non plus l'avantage de l'économie (*).

(*) On verra cependant plus loin (n° 117) que, dans le cas très-particulier où l'on s'imposerait un extrados terminé suivant un plan horizontal, la courbe d'intrados qui conviendrait pour l'équilibre se rapprocherait de celle des anses de panier.

L'un des inconvénients que présentent les voûtes en anse de panier est la difficulté du tracé de leur épure, qui, le plus souvent, nécessite des calculs assez compliqués. On décrit ordinairement l'intrados par rayons de courbure successifs, et la courbe est alors spécifiée par le nombre des centres : on en trace à 3 centres, à 5, à 7 et jusqu'à 21 centres. On décrit aussi, mais plus rarement, l'intrados suivant la figure rigoureuse d'une demi-ellipse : ici les calculs deviennent inutiles et déjà l'épure peut être confiée à l'intelligence d'un appareilleur. Enfin, nous proposerons ci-dessous une nouvelle courbe surbaissée qui se confond pratiquement avec une demi-ellipse et dont le tracé peut être fait par rayons de courbure successifs, aussi rapprochés qu'on voudra, c'est-à-dire à un nombre quelconque de centres, sans aucun calcul, et suivant un procédé purement graphique à la portée du premier maçon venu.

85. Les seules anses de panier qu'on ait jusqu'ici tracées sans le calcul préalable des rayons, sont les courbes à trois centres. Nous ne reproduirons point ici les divers modes de tracé y relatifs, qui sont connus de tout le monde. Nous indiquerons seulement le tracé d'une courbe à 5 centres, qui peut aussi être fait géométriquement et d'où résulte une courbe assez convenable, dont la montée est sensiblement égale au 1/4 de l'ouverture. Voici comment nous faisons ce tracé.

Fig. 38.   Diviser l'ouverture AB, en six parties égales AD = DE = etc. Par les points de division extrêmes D, G, mener les lignes RDT, SGT, qui fassent chacune un angle de 60° avec l'horizontale, et qui se rencontreront en un point T sur l'axe vertical. Porter de T en O une longueur égale à celle d'une des divisions AD, DE, etc., puis joindre le point O aux seconds points de division E, F par des lignes indéfinies, qui couperont en P, Q les lignes R DT, SGT. Les arcs de naissances se décriront des centres D, G et s'arrêteront en R, S ; les arcs intermédiaires se décriront des centres P, Q et s'arrêteront en L, N ; enfin, l'arc du sommet se décrira du centre O et terminera la courbe suivant L, M, N.

En calculant trigonométriquement la hauteur CM, il est aisé de voir que, si A est l'ouverture totale AB et f la montée CM, on a généralement :

$$f = A \times 0.246,3 = \frac{A}{4}. \qquad (1)$$

Dès que la flèche d'une anse de panier descend au-dessous du 1/3 de l'ouverture, les courbes à 3 centres offrent ce qu'on appelle vulgairement des *jarrets*, c'est-à-dire un défaut de continuité choquant. Si la flèche est inférieure au 1/4 de l'ouverture, 5 et même 7 centres ne sont plus suffisants. En général, la courbe est d'autant plus correcte que le nombre des centres est plus considérable, et les variations de rayon conséquemment moins brusques. On se trouve ainsi presque toujours amené à calculer les longueurs des rayons successifs.

Nous ne pouvons point entreprendre de rapporter ici les diverses méthodes qui ont été publiées pour faire le calcul dont il s'agit. Elles ont toutes pour objet principal d'établir entre les longueurs des rayons successifs une progression harmonique qui adoucisse autant que possible la transition d'un arc au suivant · toutes arrivent au résultat voulu d'une manière complétement satisfaisante dans la pratique. Nous n'indiquerons spécialement que quelques méthodes qui nous paraissent devoir être les plus commodes dans l'application.

En premier lieu, un mémoire publié dans les Annales des

ponts et chaussées (année 1831), par M. l'ingénieur en chef Michal, montre que le tracé donné par Huygens, pour les courbes à 3 centres, peut être étendu aux courbes à un nombre quelconque de centres, et que la construction graphique ne détermine jamais que deux rayons, tous les autres pouvant être donnés à volonté et suivant telle loi qu'on préférera. En adoptant ensuite entre les rayons arbitraires la loi la plus naturelle, c'est-à-dire en se proposant que tous ces rayons fassent entre eux des angles égaux et aient des longueurs progressant comme celles des rayons de courbure d'une demi-ellipse de même montée et de même ouverture, on arrive à déterminer la longueur de chaque rayon arbitraire par une formule extrêmement simple. M. Michal a joint à son mémoire des tables toutes calculées pour les courbes à 5, à 7 et à 9 centres seulement, lesquelles paraissent suffire à tous les cas qui peuvent se présenter dans la pratique. Mais sa méthode est complétement générale, et a, suivant nous, l'avantage de conduire à des courbes se rapprochant autant que possible de l'ellipse, qui est en définitive le type le plus correct des anses de panier.

En second lieu, un autre mémoire, publié aussi dans les Annales (année 1839) par M. l'ingénieur en chef Lerouge, donne pour le même objet des formules, assez compliquées au premier abord, mais qu'il ramène ensuite à des termes pratiques, au moyen de coefficients tout calculés. Ces formules sont fondées sur cette double condition, savoir, que les angles des rayons deux à deux sont égaux et que les longueurs de ces rayons croissent en progression arithmétique: elles expriment les longueurs des rayons successifs, le développement de l'intrados et la surface du débouché ; de plus, elles ont été converties en tables qui présentent les résultats calculés pour tous les rapports possibles entre la montée et l'ouverture, et pour les courbes à 3, à 5, 7, 9, 11 et 15 centres. Enfin, M. Lerouge ajoute encore un procédé graphique qui permettrait de tracer, sans calculs, une anse de panier à un nombre quelconque de centres.

En troisième lieu, M. l'ingénieur en chef Saint-Guilhem, dans son supplément aux tables de M. d'Aubuisson (1842), a donné une table pour calculer les rayons successifs des courbes à 3, à 5 et à 7 centres, lorsqu'on connaît le rapport de l'ouverture à la montée : cette table est calculée suivant cette double condition, savoir, que les rayons croissent en progression géométrique et que tous décrivent des arcs de même développement.

En appliquant l'une ou l'autre des méthodes qui précèdent, on arrivera toujours à tracer l'intrados d'une anse de panier de manière que sa courbure soit suffisamment continue. Le tracé des normales se fera dans chaque secteur sans aucune difficulté et les rayons de courbure en chaque point seront connus à l'avance. On pourra donc tracer, comme il est expliqué au n° 20, la courbe que doit suivre, pour assurer l'équilibre, l'extrados de la voûte, et cette courbe sera d'autant plus continue que celle d'intrados le sera plus aussi. Sous ce point de vue, il paraît nécessaire que le nombre des rayons soit assez grand et que, de chaque côté, l'un d'eux fasse un angle de 60° avec la verticale, afin de servir à fixer exactement les points extrêmes de l'extrados (n° 21).

86. Le profil d'une voûte elliptique est incontestablement plus continu, plus correct et conséquemment plus agréable à l'œil, que la courbure accidentée d'une courbe à plusieurs centres. Pour préférer cependant, comme on l'a fait presque toujours, les dernières courbes aux ellipses, on a mis en avant deux motifs : 1° l'augmentation du débouché ; 2° la

difficulté moins grande du tracé. Nous allons examiner à quoi se réduisent ces avantages.

Des tableaux comparatifs du débouché obtenu avec les courbes à plusieurs centres et avec l'ellipse ont été donnés par M. Lerouge, dans son mémoire précité, et l'ont amené à conclure que le débouché est plus grand dans la courbe à trois centres que dans l'ellipse, presque égal dans celle à cinq centres, et moindre dans toutes les autres ; que d'ailleurs les différences sont toujours fort légères et de l'ordre de la troisième décimale au plus. Les anses de panier décrites par une autre méthode conduiraient très-probablement à une conclusion analogue, et l'on est en droit de conclure que *la différence de débouché entre les anses de panier et les voûtes elliptiques est absolument insignifiante dans la pratique.*

Quant à la difficulté relative du tracé, il suffit pour l'apprécier de rappeler, après ce qui a été dit ci-dessus sur les courbes à plusieurs centres, le tracé pratique des épures de voûtes elliptiques, tel qu'il a été donné par De Prony, dans le 10ᵉ *cahier du Journal de l'École polytechnique,* et démontré d'une manière élémentaire par Navier, dans ses *Notes sur la science des ingénieurs de Bélidor.* Voici en quoi consiste ce tracé que tous les appareilleurs sont capables de pratiquer sans le moindre embarras.

Fig. 39. Sur l'ouverture donnée AB, déterminer les foyers F, F', au moyen des rayons MF = MF' partant du sommet et égaux à la demi-ouverture ; tracer la demi-circonférence ASB ; faire mouvoir une équerre DCE, dont le sommet d'angle droit C s'appuie toujours sur le cercle ASB, et dont un des côtés CE passe toujours par un foyer F' : l'autre côté de l'angle droit CD sera toujours dirigé suivant une tangente à l'ellipse, qui se trouvera ainsi construite par tangentes successives aussi rapprochées qu'on voudra ; en même temps, on aura les directions de toutes les normales qui seront parallèles à CE dans chaque position de l'équerre (*).

Le tracé de la courbe continue, lorsqu'on a une fois son polygone enveloppe, est une opération qui se présente souvent dans les épures et dont les appareilleurs s'acquittent très-facilement. Il en est de même de la détermination pratique du point de tangence et de la position précise de la normale. Les normales prolongées donneront par leurs intersections successives deux à deux les longueurs successives des rayons de courbure, longueurs d'autant plus exactes que les normales seront plus rapprochées. Comme on aura nécessairement une normale à chaque ligne de joint, on pourra, au moment de lever les panneaux, tracer la douelle de chacun d'eux suivant le cercle osculateur, décrit entre les deux rayons de courbure qui limitent ce panneau, et l'on arrivera ainsi à une correction tout à fait complète, sous le point de vue pratique.

Quand les rayons de courbure successifs auront été établis graphiquement, on en conclura, au moyen d'un petit supplément à l'épure, la courbe d'extrados du profil d'équilibre, ainsi qu'on l'a indiqué au n° 20. Le résultat ainsi obtenu sera toujours suffisant dans la pratique, attendu que, comme on sait, le profil d'équilibre proposé précédemment laisse une grande latitude à la stabilité. Toutefois, si l'on craignait que les intersections successives des normales ne laissassent trop d'incertitude sur les longueurs des rayons de courbure, on pourrait, comme vérification *à posteriori*,

---

(*) Voir, pour plus de développements, un mémoire sur cet objet, publié par De Prony lui-même, dans les Annales des ponts et chaussées, 1834.

appliquer à ces rayons et aux joints correspondants les formules suivantes.

Si m est le rapport entre le grand et le petit axe d'une ellipse, dont le petit axe est désigné par b, l'ordonnée par y et le rayon de courbure par ρ, ce rayon de courbure a pour valeur, en fonction d'y :

$$\rho = \frac{\left\{ b^2 + (m^2 - 1) y^2 \right\}^{3/2}}{m \; b^2}. \tag{1}$$

En même temps, si α est l'angle que fait avec la verticale le même rayon, on trouve :

$$\cos \alpha = \frac{my}{\sqrt{b^2 + (m^2 - 1) y^2}}. \tag{2}$$

Or ε, c désignant comme précédemment la longueur d'un joint quelconque et du joint de clef, la longueur du rayon de courbure au sommet devenant, suivant la formule (1), $m^2 b$, la condition pratique de l'équilibre est (n° 20) :

$$\rho \varepsilon \cos \alpha = m^2 \, bc, \tag{3}$$

d'où l'on tire, en substituant les valeurs ci-dessus de ρ et $\cos \alpha$:

$$\frac{c}{\varepsilon} = \frac{1}{m^2} \frac{y}{b} + \frac{m^2 - 1}{m^2} \frac{y^3}{b^3}. \tag{4}$$

Dans cette dernière formule, les coefficients en m^2 sont constants pour toutes les ellipses semblables ; le rapport $\frac{y}{b}$ exprime une certaine fraction de la montée et ne particularise aucunement la grandeur absolue de la courbe : on pourrait donc aisément calculer, pour toutes les proportions usuelles de l'ouverture et de la montée, des tables qui donneraient les rapports successifs de la longueur d'un joint variable à un joint de clef, en regard de fractions successives de la montée ; on aurait ensuite les longueurs de joints par une simple multiplication. Du reste, on n'aurait pas besoin de calculer ces rapports $\frac{c}{\varepsilon}$ ou $\frac{\varepsilon}{c}$ depuis $\frac{y}{b} = 1$ jusqu'à $\frac{y}{b} = 0$.

On sait, en effet (n° 21), qu'il convient d'arrêter la courbe d'extrados sur le joint qui fait un angle de 60° environ avec la verticale, ce qui suppose $\cos \alpha = \frac{1}{2}$. Introduisant donc cette valeur dans la formule (2), on trouvera pour la valeur du plus petit rapport qui doive figurer dans une table :

$$\frac{y}{b} = \frac{1}{\sqrt{3\,m^2 + 1}}. \tag{5}$$

On conclut de là que, pour les voûtes dont la montée est le 1/3 ou le 1/4 de l'ouverture, le joint extrême coupe l'intrados à 0.359,2 ou à 0.277,4 de la montée, à partir de la naissance. Dans la pratique, attendu que l'inclinaison de 60° n'a rien d'absolu, on pourrait adopter les rapports plus simples 0.333 et 0.25 : conséquemment et attendu que ce rapport est 0.50 pour les voûtes circulaires (n° 21), on peut énoncer d'une manière générale que *dans les voûtes elliptiques dont la montée est égale à 1/2, à 1/3 ou à 1/4 de l'ouverture, l'origine des joints extrêmes est déterminée par une horizontale menée à 1/2, 1/3 ou 1/4 de la hauteur sous clef, à partir de la naissance.* On pourrait évidemment, par une sorte d'interpolation qui est permise ici, généraliser cette loi pour les cas intermédiaires aux précédents, c'est-à-dire regarder le rapport entre la hauteur du joint extrême et la montée comme égal à celui de la montée à l'ouverture.

En substituant les dernières valeurs de $\frac{y}{b}$ dans la formule (4), on trouve que, par suite, les rapports de la longueur du joint extrême à celle du joint de clef, $\frac{\varepsilon}{c}$, sont dans les mêmes voûtes :

$$m = 1, \frac{\varepsilon}{c} = 2.000 \,;\; m = \frac{3}{2}, \frac{\varepsilon}{c} = 5.927 \,;\; m = 2, \frac{\varepsilon}{c} = 13.464. \,(6)$$

Ainsi, les longueurs du joint extrême et par suite les épaisseurs de culées croîtraient très-rapidement à mesure que le rapport de la montée à l'ouverture diminuerait. Quoique l'épaisseur c décroisse relativement à l'ouverture, à mesure que la voûte se surbaisse, on arriverait souvent à des dimensions d'extrados ou de culées inapplicables. Cela conduit à penser qu'il y a quelque contradiction, du moins au point de vue de notre mode d'établissement, à employer des voûtes en ellipse trop surbaissées, et que la limite convenable du surbaissement est à peu près la proportion de 1/3. La contradiction dont il s'agit, et qui résulte ici de l'accroissement très-rapide des longueurs de joints, est signalée aussi par M. Lerouge, dans son mémoire précité, et en partant d'un ordre d'idées tout différent : il conclut que les voûtes en anse de panier doivent être rejetées, quand la montée diminue au-dessous des 0.31 de l'ouverture.

Ce qui précède suffira pour tracer le profil d'équilibre d'une voûte elliptique quelconque. La longueur de l'arc d'intrados ne saurait être calculée, dans l'espèce, que par des moyens très-compliqués et l'on pourrait tout au plus y suppléer au moyen de tables (*) ; le calcul à faire pour obtenir la longueur de l'arc d'extrados est presque inabordable : nous croyons qu'il est préférable et toujours suffisant dans la pratique, de relever ces deux longueurs sur l'épure. Quant à la section du profil de la voûte, sa valeur se présente aussi sous une forme très-compliquée (**) : on la déterminera par la méthode d'intégration graphique exposée au n° 23. On pourra même ici, et à cause de l'espèce géométrique de la courbe d'intrados, abréger de beaucoup ce calcul approximatif, ainsi qu'il suit :

Au sommet de l'extrados E, on mènera l'horizontale EG,   Fig. 40.
et, par son extrémité N, la verticale GN. Soit f la hauteur GN, h la largeur EG, l'une et l'autre calculées ou relevées sur l'épure, et enfin $b+c$ la hauteur OE. Comme l'arc EN sera toujours très-plat, on pourra, sans erreur pratique, le regarder comme un arc de parabole, et la surface du segment ENG aura, comme on sait, pour valeur $\frac{fh}{3}$. D'ailleurs on sait aussi que le segment elliptique DMAO a pour surface exacte $\frac{\pi\,a\,b}{4}$, a et b étant les deux demi-axes. On aura donc pour la section voulue de la demi-voûte :

$$S = \left(b + c - \frac{f}{3} \right) h - \frac{\pi\,a\,b}{4}. \qquad (7)$$

(*) Supplément de M. Saint-Guilhem, aux tables de M. d'Aubuisson, 1842.

(**) Cependant, la valeur de la différentielle de la section, après qu'on y a remplacé ρ et ε par leurs valeurs en α, a une expression intégrable ; mais le résultat se compose d'un trop grand nombre de termes pour être applicable dans la pratique.

Connaissant la valeur de la composante verticale de la pression extrême $P = MS$, et celle de la composante horizontale de la même pression (n° 16), laquelle à cause de $R = \dfrac{a^2}{b} = m'b$ devient ici :

$$Q = \frac{M}{2}(2\,m'bc + c'). \qquad (8)$$

On aura la direction de la pression extrême, dont l'inclinaison sur l'horizontale est $\theta = \text{arc tang}\dfrac{P}{Q}$; on construira graphiquement l'épaisseur de la culée (n° 34), sauf à lui donner, s'il y a lieu, l'excès d'épaisseur nécessaire pour que le point extrême d'extrados N ne se trouve pas en surplomb sur la base de culée ; enfin, on achèvera les calculs d'établissement et de métrage ainsi qu'il est indiqué dans la première section.

87. La comparaison des résultats énoncés dans les n°ˢ 85 et 86 précédents montre que, contrairement à l'opinion souvent émise, la substitution des voûtes elliptiques aux anses de panier ordinaires introduit une amélioration radicale dans le caractère de la construction, et, de plus, des simplifications notables dans le tracé et les calculs d'établissement. Le seul avantage que conservent les anses de panier, avantage qui, selon nous, ne saurait balancer ceux ci-dessus, est, comme l'a remarqué M. Michal dans son mémoire précité, qu'à égalité d'ouverture et de montée, leur rayon de courbure au sommet est moindre que dans l'ellipse, d'où résulte, suivant notre procédé d'établissement (n° 16), une poussée moins considérable dans la voûte. Du reste, la différence est assez peu importante, ainsi qu'on peut s'en convaincre en consultant l'un des tableaux comparatifs donnés

par M. Lerouge dans son mémoire. Il résulte de ce tableau :
1° que, quand le rapport de la montée à l'ouverture varie
de 0.31 à 0.37, l'excès du rayon de courbure de l'ellipse sur
celui des anses de panier varie de 0.054 à 0.001 de l'ouverture ; 2° que, quand le rapport de la montée à l'ouverture
varie de 0.38 à 0.45 , c'est-à-dire dans tous les cas où il est
le plus convenable d'adopter des voûtes surbaissées , c'est au
contraire le rayon de courbure de l'anse de panier dont
l'excès sur celui de l'ellipse croît de 0.006 à 0.013 de l'ouverture.

Quoi qu'il en soit , cette valeur relativement plus considérable du rayon de courbure subsiste dans certains cas pour
les voûtes elliptiques et peut rigoureusement être considérée comme un défaut pratique. Le tracé de ces voûtes a
d'ailleurs d'autres inconvénients, qui paraissent plus notables aux yeux des praticiens , c'est l'impossibilité de décrire
tout d'abord la courbe par rayons successifs , et la difficulté
de déterminer d'une manière nette sur l'épure les longueurs
des rayons de courbure.

88. Afin de parer aux objections qui viennent d'être si-
gnalées sans leur accorder d'ailleurs plus d'importance
qu'elles n'en ont , il faut substituer à l'ellipse elle-même une
courbe : 1° qui se confonde pratiquement ou , si l'on veut,
qui se ressemble avec l'ellipse ; 2° dans laquelle le rapport
du plus grand au plus petit rayon de courbure soit moins
considérable que dans l'ellipse ; 3° dont les rayons successifs puissent être déterminés sans aucun calcul , d'une manière nette, et par un procédé graphique simple ; 4° qui
puisse, si l'on veut, être tracée par un mouvement continu.

Ce problème , si composé au premier abord , pourrait , il
nous semble , être à peu près résolu de la manière suivante.

Soient y l'ordonnée verticale d'une courbe, comptée de haut en bas, et ρ le rayon de courbure correspondant; g, r les valeurs que reçoivent ces deux variables en un point où la courbe a une tangente verticale. On prendra pour équation de la courbe proposée cette relation caractéristique :

$$\rho\, y = g\, r. \qquad\qquad (1)$$

En discutant cette équation, on reconnaît facilement que, moyennant la condition $g > 2r$, 1° la courbe a une branche limitée dans le sens horizontal et vertical ; 2° qu'outre deux sommets, ou plutôt deux naissances, situés sur un axe horizontal et correspondant à $y = g$, elle a un autre sommet sur un axe vertical, à égale distance des deux naissances, et correspondant à $y = \sqrt{g^2 - 2gr}$, en sorte que la montée est $g - \sqrt{g^2 - 2gr}$; 3° que, depuis les naissances jusqu'au sommet, le rayon de courbure croît nécessairement de r à

$$\frac{r}{\sqrt{1 - \dfrac{2r}{g}}}\; ;$$

4° que, conséquemment, la branche de courbe considérée est tout à fait analogue à une demi-ellipse surbaissée, et nécessairement surbaissée.

Cette courbe, ou plutôt cette branche de courbe, que nous désignerons, à cause de ses propriétés et pour abréger le discours, sous le nom de *pseudellipse*, ne pourrait être construite d'une manière absolument continue qu'au moyen de rayons de courbure infiniment rapprochés, ce qui est impraticable. Mais, si une fois elle était construite, son rayon de courbure en un point quelconque se déduirait de l'équation (1), au moyen d'une construction géométrique des plus élémentaires. A la naissance A, on élèverait la verticale

Fig. 41.

AI $= G$, puis à une distance AO $= r$ une seconde verticale indéfinie OL ; pour avoir maintenant la longueur du rayon de courbure aboutissant au point quelconque M, on n'aurait qu'à mener par ce point une horizontale coupant en G la verticale OL, à joindre IG par une ligne IG qui irait couper en K l'horizontale des naissances et AK serait le rayon de courbure cherché. En effet :

$$AK : OA :: AI : OG, \text{ ou } AK : r :: g : y, \; AK = \frac{gr}{y}.$$

La même construction peut évidemment servir de base à divers procédés pour tracer une courbe discontinue qui se rapprochera, autant qu'on voudra, de la pseudellipse même. Voici le mode de tracé approximatif qui nous paraîtrait préférable.

Au moyen d'une division du cercle qui se fait sans tâtonnement, on se donnera sur l'épure les directions de lignes faisant toutes entre elles, deux à deux, un angle de $15° = \dfrac{180°}{12}$. De 0° à 15° on tracera un premier arc de cercle OI avec le rayon donné r, puis on déterminera, par la construction ci-dessus, le rayon r_1, aboutissant au point M_1, et dont on portera la longueur de M_1 en c_1 ; de 15° à 30°, on tracera l'arc $M_1 M_2$ avec le rayon r_1, puis au point M_2, on déterminera la longueur du rayon r_2, ainsi de suite. De cette façon, on aura tracé la courbe à 11 centres ; mais il est évident que la construction est générale et qu'on peut avoir autant et aussi peu de centres qu'on veut.

Il faut remarquer que la construction ci-dessus donne, par points assez rapprochés, le trajet de la développée de la courbe. On pourra donc faire passer par ces points une courbe continue, sur laquelle on appliquera une règle cin-

Fig. 42.

trée ou toute autre saillie correcte ; puis , au moyen d'une règle flexible, mais sensiblement inextensible, telle par exemple qu'une lame métallique de champ, on pourra tracer la courbe par mouvement continu, comme développante de la développée CNP, et ainsi que cela se pratique communément dans les épures d'escaliers.

Outre l'avantage que présentera ce *tracé par mouvement continu*, tant pour la régularité de la courbe que pour la facilité de mener les normales et de lever les panneaux, il permettra encore de corriger, sur l'ouverture de la voûte, une légère erreur qui pourrait provenir du tracé même. Il suffira pour cela de modifier en conséquence, mais dans des limites toujours très-restreintes, la longueur totale de la règle flexible, longueur qui devrait, comme on sait, être rigoureusement égale au plus grand rayon , ou à la somme des longueurs de la développée et du petit rayon.

Si , après avoir tracé une semblable courbe, on construit sur ses axes mêmes une demi-ellipse, on voit que les deux courbes s'éloignent fort peu l'une de l'autre, l'ellipse ayant un rayon de courbure un peu plus petit à la naissance et un peu plus grand au sommet. Ainsi se trouvent remplies les deux premières conditions posées ci-dessus. Quant aux deux dernières, on vient de voir que le tracé proposé y satisfait aussi.

On remarque de plus que ces courbes approchées conservent, malgré leurs différences inévitables avec la pseudellipse continue , la propriété la plus saillante de la courbe géométrique. Celle-ci, en vertu de son équation (1), est telle que toutes les pseudellipses, décrites avec des paramètres g , r proportionnels, sont semblables, en d'autres termes,

tant que le rapport $\frac{g}{r}$ est le même, la montée et l'ouverture varient proportionnellement à r. Or, il résulte aussi de la construction ci-dessus, que les courbes décrites avec un même nombre de centres et suivant un même rapport $\frac{g}{r}$, offrent toutes un même rapport entre l'ouverture et la montée, et que les longueurs absolues de ces dimensions varient proportionnellement au premier rayon r. Ainsi, *lorsqu'on aura tracé une courbe offrant un rapport donné entre l'ouverture et la montée, il suffira, pour en obtenir une semblable, mais d'ouverture différente, de faire varier le rayon* r *proportionnellement à l'ouverture.*

Il ne faudrait donc, pour rendre le procédé ci-dessus extrêmement praticable, que dresser une table dans laquelle la valeur du rapport $\frac{g}{r}$ serait donnée en regard de toutes les valeurs usuelles du rapport de l'ouverture à la montée.

D'ailleurs, on ne saurait s'aider, pour calculer une pareille table, de l'équation (1) de la pseudellipse. Cette équation conduit, à la vérité, à des expressions très-simples de l'ordonnée, du rayon de courbure et de la surface intégrale (*); mais la valeur de l'abscisse ne se présente que sous une forme inapplicable. En fût-il autrement, le rapprochement serait absolument sans utilité, à cause des différences notables qu'offre la courbe géométrique, tant dans ses proportions que dans ses dimensions absolues, avec les courbes décrites à plusieurs centres. En effet, si l'on construit successivement avec les mêmes données g, r et par le

---

(*) $y = \sqrt{g^2 - 2gr \cos \alpha}$, $\rho = \dfrac{r}{\sqrt{g^2 - 2gr \cos \alpha}}$, $\displaystyle\int_{\alpha=0}^{\alpha=90°} y\,dx = gr$; α est l'angle du rayon de courbure avec la verticale.

procédé ci-dessus indiqué , des courbes à 5 , 11, 23 centres , ce qui se fait en divisant les 280° d'amplitude en 6 , 12 , 24 parties égales , on s'aperçoit que le mode de la construction a les conséquences suivantes : A mesure qu'on augmente le nombre des centres , c'est-à-dire à mesure qu'on se rapproche de la courbe géométrique, on diminue médiocrement le rapport de la montée à l'ouverture ; mais on accroît d'une manière notable les longueurs absolues de ces deux dimensions ; en même temps, le rapport des deux rayons de courbure extrêmes va en augmentant , quoique le premier reste toujours inférieur à celui de l'ellipse de mêmes axes.

On devrait donc , en considérant explicitement la courbe à plusieurs centres qu'on a en vue , déterminer par les procédés de la trigonométrie les valeurs absolues de la montée et de l'ouverture correspondant à des paramètres donnés g , r et le calcul fait pour un rapport $\dfrac{g}{r}$ servirait pour toutes les courbes semblables.

Mais un pareil calcul ne peut rester à faire pour chaque cas particulier et doit nécessairement être suppléé par les résultats tout préparés d'une table. Jusque-là , il sera plus conforme aux habitudes de la pratique d'y substituer un mode quelconque de tâtonnement, qui ne sera pas fort long si l'on se rappelle, d'une part, que les rayons de courbure extrêmes diffèrent peu de ceux de l'ellipse, d'autre part, que le rapport des axes varie peu avec le nombre des centres , en sorte qu'on peut, pour abréger , faire les essais préalables sur une courbe à cinq centres seulement ; aussitôt qu'on aura simplement approché du rapport voulu entre l'ouverture et la montée, on s'en rapprochera encore davantage en augmentant le nombre des centres ; enfin, en réglant convenablement la longueur du premier rayon r, on arrivera rigoureusement à l'ouverture voulue , sauf à sacrifier quelque chose sur la montée , qui n'est jamais imposée d'une manière absolue. Après ce travail de quelques instants, on n'aura plus qu'à prescrire les deux paramètres q, r et le nombre des centres à l'appareilleur, à qui il ne restera à exécuter qu'un travail purement machinal.

Nous n'insisterons pas davantage sur ce nouveau *système de courbes à plusieurs centres*, qui n'a point encore reçu la sanction de la pratique. Nous rappellerons seulement, en terminant, que sauf les inconvénients à révéler par l'expérience, il semblerait avoir les avantages suivants :

1° *Le tracé est aussi pratique et aussi simple qu'on puisse l'imaginer ;*

2° *Il reste le même quel que soit le nombre des centres ;*

3° *Il ne dépend que de deux longueurs fondamentales*, et l'on n'a à rapporter sur l'épure ni cotes, ni longueurs auxiliaires , lesquelles sont, comme on sait , une cause d'erreurs et de contradictions dans ces sortes de tracé.

Nous n'avons pas besoin de dire d'ailleurs que tout ce qui concerne l'établissement des voûtes ayant un semblable intrados se traiterait absolument comme pour les voûtes elliptiques, avec cette différence cependant, qu'ici les rayons de courbure successifs seraient nettement définis à l'avance.

Ainsi qu'on l'a remarqué au n° 84, la classe des voûtes en anse de panier comprend , non-seulement les voûtes surbaissées , considérées jusqu'ici , mais encore les *voûtes surhaussées* , c'est-à-dire celles qui , étant à retombées verticales , ont une montée plus grande que leur demi-ouverture.

Dans le dernier cas, l'intrados pourra évidemment être tracé par les procédés indiqués ci-dessus , soit au moyen d'une courbe à plusieurs centres (n° 85), soit et préférablement suivant une demi-ellipse dont le plus grand axe est vertical (n° 86), soit enfin suivant la courbe discontinue qui dérive de la pseudellipse (n° 88).

Dans le même cas, les rayons de courbure de l'intrados iront en croissant à partir du sommet, et conséquemment, si l'on détermine le profil d'équilibre de la voûte en vertu de la règle pratique des n°ˢ 20 et 29, la longueur des joints ira en décroissant, au contraire, à partir du sommet. Par suite la direction de la poussée effective prendra, sur le joint extrême, une inclinaison plus favorable à la stabilité que dans les voûtes en plein cintre, tandis que la conclusion est inverse pour les voûtes surbaissées. Par le même motif aussi, le joint qui supporte le maximum de pression relativement à sa surface ne sera plus le joint de clef, comme dans les autres voûtes, mais bien le joint extrême inférieur, et c'est pour ce dernier joint qu'il faudra vérifier la résistance à l'écrasement.

Sauf les différences que l'on vient de relater, l'établissement des voûtes surhaussées se fera exactement de la même manière que celui des voûtes surbaissées.

On remarquera à cette occasion, et d'une manière générale, que les principes sommaires d'établissement, indiqués aux n°ˢ 16, 20, 29 et 34, paraissent pouvoir être étendus pratiquement à toute espèce de voûtes dont la courbe d'intrados a une tangente horizontale au sommet, et a d'ailleurs une courbure continue.

ARTICLE VI.

Des plates-bandes.

89. Les voûtes en plate-bande sont, plus que toutes les autres espèces de voûtes, exposées à des déformations résultant de l'écartement des culées ou du tassement des mortiers. Si petits que soient ces effets, l'abaissement du milieu de la plate-bande est toujours notable et très-choquant à l'œil. Il est en un mot excessivement difficile, pour ne pas dire impossible, de construire une plate-bande qui ne prenne pas au décintrement un intrados convexe vers le bas. On peut, à la vérité, remédier à cet inconvénient à l'aide d'artifices d'exécution, par exemple en donnant à l'intrados un surhaussement égal à son abaissement présumé, soit, ce qui est plus sûr, en laissant la voûte tasser autant qu'elle doit le faire, jusqu'à la prise complète des mortiers, puis en retaillant ensuite sur place l'intrados suivant le plan horizontal voulu.

Quoi qu'il en soit, l'expérience et les usages de la construction veulent qu'on n'abandonne point les plates-bandes à leur résistance propre, et qu'on avise au contraire à prévenir leur tassement, en les rendant solidaires d'une autre partie de construction offrant un excès de résistance. Les moyens qu'on emploie dans ce but varient suivant les localités, ou plutôt suivant l'espèce des matériaux. Tantôt, les voussoirs de la plate-bande, ayant très-peu d'épaisseur perpendiculairement à la tête, sont goujonnés un à un sur un poitrail en charpente ; tantôt cette plate-bande est surmontée d'une voûte en décharge, qui supporte les voussoirs de la première au moyen d'un châssis pendant en fer ; tantôt, elle est traversée ou surmontée par une poutre en fer forgé ou fondu, à laquelle sont également accrochés ou suspendus les voussoirs (*). Il n'y a d'exception à ces procédés de consolidation, que quand la plate-bande peut être formée d'une seule pierre ou de deux pierres saisies chacune dans la maçonnerie servant de culée, c'est-à-dire quand cette plate-bande ne fonctionne que comme une poutre sur appuis, ou comme deux poutres encastrées ; encore, en pareil cas, est-il d'usage, pour prévenir les accidents, de surmonter par une voûte en décharge ladite plate-bande, qui n'a alors à supporter que son propre poids.

Ainsi, les plates-bandes, telles qu'on les emploie communément, au lieu de soutenir une charge comme les autres voûtes, sont au contraire soutenues. En d'autres termes, *les plates-bandes, considérées comme voûtes, n'existent point dans la pratique.*

D'après ce qu'on vient de dire, il ne peut être question ici de l'établissement de voûtes de cette espèce, car celui des divers moyens de consolidation ci-dessus indiqués sort tout à fait de notre cadre. On se bornera donc à renvoyer au n° 31, pour le cas où l'on voudrait établir une plate-bande en maçonnerie, qui fonctionnât réellement comme voûte proprement dite.

(*) Voir, pour ces moyens de consolidation, les planches 28 et 29 de l'art de bâtir par Rondelet.

ARTICLE VII.

Des contre-forts et arcs rampants.

90. Lorsqu'un contre-fort doit être appliqué dans toute son étendue contre un mur vertical, et résister généralement à une poussée dans tous les points de sa hauteur, ses conditions d'équilibre ne diffèrent point de celles d'un pilier ou pied-droit, et son établissement peut être fait de la manière indiquée aux nᵒˢ 40, 41 et 70. Il ne sera donc question ici que des contre-forts en arcs-boutants, c'est-à-dire de ceux qui, évidés à l'intérieur comme une portion de voûte, s'appuient, à leur partie inférieure, contre un obstacle inébranlable et résistent, dans leur partie supérieure seulement, à une action d'intensité et de direction données.

Deux cas peuvent se présenter : ou bien la poussée à vaincre a une direction horizontale et la courbe d'intrados du contre-fort a une tangente horizontale aussi (*fig.* 43) ; ou bien la poussée a une direction inclinée et l'intrados du contre-fort se termine au sommet, par un élément incliné sur l'horizontale (*fig.* 44). Toutes les questions de cette espèce peuvent être ramenées à l'établissement de portions de voûtes ordinaires ou en ogive, et se trouvent ainsi résolues à l'avance dans les articles précédents.

Dans le premier cas, si F désigne l'action horizontale à équilibrer, il faudra que le contre-fort exerce lui-même une poussée horizontale Q, telle que $F < Q$. L'excès pratique de la résistance Q sur l'action F doit, bien entendu, pouvoir être supporté par la stabilité propre de la construction contre laquelle arc-boute le contre-fort. Cela posé, si l'on

donne au contre-fort le profil d'équilibre voulu par l'espèce
de l'intrados qu'on aura adopté à l'avance, que R soit le
rayon au sommet de cet intrados, c l'épaisseur au sommet,
on a comme on sait :

$$Q = \frac{M}{2} \left(2c\,\dot{R} + e^2 \right).$$

On pourra donc déterminer, de la manière qui conviendra
le mieux aux circonstances particulières de la construction,
les deux quantités Rc, lesquelles n'ont à satisfaire qu'à la
condition unique :

$$F < \frac{M}{2} \left(2c\,R + c^2 \right), \tag{1}$$

et l'on pourra ainsi disposer complétement, soit de la figure de l'intrados, soit de l'épaisseur c, laquelle évidemment ne doit point ici être réglée suivant les formules empiriques relatives aux clefs des ponts.

Les contre-forts de cette première espèce peuvent être employés avec avantage toutes les fois qu'il s'agit de contre-balancer, en un point donné d'un édifice, une poussée horizontale connue. Ils peuvent être appuyés contre le parement
postérieur d'une culée de pont en charpente ou en fonte, et
placés dans le prolongement des arcs, ce qui permet de réduire l'épaisseur générale de la culée à celle voulue pour le
soutenement des terres.

Fig. 44.

Dans le second cas, si F désigne toujours l'intensité de
l'action et β l'angle que fait sa direction avec la verticale,
on donnera au contre-fort l'intrados d'une voûte en ogive,
dont le joint supérieur ait une inclinaison β sur la verticale,

et l'on réglera son extrados suivant le profil d'équilibre. Alors, et en conservant toujours la même notation, on verra, conformément au n° 28, que le contrefort exerce, à sa partie supérieure et dans la direction même de l'action, une résistance égale à :

$$G = \frac{M}{2}\left(2cr + c^2\right),$$

et l'on pourra déterminer à volonté les dimensions r, c pourvu qu'elles satisfassent à la condition unique :

$$F < \frac{M}{2}\left(2cr + c^2\right). \qquad (2)$$

Cette condition est la même que la condition (1) ci-dessus. Mais elle suppose, pour plus de simplicité, que l'arc d'intrados est circulaire, tandis que l'autre comporte un arc convexe de figure quelconque, pourvu qu'il ait une tangente horizontale au sommet.

Les contre-forts de cette seconde espèce peuvent servir, plus efficacement que ceux de la première, à appuyer des culées de ponts en charpente ou en fonte, à soutenir un mur extérieur contre la poussée inclinée d'un comble, etc. Ils trouvent encore leur place dans l'établissement des ponts suspendus : là, on peut les employer à contre-buter la maçonnerie, vers une inflexion de câbles donnant lieu à une poussée d'intensité et de direction bien connues. On les emploie aussi quelquefois à compléter la stabilité des culées de voûtes en maçonnerie ; mais il ne nous semble point que cet exemple soit bon à imiter, et cela pour deux motifs : d'abord, il est très-douteux que, tout compte fait, une pareille combinaison procure quelque économie ; ensuite, elle

implique nécessairement, qu'entre deux contre-forts, la maçonnerie fonctionne comme une pièce rigide, ce qu'il n'est
pas toujours permis de supposer et ce qui d'ailleurs n'est
point conforme au genre de résistance qu'on doit lui de-
mander.

Puisque, d'après le mode d'établissement ci-dessus, les
contre-forts ne sont autre chose que des portions de voûtes,
l'établissement de leurs culées se fera aussi comme celui des
culées de voûtes : on emploiera donc à cet égard, et suivant la figure de l'évidement, l'une des formules pratiques indiquées aux articles 2, 3, 4 et 5 de la présente
section.

Fig. 45.

91. On désigne vulgairement sous le nom de voûtes en
arc rampant, des portions de voûtes dont l'intrados a un
élément horizontal au sommet, mais n'est point symétrique
de part et d'autre de ce sommet. Le plus souvent, et c'est
sans doute de là que leur vient leur nom, elles sont employées comme évidement sous des rampants d'escalier. Le
plus souvent aussi, leur intrados est décrit avec plusieurs
rayons, à la manière des anses de panier, et l'on pourrait
substituer à cette figure, soit celle d'une ellipse, soit celle
de la courbe que nous avons proposée ci-dessus sous le nom
de pseudellipse. Dans l'un ou l'autre cas on appliquerait
sans difficulté les formules de l'art. 5.

Fig. 46.

Mais, lorsqu'il s'agit spécialement de supporter un em-
marchement, on serait porté à croire que la disposition la
plus logique est d'employer des ogives de hauteurs décroissantes et supportant l'échiffre de distance en distance, ainsi
qu'on en voit quelques exemples dans les édifices du style
sarrasin. La poussée horizontale de l'échiffre étant supposée
détruite par la résistance du pied de l'escalier, tous les points
d'appui supporteront une charge verticale qu'il sera aisé de

calculer. On pourra donc appliquer, sans difficulté , les formules de l'art. 4 de la présente section , relatif aux voûtes
en ogive.

ARTICLE VIII.

Des dômes et des niches.

92.　La construction des dômes de grandes dimensions se
présente très-rarement dans la pratique. Les types de cette
espèce qui existent en fort petit nombre , tels que les dômes
de Saint-Pierre de Rome , de Saint-Paul de Londres, du
Panthéon français , de l'église de Saint-Isaac en Russie, ont
tous donné lieu à de savants écrits que devra nécessairement
consulter le constructeur chargé de l'érection d'un dôme
monumental ; il sera guidé notamment par les principes que
donne Navier dans ses Leçons de mécanique appliquée , en
indiquant la plus part des mémoires publiés à ce sujet ; il
trouvera surtout des indications précises et générales dans le
mémoire présenté à l'Académie des sciences en 1823, par
MM. Lamé et Clapeyron , et qui a servi de règle pour l'établissement du dôme remarquable de Saint-Isaac, cité tout à
l'heure (*).

(*) Voici quels sont, suivant Rondelet , les diamètres de quelques dômes
principaux : 1° Panthéon de Rome , extérieurement 55^m.00 , intérieurement
43^m.00 ; 2° grande coupole de Saint-Pierre de Rome 41^m.00 ; 3° Saint-
Paul de Londres , 34^m.00 ; 4° coupole extérieure du Panthéon français ,
23^m.76, en dehors , et 22^m.36 à l'intérieur.

Suivant les dimensions numériques que donnent MM. Lamé et Clapeyron,
dans le mémoire qu'on vient de citer, le dôme principal de Saint-Isaac a
intérieurement 19^{m}509 et extérieurement 20^m.728.

Nous ne saurions entreprendre d'ajouter un mot à tout ce qui a déjà été dit sur une question aussi élevée. Nous essayerons seulement de la faire descendre dans la pratique vulgaire, en montrant comment le procédé d'établissement, exposé précédemment pour les voûtes en berceau, pourrait être étendu aux voûtes en dôme, sans rien perdre de sa simplicité dans les principes, ni de sa facilité dans l'exécution.

93. Considérons d'abord les dômes dont l'intrados est hémisphérique et supposons, comme on doit le faire dans ces sortes de calculs, que les matériaux n'exercent entre eux aucun frottement ni aucune adhérence. Admettons enfin, comme condition préalable et sauf ensuite à y satisfaire pratiquement, que les dimensions de l'extrados ont été réglées de telle manière, qu'en chaque point de l'intrados, la composante normale des actions exercées est constante : la surface d'équilibre de cet intrados sera, comme on sait (n° 12), celle d'une sphère. Voici maintenant comment on pourra se rendre compte du mode d'équilibre du système.

Fig. 47. Puisque l'adhérence et le frottement sont supposés nuls, chacun des onglets infiniment petits dans lesquels on peut décomposer le dôme, en le coupant par une infinité de plans méridiens verticaux, chacun de ces onglets devra être séparément en équilibre, en vertu des actions qui y sont appliquées. Or un pareil onglet, vu l'amplitude infiniment petite de sa courbure est exactement comparable à une demi-voûte en berceau qui, au lieu d'être comprise entre deux plans verticaux parallèles, serait terminée par deux plans verticaux qui se coupent sur l'axe même de la voûte, ainsi que le représente en projections verticale et horizontale la *fig.* 47. Si $d\omega$ représente l'angle infiniment petit compris entre les deux plans AO, A'O, la longueur AA' de la portion de voûte à sa base est $rd\omega$, r étant le rayon d'intrados ; la longueur $m'\,m''$ du même berceau, pour un joint mn qui fait l'angle α avec la verticale, se réduira à $r\,\sin\alpha\,d\omega$; enfin, au sommet, cette longueur sera nulle. Le berceau angulaire que l'on considère, étant supposé en équilibre, peut être maintenu par une certaine force absolue G, appliquée en D suivant une direction horizontale qui partage en deux parties égales l'angle AOA', et, comme toutes les actions appliquées sont verticales (n° 14), la force G représente la poussée horizontale constante qui s'exerce sur toute la longueur de chaque joint AA', m', m'', etc. Soit maintenant Q la poussée horizontale, rapportée à l'unité de longueur et telle qu'on la calculerait pour un berceau dont la section serait AMDENP. Si la longueur du berceau était uniformément l, la poussée horizontale complète suivant chaque joint aurait pour valeur Ql, et serait égale à la force absolue que nous avons désignée ci-dessus par G. Mais, dans le berceau angulaire AOA', où la longueur des joints décroît de la base au sommet, la poussée horizontale, rapportée à l'unité de longueur, étant Q pour le joint à la base, la poussée horizontale complète dans l'étendue de ce joint, sera $Qrd\omega$; de même, si q désigne la poussée horizontale rapportée à l'unité de longueur sur le joint quelconque $m'\,m''$, la poussée horizontale complète, dans l'étendue de ce joint, sera $qr\,\sin\alpha\,d\omega$. Et, comme ces poussées horizontales complètes doivent être toutes égales à G, pour l'équilibre, on aura :

$$q = \frac{Q}{\sin\alpha}. \qquad (1)$$

Ainsi, *la poussée horizontale, rapportée à l'unité de longueur du berceau angulaire*, ou, ce qui revient au même, *à l'unité de longueur d'un parallèle de la sphère, croît de-*

puis la base jusqu'au sommet de la voûte, en raison inverse du rayon des parallèles.

Lorsque le système de la voûte sera complété par la juxta-position de tous les onglets différentiels que l'on vient de considérer, l'équilibre général aura lieu, s'il a été établi dans chaque onglet en particulier, c'est-à-dire si cet onglet, considéré comme appartenant à un berceau droit, a été réglé suivant le profil d'équilibre précédemment défini. Ainsi, la question de l'équilibre des dômes se trouve ramenée à celle des voûtes ordinaires, comme on aurait pu l'énoncer *à priori*, conformément au principe qui a été exposé au n° 12.

Concevons maintenant que de la voûte complète on enlève une calotte se terminant au joint conique mn, dont la direction fait constamment un angle α avec la verticale et qui s'appuie sur un parallèle de la sphère, ayant un rayon égal à $r \sin \alpha$. D'après ce qu'on a vu tout à l'heure, chaque point dudit parallèle éprouvera une poussée horizontale q, dirigée vers l'axe vertical de la sphère, et dont l'intensité, rapportée à l'unité de longueur, sera $\dfrac{Q}{\sin \alpha}$: cette action normale continue (n°3), fera naître suivant le parallèle une pression circulaire dont l'intensité sera égale à $r \sin \alpha \times \dfrac{Q}{\sin \alpha} = Qr$.

Ainsi, lorsqu'on enlève une portion quelconque de la calotte sphérique, il s'établit immédiatement un nouveau mode d'équilibre, en raison duquel le parallèle supérieur éprouve une pression circulaire horizontale qui, pour tous les parallèles, est égale au produit du rayon de l'intrados par la poussée horizontale qui résulte du profil du dôme, considéré comme le profil d'un berceau droit (*).

(*) La coupole inférieure du Panthéon français est, suivant ce principe,

Il résulte de là, que l'équilibre des voûtes en dôme peut se maintenir et que la poussée peut s'y établir de deux manières bien distinctes. Ou bien la voûte se partage en onglets qui s'équilibrent deux à deux en s'arc-boutant par le sommet : alors, la pression sur l'unité de surface des voussoirs croîtrait fort rapidement de la base au sommet. Ou bien la voûte se partage en rangs circulaires de voussoirs, aboutissant à des parallèles de l'intrados : alors, chacun de ces parallèles, en raison du poids de la partie supérieure, éprouve une tension circulaire égale à Qr et qui est immédiatement combattue par la pression égale du rang de voussoirs qui le touche inférieurement ; *cette pression circulaire constante remplace ici la poussée horizontale constante des voûtes en berceau.* Dans la réalité, il est probable que l'équilibre naturel participe des deux modes de résistance que l'on vient de spécifier, sans qu'il soit possible d'assigner à chacun son degré de prépondérance. Quoi qu'il en soit, il reste bien évident que l'équilibre de la voûte ne peut être rompu sans que ces deux espèces de résistance aient été vaincues, ensemble ou successivement, et qu'on assurera péremptoirement la stabilité en rendant sensiblement indéfinie l'une de ces deux résistances. De là, l'efficacité parfaite des ceintures circulaires que l'on applique à l'extérieur des dômes. Suivant ce qui a été démontré ci-dessus, *la tension des ceintures est la même, à quelque hauteur qu'on les place*, de même que, dans les voûtes en berceau, la tension des brides horizontales serait la même à toute hauteur.

On doit inférer aussi du double mode d'équilibre des

évidée à sa partie supérieure : la *lunette* a 9^{m}.56 de diamètre, celui de la coupole à sa naissance étant de 20^{m}.36.

dômes, une autre conséquence également importante pour leur établissement pratique. Puisque la rupture ne peut arriver que par la désunion des matériaux, à la fois suivant des méridiens et suivant des parallèles, on voit que le frottement, l'adhérence du mortier et la résistance transverse de chaque bloc de pierre, concourent ici à la stabilité bien plus puissamment que dans les voûtes en berceau. Si, par exemple, les voussoirs d'un même rang circulaire étaient unis successivement l'un à l'autre, soit par des goujons, soit par un appareil à crossettes, chacun de ces rangs ferait l'office d'une ceinture circulaire, et l'écroulement du dôme ne pourrait arriver sans que les pierres eussent été préalablement brisées. Cette circonstance explique comment quelques dômes se sont longtemps soutenus, bien que leurs dimensions ne fussent point conformes aux lois de l'équilibre. Elle montre aussi combien l'usage de cette espèce de voûtes dans la pratique journalière, pourrait devenir profitable et exempt de mécomptes.

Dans tout ce qui précède nous avons supposé que le profil d'équilibre des voûtes circulaires, appliqué aux voûtes en dôme, suffirait pour que la surface d'équilibre de l'intrados fût sphérique, et qu'en conséquence les pressions diverses s'exerçassent suivant des méridiens ou des parallèles de cet intrados. Il est évident que la solution n'est point mathématiquement rigoureuse ; mais, si l'on se reporte à ce qui a été exposé au n° 28, on reconnaîtra que cette solution, parfaiment suffisante pour les voûtes circulaires, l'est à bien plus forte raison pour les voûtes sphériques (*). On pourra donc,

---

(*) Le profil de la grande coupole du Panthéon de Rome se rapproche de celui qui résulterait du mode d'établissement proposé ici.

avec toute sécurité, évaluer la poussée horizontale, la pression effective et la direction de cette dernière, en raisonnant sur le profil de la voûte en dôme, absolument comme on le ferait sur celui d'une voûte en berceau. On observera seulement que les pressions et poussées croissent, ainsi qu'on l'a vu, depuis la base jusqu'au sommet, dans le rapport inverse du sinus de l'angle du joint avec la verticale. D'ailleurs, on aura immédiatement la tension qu'éprouveraient des brides circulaires, ou la pression que peuvent éprouver les voussoirs, dans le sens circulaire aussi, l'une ou l'autre de ces actions ayant constamment pour mesure le produit Qr de la poussée horizontale par le rayon de l'intrados.

94. Il est nécessaire d'établir des formules pratiques pour évaluer le volume des dômes sphériques que l'on vient de considérer.

La règle connue consiste à regarder le profil vertical MDEN comme décrivant le dôme par sa révolution autour de l'axe vertical EO, et le volume est égal au produit de ladite surface par le chemin que parcourt son centre de gravité pendant la révolution. On arrivera évidemment au même résultat en calculant d'abord le volume engendré par la section d'un voussoir infiniment petit *mstn*, puis, en faisant la somme de tous les volumes semblables dans la partie de dôme considérée, c'est-à-dire depuis le sommet jusqu'au joint extrême MN.

Désignant donc par r le rayon constant de l'intrados, par ρ le rayon vecteur variable de l'extrados *on*, par α l'angle variable du joint, on verra facilement que la surface *mstn* a pour expression ·

Fig. 47.

$$dv = \frac{1}{2} (\rho^2 - r^2)\, d\alpha,$$

que la distance du centre de gravité de la même surface au centre O a pour expression :

$$r_{,}=\frac{2}{3}\frac{\rho^3-r^3}{\rho^2-r^2},$$

et enfin que la distance de ce centre de gravité à l'axe vertical EO est égale à :

$$x_{,}=\frac{2}{3}\frac{\rho^3-r^3}{\rho^2-r^2}\sin\alpha.$$

Le chemin décrit par le centre de gravité de la section *mstn* est $2\pi x_{,}$, et le volume engendré est, par suite :

$$d\,V=\frac{2\pi}{3}(\rho^3-r^3)\sin\alpha dx.$$

Remplaçant maintenant ρ par sa valeur donnée au n° 19, $r+\dfrac{c}{\cos\alpha}$, on trouve pour expression d'une couronne différentielle :

$$dV=2\pi\left\{cr^2\frac{\sin\alpha}{\cos\alpha}d\alpha+c^2r\frac{\sin\alpha}{\cos^2\alpha}d\alpha+\frac{c^3}{3}\frac{\sin\alpha}{\cos^3\alpha}d\alpha\right\}.$$

Intégrant et remarquant que le volume V est nul quand $\alpha=0$, on a généralement pour *volume d'une calotte sphérique dont le joint inférieur fait un angle α avec la verticale* :

$$V=2\pi\left\{c^2r\left(\frac{1}{\cos\alpha}-1\right)+cr^2\log\frac{1}{\cos\alpha}+\frac{c^3}{6}\tan^2\alpha\right\}.\quad(1)$$

Dans cette formule, log. est l'indice des logarithmes népériens ; les divers coefficients variables en α se trouvent tout calculés , de degré en degré, dans la table I.

Lorsqu'on adopte , pour inclinaison du joint extrême $\alpha = 60°$, ainsi que dans les berceaux droits, la formule (1) se réduit, tous calculs effectués , à cette formule pratique :

$$V = cr^2 \times 4.355,172 + c^2 r \times 6.283,186 + c^3 \times 3.141,593.$$

. On pourrait aussi calculer une formule qui donnât , au moins approximativement, la surface développée de l'extrados; mais cette recherche, plus compliquée que la précédente, n'est point motivée ici par l'importance de la mesure dont il s'agit. On devra donc se contenter dans l'exécution des procédés pratiques connus pour l'évaluation des surfaces non développables.

95. Le profil des berceaux circulaires qui , suivant le n° 93, deviendrait celui des dômes à intrados sphérique, aurait l'inconvénient de conduire à un extrados très-aplati et qui souvent ne se prêterait point à la forme extérieure que l'on veut donner aux dômes. Il est évident qu'on remédiera à cet inconvénient en adoptant pour l'intrados un profil surhaussé, tel que le profil d'équilibre de l'extrados correspondant se rapproche de la figure voulue. Cette combinaison pourra même avoir un grand avantage d'économie ; car, suivant les n°ˢ 20 et 89, la longueur des joints ira en décroissant depuis le sommet jusqu'à la naissance , ce qui permettra de réduire les dimensions du tambour supportant le dôme (*).

(*) La coupole extérieure du dôme du Panthéon Français a un intrados surhaussé , et cependant son épaisseur croît depuis le sommet où elle est de 0.35 jusqu'à la base où elle est de 0.70. Cette disposition semblerait être un contre-sens.

Dans des cas semblables , on ne pourra évaluer le volume que par la règle générale rappelée au n° 94, et après avoir déterminé par des moyens pratiques la surface du profil décrivant, ainsi que la position de son centre de gravité.

On va traiter spécialement , dans les n⁰ˢ 96 et 97 suivants, deux exemples de ce genre qui se prêteraient à des déductions générales.

96. Soit proposé de déterminer le profil d'équilibre d'un dôme dont l'extrados serait une surface sphérique.

Nous devons, d'après ce qui précède , ramener cette question à la recherche de la courbe d'intrados d'un berceau droit dont l'extrados serait circulaire, recherche que l'on peut pratiquement se contenter d'aborder ainsi.

Supposons que, pendant la construction, les voussoirs étaient non pas portés sur un cintre fixe suivant l'intrados MDM', mais suspendus à un système fixe appliqué suivant l'extrados AEA'. Pour que la forme circulaire de l'extrados se conserve, lorsque la voûte sera abandonnée à elle-même, il faut et il suffit que toutes les actions appliquées aux points N, n, etc., aient une composante constante, normalement à l'extrados , c'est-à-dire suivant les directions ON, on, etc. Alors, il s'établira suivant l'arc d'extrados une pression circulaire qui remplacera précisément le système de suspension des voussoirs. On s'aperçoit que la question devient la même , au signe près, que celle traitée au n° 19. Par suite, l'équation de l'intrados MDM' rapportée aux coordonnées polaires ρ, α deviendra pratiquement :

$$\rho = r - \frac{c}{\cos \alpha}. \tag{1}$$

r désignant ici le rayon de l'extrados et c l'épaisseur à la

clef DE. Cette courbe se construira par un procédé entièrement analogue à celui qu'on a indiqué au n° 19 : on mènera
l'horizontale G G' à une distance O O'$=c$ au-dessous du diamètre de l'extrados ; pour avoir un point quelconque M
d'intrados on prolongera le rayon NO jusqu'à sa rencontre B
avec l'horizontale G G', et l'on portera de B en M la longueur r. La courbe peut aussi être tracée d'un mouvement
continu , comme on l'a expliqué au n° 19.

La courbe d'intrados que l'on vient de déterminer n'est
autre chose que la branche inférieure de la péricycloïde',
dont on n'avait considéré que la branche supérieure dans
les n° 19 et 21. L'une et l'autre branches sont représentées
ensemble par l'équation (3) du n° 19 ou par l'équation (1)
ci-dessus , lorsqu'on y fait varier α depuis 0 jusqu'à 180°.
En d'autres termes, la solution , dans l'un et l'autre cas ,
répond à la fois à la question directe d'un intrados circulaire et à la question inverse d'un extrados circulaire.

En discutant l'équation (1) on reconnaît que la courbe a
une tangente verticale (*) au point M , sur le joint à 60° ,
pourvu que les dimensions c et r soient liées par la relation
parfaitement admissible dans la pratique ·

$$c = \frac{r}{8}. \qquad (2)$$

Si cette condition n'était point satisfaite , la tangente verticale correspondrait à un joint dont l'inclinaison α sur la verticale serait donnée par l'équation :

$$\cos \alpha = \sqrt[3]{\frac{c}{r}}. \qquad (3)$$

(*) Voir au n° 25 l'expression de l'inclinaison d'une tangente à la péricycloïde.

On pourra donc disposer d'une des indéterminées c, r, de manière à donner à la coupole intérieure une montée ou une ouverture donnée.

En raisonnant ici comme on l'a fait pour les berceaux à intrados circulaire, on trouvera l'expression de la poussée horizontale constante, rapportée à l'unité de longueur du berceau :

$$Q = \frac{M}{2}(2\,cr - c^2).\qquad (4)$$

En concluant maintenant le profil décrivant du dôme équilibré de celui du berceau analogue, on voit que la pression circulaire a toujours pour expression Qr. Quant au volume du dôme, on l'obtient exactement de la même manière qu'au n° 94, et son expression devient :

$$V = 2\pi \left\{ cr^2 \log \frac{1}{\cos\alpha} - c^2 r \left(\frac{1}{\cos\alpha} - 1 \right) + \frac{c^3}{6}\,\text{tang}^2\alpha \right\},\qquad (5)$$

ou, quand le joint extrême correspond à $\alpha = 60°$:

$$V = cr^2 \times 4.355{,}172 - c^2 r \times 6.283{,}186 + c^3 \times 3.141{,}593. \quad (5\,bis.)$$

97. Si l'intrados d'un dôme doit être décrit par le profil d'une demi-ogive, le poids qui doit être ajouté au sommet pour l'équilibre se déduira, comme le volume du dôme lui-même, de ce qui a été établi pour le profil des berceaux de cette espèce. Si, par exemple, l'arc d'intrados appartient à une ogive tiers-point, on sait (n° 78) que le demi-poids d'équilibre peut être remplacé par un prisme de maçonnerie ayant une hauteur égale à $\dfrac{r}{2}$ et une base égale à c ; quand la

demi-ogive décrirait le volume du dôme, la section du demi-prisme d'équilibre décrirait un cylindre dont le volume serait $\dfrac{\pi rc^2}{2}$: donc, *pour que le dôme soit en équilibre, il devra nécessairement supporter à son sommet une surcharge égale à* $\dfrac{M}{2}\pi rc^2$.

Tout ce qui concerne les poussées horizontale et circulaire se traitera évidemment comme pour les dômes sphériques et en appliquant seulement la valeur de Q qui convient au profil ogival des berceaux droits (n° 30).

Quant au volume du dôme, on l'établira de la manière suivante. L'expression dv d'une différentielle de la section et la distance x_i de son centre de gravité G à l'axe vertical PO, passant par le centre du cercle d'intrados, seront les mêmes qu'au n° 94 ; mais la distance GI du centre de gravité à l'axe de rotation DB sera seulement égale à PG — OB ou bien à $x_i - r \sin \beta$, β étant l'inclinaison du joint de sommet. Le chemin décrit par le centre de gravité de la section différentielle sera donc égal à $2 \pi (x_i - r \sin \beta)$. Par suite, le volume d'une couronne différentielle a pour expression :

$$dV = \frac{2}{3} \pi (\rho^3 - r^3) \sin \alpha \, d\alpha - \pi r \sin \beta (\rho^2 - r^2) d\alpha.$$

Dans cette expression, $\sin \beta$, qui dépend de la forme adoptée pour l'intrados, est une constante, et après avoir remplacé ρ par sa valeur, on doit intégrer, depuis $\alpha = \beta$, jusqu'à la valeur de α qui correspond au joint extrême inférieur. Par suite, le volume du dôme, non compris la surcharge du sommet, et compté jusqu'au joint conique, qui fait un angle quelconque α avec la verticale, a pour expression générale :

Fig. 49.

$$V = 2\pi \left\{ cr^2 \left(\log\frac{1}{\cos\alpha} - \log\frac{1}{\cos\beta} \right) + c^2 r \left(\frac{1}{\cos\alpha} - \frac{1}{\cos\beta} \right) + \frac{c^3}{6} \left(\operatorname{tg}^2\alpha - \operatorname{tg}^2\beta \right) \right\}$$
$$- \pi \sin\beta \left\{ cr^2 \left(\log\frac{1+\sin\alpha}{1-\sin\alpha} - \log\frac{1+\sin\beta}{1-\sin\beta} \right) + c^2 r \left(\operatorname{tg}\alpha - \operatorname{tg}\beta \right) \right\}.$$

Les diverses valeurs des coefficients en α et β se trouveront toutes calculées dans la table I. Quand le profil est décrit avec une ogive tiers-point, et que d'ailleurs le joint extrême correspond à $\alpha = 60°$, l'expression précédente se réduit à la forme pratique :

$$V = cr^2 \times 1.039,747 + c^2 r \times 4.576,066 + c^3 \times 2.792,533.$$

98. Les dômes sont toujours surmontés d'une construction de forme arbitraire, à laquelle on donne ordinairement le profil d'un pavillon circulaire et que l'on désigne sous le nom de *lanterne*.

Le plus souvent, cette surcharge est assez peu importante pour qu'on n'y ait point égard dans l'établissement de l'équilibre du dôme, les résistances accessoires spécifiées au n° 93 suffisant pour faire face à un léger excès des forces agissantes. Toutefois, rien ne serait plus facile que de faire entrer cette considération dans le calcul. Soit Π le poids total de la lanterne, lequel sera toujours connu à l'avance, il suffira, pour que l'équilibre ne soit aucunement troublé, que la calotte sphérique enlevée, et qui fait place à la lanterne, ait un poids précisément égal à Π, ou, si M désigne toujours la densité des maçonneries, un volume égal à :

$$V = \frac{\Pi}{M} ; \qquad\qquad (1)$$

Et l'on saura toujours déterminer le joint auquel devra s'arréter la calotte, pour que son volume, calculé au moyen d'une des formules précédentes prenne précisément la valeur V donnée par l'équation (1).

Si le dôme avait un intrados ogival, on devrait, suivant le n° 97, appliquer à son sommet une surcharge $\dfrac{M}{2}\pi rc'$, sans supprimer aucune portion de calotte. Si donc Π désignait le poids d'une lanterne ou de tout autre couronnement surmontant un pareil dôme, le volume de la calotte qui pourrait être supprimé serait réglé par la condition :

$$V = \frac{\Pi}{M} - \frac{\pi\,rc'}{2}. \qquad (2)$$

Cette équation montre que les dômes à profil ogival sont plus propres que tous les autres à supporter sur leur sommet une lanterne ou une flèche d'un poids considérable. Une semblable disposition pourrait rencontrer de fréquentes applications dans l'établissement de monuments d'un ordre secondaire, tels que, par exemple, des fontaines publiques, des clochers d'église, etc.

99. Les pieds-droits circulaires qui supportent un dôme ont reçu le nom de *tambour*. Leur établissement ne peut présenter aucune difficulté, d'après ce qui a été exposé ci-dessus.

Si le dôme se partageait en onglets, comme on l'a supposé d'abord, pour régler son établissement dans l'hypothèse la plus défavorable, et qu'en même temps le tambour se partageât, suivant les mêmes plans méridiens, en autant de secteurs infiniment petits, chacun de ces derniers devrait être considéré comme le pied-droit d'une voûte circulaire représentée par un des onglets du dôme : conséquemment, le profil du tambour serait celui du pied-droit de la voûte, comme le profil du dôme est celui de la voûte même.

Mais, ainsi qu'on l'a vu, la poussée du dôme, suivant les rayons du cercle de base, sera toujours considérablement réduite par l'effet des résistances accessoires du frottement, de l'adhérence et de la dureté des matériaux ; cette poussée pourra même, et devra être complétement annulée par des moyens de consolidation parfaitement admissibles dans une saine pratique. Alors, le tambour n'aura point à remplir d'autre office que de soutenir le poids du dôme et son propre poids : toute l'étude de son établissement se réduira à examiner si la base du tambour offre, en raison de sa surface et de l'espèce des matériaux, une résistance pratique à l'écrasement, qui réponde au poids cumulé de ce tambour même et du dôme. Cette vérification était la seule à faire pour le dôme du Panthéon français, qui, comme on sait, n'a point éprouvé d'autre accident que celui de l'écrasement des pieds-droits.

Les procédés qui peuvent servir à annuler la poussée horizontale dans les dômes et dans les tambours ne se bornent point à l'application de ceintures sur la surface extérieure : il semble même que cette disposition devrait être réservée pour les consolidations faites après coup. On pourrait substituer aux ceintures plusieurs autres systèmes tout aussi efficaces, quoique moins coûteux et plus commodes dans la pratique, dont on indiquera quelques-uns. Ce serait, par exemple, un cercle en fer plat goujonné ou simplement encastré dans toutes les faces horizontales d'un même rang de voussoirs, ou bien des attaches ordinaires d'une pierre à l'autre, ou bien de simples goujons, de petite longueur, implantés avec mortier dans les joints verticaux de deux voussoirs consécutifs, de manière à former tenon entre eux

ces goujons peuvent être indifféremment en fer ou en chêne
sec, sans qu'il y ait, dans ce dernier cas, à craindre pour
leur durée, ainsi que le montrent de semblables tenons re-
trouvés parfaitement sains dans les constructions romaines
et égyptiennes. On pourrait enfin rendre les voussoirs d'un
même rang circulaire solidaires entre eux, au moyen d'un
artifice quelconque d'appareil qui appliquerait à l'office
voulu la résistance transverse des voussoirs ; mais, de tous
les procédés indiqués, celui-ci serait probablement le plus
coûteux et le plus sujet à mécomptes.

100. Il n'a été question jusqu'ici que des dômes dont l'intrados est une surface de révolution, parce que ce sont à
peu près les seuls qui soient usités, du moins sur de grandes
dimensions. Toutefois, il est bon de remarquer qu'on peut
aussi avoir à établir des *dômes dits en cul de four*, dont la
base n'est pas circulaire et dont l'intrados est une surface
courbe assujettie à une génération donnée. On ne peut, naturellement, rien dire de général sur ces sortes de constructions. Dans chaque cas particulier, le constructeur aura à
arrêter lui-même un mode d'établissement, en s'appuyant
plus ou moins sur ce qui a été dit ci-dessus des dômes ordinaires. Par exemple, si la voûte considérée peut être partagée en onglets symétriques au moyen de plans verticaux qui
passent par son axe vertical, on regardera chacun de ces
onglets comme appartenant à un berceau droit tronqué sur
ses deux têtes, ce qui donnera, et le profil d'équilibre, et
la valeur de la poussée horizontale, au droit de chaque onglet : de là, la figure de l'extrados, qui sera réglée par
zones successives, et la tension des ceintures, qui variera
d'un point à un autre, mais dont on aura aisément le maximum ou le minimum.

Les voûtes en cul de four ne se construisent jamais que

sur d'assez petites dimensions, en sorte que les résistances accessoires sont très-prédominantes par rapport aux poussées et suffisent ordinairement pour parer à des défauts d'équilibre. Aussi, l'établissement de ces sortes de voûtes ne se fait qu'à peu près, et, selon toute apparence, il ne se fera jamais autrement.

101. Une des applications les plus fréquentes de l'établissement des dômes est celle des *niches sphériques*, qui sont formées de la moitié d'un dôme coupé suivant un plan méridien vertical : ce plan est le plan de la tête de la niche, dont l'extrados d'ailleurs est ordinairement noyé dans un massif de maçonnerie.

Il est aisé de se rendre compte, d'après ce qui a été exposé au n° 93, du genre et de l'étendue des actions qui peuvent s'établir dans une semblable construction.

De même que dans le dôme dont elle est une moitié, l'équilibre pourrait s'établir dans la niche de deux manières distinctes. En premier lieu, elle se diviserait en onglets dont chacun exercerait, tant à la base qu'au sommet, une poussée horizontale dirigée suivant l'axe de l'onglet et dont l'intensité serait $Qrd\omega$. Or si ω est l'angle formé par l'axe de l'onglet avec le rayon $o'o''$ perpendiculaire à la tête, on voit que chacune des poussées pourra être decomposée au sommet D en deux forces, l'une parallèle à la tête qui se trouvera toujours détruite par la composante d'une poussée symétrique, l'autre perpendiculaire à la tête et dont l'intensité sera égale à $Qr \cos \omega d\omega$. La somme de ces actions différentielles, prise pour toute l'étendue de la niche, sera égale à $2Qr$: telle est la tension du tirant unique qu'il faudrait appliquer au sommet D, perpendiculairement à la tête, pour faire équilibre à la poussée de la niche, dans l'hypothèse de sa division en onglets. En second lieu, si l'on conçoit que

Fig. 50.

l'équilibre s'établisse circulairement dans chaque rang horizontal de voussoirs, un de ces rangs mm' interceptant un
angle très-petit mom', représenté par dz, sera animé d'une
pression circulaire qui exercera sur le plan de tête une
pression perpendiculaire d'une intensité $Qrdz$. Faisant la
somme de toutes ces actions différentielles, on voit que la
poussée qui agit d'une manière continue sur tout le contour
de la niche ADB, et dans la direction perpendiculaire $o'o''$, a
pour valeur totale πQr : telle serait la somme des tensions
des tirants qu'il faudrait répartir autour du demi-cercle de
tête ADB et perpendiculairement au plan de tête, pour assurer l'équilibre dans l'hypothèse de la pression circulaire.

Ainsi, *la poussée totale que peut éprouver la tête d'une
niche sphérique, dans une direction perpendiculaire à son
plan, reste nécessairement comprise entre* 3.14 Qr *et* 2 Qr, r
étant le rayon de la niche et Q *la poussée horizontale due à
son profil d'équilibre, considéré comme appartenant à un
berceau droit.*

Cette poussée sera toujours considérablement atténuée
par les résistances accessoires, qui jouent ici le même rôle
que dans les dômes, et cela d'autant plus que la tête de la
niche supporte presque toujours la charge d'un mur qui
concourt énergiquement à accroître la résistance au déplacement des voussoirs. On pourrait d'ailleurs ajouter encore
à ces résistances naturelles par l'un des procédés indiqués au
n° 99, ou par tout autre analogue.

La combinaison la plus efficace pour assurer la stabilité
d'un hémicycle, ou d'une niche de grande dimension consiste à la prolonger par une voûte en berceau dont l'intrados
est décrit du même rayon que la niche même. La résistance
est alors continue comme l'action et peut être regardée
comme indéfinie, puisqu'elle n'a pour limite que le dépla-

cement du berceau tout entier dans le sens de sa longueur. Si, comme cela a lieu dans un pareil cas, l'extrados de la niche doit être à nu, on pourra y annuler la poussée, comme il a été dit précédemment, en rendant cette niche solidaire du berceau.

La disposition que l'on vient d'indiquer a été fréquemment et heureusement appliquée dans la construction de quelques églises modernes.

102. Si une niche, au lieu d'avoir un intrados sphérique, avait tout autre intrados en surface de révolution ou en surface courbe quelconque, on conclurait toujours son établissement de celui du dôme dont elle dérive, conformément à ce qui a été exposé aux nᵒˢ 95, 96, 97 et 100. Quant à l'établissement de leurs pieds-droits ou demi-tambours, il résultera toujours de ce qui a été indiqué au nᵒ 99.

ARTICLE IX.

Des voûtes en arc de cloître et des voûtes d'arête.

103. Il ne peut pas être besoin de donner ici la définition des voûtes en arc de cloître et des voûtes d'arête; il suffira de distinguer en quelques mots ces deux systèmes, qui sont, pour ainsi dire, inverses l'un de l'autre.

Fig. 51.

Si un même espace quadrangulaire ABCD est recouvert, soit par une voûte en arc de cloître, soit par une voûte d'arête, dans le premier cas, l'une des surfaces cylindriques d'intrados projetée en AOB, par exemple, aura ses arêtes parallèles à la face AB, les arêtes de rencontre AO, BO se

profileront en creux et le mur AB devra être conservé tout
entier, pour former pied-droit ; dans le second cas, la portion d'intrados cylindrique AOB aura ses arêtes perpendicu-
laires à la face AB, les arêtes de rencontre AO, BO se profileront en saillie et le mur sera supprimé dans tout l'intervalle AB, les piliers AM, BN servant seuls de pieds-droits
à la voûte sur la face AB. Les différences sont les mêmes dans
les trois autres espaces triangulaires AOD, DOC, COB.

D'ailleurs, l'une ou l'autre espèce de voûte peut recouvrir
un espace polygonal autre qu'un rectangle : dans le cas de la
voûte en arc de cloître, le mur formant pied-droit est continu sur tout le contour du polygone ; dans le cas de la voûte
d'arête, il reste seulement un pilier à chaque angle de polygone, et d'un pilier à l'autre règne une tête de berceau
droit. On trouve à cet égard des exemples très-variés dans
les édifices du style sarrazin, où les entre-croisements de
voûtes sont accusés par des nervures d'une élégance remarquable (*).

104. L'établissement de la voûte en arc de cloître sera
tout à fait analogue à celui du dôme, que l'on peut considérer comme une voûte en arc de cloître d'un nombre infini
de côtés.

Supposons qu'une voûte en arc de cloître, ayant pour base
un polygone régulier, soit partagée par des plans verticaux
suivant chaque arête, en autant d'onglets qu'il y a de côtés
dans le polygone de base. Si l'on regarde l'adhérence et la
résistance transverse des matériaux comme nuls, chacun de
ces onglets devra se maintenir en équilibre séparément et

Fig. 52.

(*) Dans l'église de Notre-Dame-des-Fleurs à Florence, la partie centrale
de la nef est couverte par une voûte en arc de cloître octogone de 42^m.00 de
diamètre.

exercer, tant au sommet qu'à la base, une poussée horizontale totale G, qui soit constante sur un joint horizontal quelconque dudit onglet. Soit maintenant d la longueur AB d'un côté du polygone de base et Q la poussée horizontale qu'il supporte, rapportée à l'unité de longueur, il faut que $G = Qd$; de même, si l'on considère un joint quelconque mn, déterminé par le plan de joint qui fait un angle α avec la verticale, sa longueur est seulement $d \sin \alpha$, et la poussée horizontale q qu'il supporte, rapportée à l'unité de longueur est telle que $G = qd \sin \alpha$: d'où $q = \dfrac{Q}{\sin \alpha}$, résultat conforme à la formule (1) du n° 93.

La voûte complète, résultant de la réunion de tous les onglets égaux à AOB, sera elle-même en équilibre, si chaque onglet a été établi suivant le profil d'équilibre du berceau droit de même intrados.

Si l'on enlevait la portion mOn dans chaque onglet, l'équilibre ne pourrait subsister, à moins que le joint mn ne fût rendu parfaitement rigide. Mais, cette condition étant remplie, chacun de ces joints recevrait de la partie inférieure une réaction totale $\dfrac{Q}{\sin \alpha} \times d \sin \alpha$ ou Qd, laquelle serait constante, quelle que fût la position du joint. Dans cet état, chaque joint rigide mn s'appuierait à ses deux extrémités sur l'arête OB, OA, etc., avec une énergie égale à $\dfrac{Qd}{2}$, ce qui ferait naître dans ladite arête, à laquelle aboutissent deux côtés, une pression égale à $2\dfrac{Qd}{2} \cos \omega$, ω étant le demi-angle au centre du polygone. Mais, si R' représente le rayon du cercle circonscrit OA, R le rayon du cercle in-

scrit oc, on a $\cos \omega = \dfrac{R}{R'}$, conséquemment, la poussée horizontale exercée suivant l'arête OA, par les deux joints mn,
nm qui s'y coupent en m, a pour valeur :

$$F = Qd\frac{R}{R'}.\qquad(1)$$

Il résulte de là, ainsi qu'on l'a démontré au n° 3, que la
pression t, supportée par chaque joint mn dans le sens de sa
longueur, est égale à $F\dfrac{R}{d}$, d'où :

$$t = QR.\qquad(2)$$

Ainsi, *quelle que soit la hauteur du joint horizontal à
partir duquel on enlève la partie supérieure d'une voûte en
arc de cloître : 1° la poussée horizontale qui s'établit suivant
chaque arête est constante et ne dépend que du profil de la voûte
et de la figure du polygone de base ; 2° la pression qui s'établit
suivant chaque joint supérieur est constante aussi et égale au
produit du rayon du cercle inscrit au polygone de base, par
la poussée horizontale résultant du profil d'équilibre de la
voûte.*

Ces résultats, complétement analogues à ceux qu'on a obtenus pour les dômes, montrent que la stabilité des voûtes
en arc de cloître peut, jusqu'à un certain point, s'établir
de deux manières distinctes, c'est-à-dire par poussée suivant les onglets que limitent les arêtes, ou par poussée suivant les joints horizontaux. L'état naturel d'équilibre participe nécessairement de ces deux modes de stabilité, et il se
trouve puissamment favorisé, soit par l'adhésion des matériaux entre eux, soit par la résistance des chaînes d'arête,

qui empêche la division en onglets. Une ceinture, étreignant la voûte suivant le contour du polygone de base, et dont la tension serait égale à Qr, suffirait pour annuler la poussée à chaque angle du pied-droit, mais pourvu que sur la longueur d'un côté du polygone, chaque partie de pied-droit fût rigide : il faudrait donc, pour obtenir cette condition et rendre la ceinture complétement efficace que, d'un angle à l'autre du pied-droit, on prévînt la flexion de la maçonnerie au moyen d'une ferme en fer posée horizontalement et reliée à ses deux extrémités avec les articulations de la ceinture, ou par tout autre système dont la résistance serait suffisante dans la circonstance considérée. Un tel système sera toujours très-facile à établir, si l'on considère qu'il fonctionne rigoureusement comme une pièce posée sur deux appuis et qui supporte perpendiculairement à sa longueur une charge totale Qd, uniformément distribuée.

La poussée étant détruite dans les voûtes en arc de cloître, soit par les résistances accessoires dues à la nature des matériaux, soit par un procédé quelconque de consolidation, l'établissement des pieds-droits ne comportera plus que la vérification de leur résistance à l'écrasement.

105. Lorsque les voûtes en arc de cloître ont un intrados circulaire, on obtient facilement leur volume, en suivant la même marche que pour les voûtes en dôme (n° 94).

Fig. 52.

La section d'un voussoir différentiel a encore pour expression $dv = \frac{1}{2}(\rho^2 - r^2)\, d\alpha$, et la distance de son centre de gravité à l'axe vertical mené par le centre O du polygone est $x_i = \frac{2}{3} \frac{\rho^3 - r^3}{\rho^2 - r^2} \sin v\, d\alpha$. Le volume engendré par la section dv, dans l'un des onglets AOB, est égal au produit de cette section par le chemin que parcourt son centre de gravité, d'une arête AO à l'arête voisine BO, et cette dernière distance est elle-même $x, \dfrac{d}{R}$, comme il est aisé de le voir, R désignant toujours le rayon du cercle inscrit et d le côté du polygone. On aura donc pour expression d'un voussoir différentiel, dans l'étendue d'un onglet :

$$dv \times x, \frac{d}{R} = \frac{d}{R} \frac{1}{3} (\rho^3 - r^3) \sin \alpha \, d\alpha,$$

et pour le volume du même voussoir différentiel, dans toute l'étendue des n onglets qui composent la voûte :

$$d\,V = \frac{nd}{R} \left\{ cr^2 \frac{\sin \alpha \, d\alpha}{\cos \alpha} + c^2 r \frac{\sin \alpha \, d\alpha}{\cos^2 \alpha} + \frac{c^3}{3} \frac{\sin \alpha \, d\alpha}{\cos^3 \alpha} \right\},$$

d'où l'on tirera pour le volume de la voûte en arc de cloître, jusqu'au joint qui fait un angle quelconque α avec la verticale :

$$V = \frac{nd}{R} \left\{ cr^2 \log \frac{1}{\cos \alpha} + c^2 r \left(\frac{1}{\cos \alpha} - 1 \right) + \frac{c^3}{6} \tan^2 \alpha \right\} . \quad (1)$$

Cette formule est exactement conforme à celle du n° 94, si ce n'est que le facteur $\dfrac{nd}{R}$ remplace le facteur 2π, soit $\dfrac{2\pi r}{r}$, ou, en d'autres termes, que le contour du polygone remplace le contour du cercle. Les formules analogues des n°⁵ 96 et 97 pourront également être étendues aux voûtes en arc de cloître, pourvu qu'on y remplace seulement 2π par $\dfrac{nd}{R}$.

Quand la voûte se projette sur un carré dont le côté est

$2r$ et que d'ailleurs le joint extrême correspond à $\alpha = 60°$, la formule (1) ci-dessus se réduit à :

$$V = cr^2 \times 5.545,176 + c^2 r \times 8 + c^3 \times 4. \qquad \text{(1 bis)}$$

106. Les voûtes en arc de cloître, à cause de leur analogie avec les dômes, se prêtent à recevoir des lanternes ou autres surcharges. Les calculs d'établissement y relatifs se feront très-aisément au moyen des résultats ci-dessus et ainsi qu'il est indiqué au n° 98.

Elles peuvent aussi donner lieu à des niches ou trompes, par une section verticale faite, soit perpendiculairement à deux côtés opposés du polygone de base, soit suivant une arête même. Dans l'un ou l'autre cas, on déterminera facilement, en raisonnant comme au n° 101, l'action totale qui peut s'exercer soit au sommet, soit sur le contour de la tête. Dans l'un et l'autre cas aussi, ces actions seront contre-balancées, soit par les résistances naturelles du frottement, de l'adhérence et de la force transverse des matériaux, soit par les systèmes de consolidation qu'on y ajouterait au besoin.

En adoptant, pour profil intérieur d'une voûte en arc de cloître quadrangulaire, la branche de courbe définie au n° 96, on obtiendrait à l'extérieur, un donjon à coupe circulaire, dans le genre de ceux qui couronnent les palais des Tuileries, du Louvre, etc.

Parmi les combinaisons si variées des voûtes en arc de cloître qu'on remarque dans les édifices du style sarrasin, il en est une assez fréquente et qui doit être signalée ici, à cause de l'économie qu'elle procure dans l'exécution, tout en ajoutant à l'élégance du profil. Voici en quoi elle consiste.

Chaque arête de la voûte est formée d'une chaîne en pierre de taille, le plus souvent profilée en nervure, et sur laquelle s'appuient les parties moyennes des deux onglets adjacents. Celles-ci ont une surface d'intrados qui, au lieu d'être engendrée par une arête droite, l'est par un arc de cercle aplati, dont la génératrice droite serait la corde. Les chaînes d'arête deviennent ainsi les bases d'appui d'autant de petites voûtes qu'il y a d'onglets; celles-ci ne sont pour ainsi dire qu'un remplissage et la voûte en arc de cloître proprement dite se trouve réduite à l'ensemble de ses chaînes d'arête; tout est semblable, en un mot, à un comble de même forme en charpente, dont les intervalles des arêtiers seraient remplis en maçonnerie légère, *bandée* de l'un à l'autre. On pourra arriver à l'établissement d'une voûte de cette espèce, au moyen des principes exposés ci-dessus, tant au sujet des voûtes en berceau qu'au sujet des voûtes en arc de cloître mêmes.

Ayant fixé le rayon de courbure ρ et l'épaisseur d'une des petites voûtes établies dans chaque onglet, on aura la valeur de sa poussée horizontale χ :

$$\chi = \frac{M}{2}(2\rho\gamma + \gamma^2). \tag{1}$$

Par suite, ainsi qu'on l'a vu au n° 104, et en conservant la même notation, on voit que chaque chaîne d'arête éprouvera une poussée horizontale totale égale à :

$$F = \chi d \frac{R}{R'}. \tag{2}$$

Si donc on désigne par Q la poussée horizontale, rapportée à l'unité de longueur, par λ l'épaisseur d'une chaîne, laquelle épaisseur est ici la longueur du berceau droit auquel cette chaîne est assimilée , il faudra , pour l'équilibre , que l'on ait :

$$Q\lambda = \chi d\,\frac{R}{R'}.$$

Mais , r désignant le rayon d'intrados de la voûte en arc de cloître , lequel est celui de l'intrados des chaînes , c leur épaisseur à la clef , on aura aussi , comme on sait , en donnant à ces chaînes le profil d'équilibre du berceau droit ·

$$Q = \frac{M}{2}\,(2cr + c').$$

'La condition d'équilibre pratique deviendra donc enfin :

$$\lambda\,(2cr + c') = d\,\frac{R}{R'}\,(2\rho\gamma + \gamma^2). \qquad (3)$$

Dans le second membre , tout est déterminé et l'on pourra toujours disposer des indéterminées λ, c, c'est-à-dire de l'épaisseur vue et de l'épaisseur verticale de la chaîne, de manière à satisfaire à la condition (3).

Malgré cette sorte de division de la voûte en caissons, les résistances naturelles des matériaux ajouteront à la stabilité, comme dans les voûtes en arc de cloître ordinaires. Il est évident, par exemple, que les voûtes en berceau à axe courbe, qui remplissent les intervalles entre les chaînes d'arête prendront une certaine poussée dans le sens de leur longueur et soulageront d'autant les chaînes elles-mêmes. D'ailleurs, on pourra encore ici user des procédés accessoires de consolidation dont il a été question au n° 104 et précédemment au n° 99.

107. La combinaison que l'on vient d'examiner et qui a pour résultat de reporter la charge totale d'une voûte sur un certain nombre de chaînes, peut être appliquée avec avantage aux voûtes en dôme, et même aux berceaux droits. Dans la dernière hypothèse, elle permettrait de réaliser d'énormes économies pour l'établissement des voûtes d'une très-grande ouverture et qui comportent forcément un appareil en pierre de taille (n° 58). On se bornerait, au lieu de construire la voûte d'un pont, par exemple, sur toute la largeur donnée entre têtes, à établir deux ou trois voûtes isolées de petite épaisseur et dont l'écartement serait radicalement empêché par un certain nombre de tirants établis à la partie supérieure et perpendiculairement aux plans de tête; puis, l'intervalle, ou les deux intervalles, entre ces voûtes isolées serait rempli par un ou deux berceaux en menus matériaux, établis dans le sens de la longueur du pont, et dont la poussée serait directement annulée par la résistance des tirants, sans rien emprunter à la stabilité propre des grandes voûtes, formant pieds-droits des petites voûtes longitudinales. Nous pensons qu'un pareil procédé d'économie, dont il existe déjà des exemples, est infiniment préférable à des évidements dans le profil vertical de la voûte, ainsi que l'avait imaginé Perronnet, pour l'établissement d'une grande arche en pierre sur la Seine à Melun.

108. Les *voûtes d'arête* ne sauraient être, comme les voûtes en arc de cloître, partagées en secteurs qui doivent se maintenir séparément en équilibre. Ici, au contraire, chaque portion de voûte ne peut se soutenir qu'en s'appuyant sur les deux portions voisines, comme un berceau sur ses culées; toute la poussée se trouve composée dans le sens de la longueur de chaque arête et transmise intégralement à chaque pilier, dans le sens de la diagonale de sa base.

Fig. 52.

Considérons d'abord une voûte d'arête, projetée sur un carré ABCD, et dont l'intrados est décrit d'un rayon r égal à la demi-longueur d'un côté. Supposons que le profil des quatre berceaux droits tronqués AOB, AOC, etc., soit celui d'équilibre. Le berceau AOB exercera, tant en m' qu'en m'' et dans le sens de la ligne m' m'', une certaine poussée horizontale Q rapportée à l'unité de longueur et qu'on sait calculer. La poussée Q, comme on sait, est constante, quelle que soit la position des points m', m'' correspondant à un joint quelconque m de l'intrados. Pour toute l'étendue du berceau tronqué AOB, la poussée horizontale totale sera donc Qr, attendu que OG=AG=r. L'arête AO recevra toute cette poussée, laquelle sera distribuée uniformément sur la longueur AO et dirigée parallèlement à AB ; mais la même arête AO recevra, du berceau tronqué AOC une poussée horizontale d'égale intensité Qr et dirigée parallèlement à AC. Conséquemment, on aura pour la *poussée horizontale totale dans le sens d'une arête* :

$$t = Qr\sqrt{2}. \qquad (1)$$

Fig. 53.

Quant au volume de la voûte, voici comment on pourra l'obtenir : Considérant, dans le berceau tronqué AOB, une section faite suivant le plan vertical quelconque m' m'', qui répond à l'angle de joint α, et désignant par u la superficie variable de cette section ; désignant de plus par z la distance OK du plan de la section au centre de la voûte, la différentielle du volume V d'un des quarts de la voûte aura pour expression :

$$dV = u\,dz ;$$

mais la valeur de u, c'est-à-dire la section du berceau sur toute l'étendue $m'\ m''$ est le double de celle qui résulte de la formule (1) du n° 24, d'où :

$$u = cr \log \frac{1 + \sin \alpha}{1 - \sin \alpha} + c' \tang \alpha. \qquad (2)$$

D'ailleurs, $z = OK = im = r \sin \alpha$, d'où :

$$dz = r \cos \alpha d\alpha ,$$

et par suite :

$$dV = cr \left\{ \log \frac{1 + \sin \alpha}{1 - \sin \alpha} \cos \alpha d\alpha + c \sin \alpha d\alpha \right\} .$$

En intégrant et remarquant que $V = 0$ quand $\alpha = 0$, on trouve pour *volume d'une voûte d'arête à intrados circulaire et projetée sur un carré, jusqu'au joint qui fait l'angle α avec la verticale :*

$$4V = 4cr \left\{ r \sin \alpha \log \frac{1 + \sin \alpha}{1 - \sin \alpha} - 2r \log \frac{1}{\cos \alpha} + c(1 - \cos \alpha) \right\} (3)$$

ou *quand le joint extrême correspond à $\alpha = 60°$:*

$$4\,V = cr^2 \times 3.578,968 + c'r \times 2.00. \qquad (3\ bis)$$

Dans le même cas de $\alpha = 60°$, les valeurs de u, formule (2), sont données (n° 67) par la formule pratique :

$$u = cr \times 2.633,913 + c' \times 1.732,050. \qquad (2\ bis)$$

On pourra toujours conclure, des formules (2 *bis*) et (3 *bis*) ou (2) et (3), le volume jusqu'au joint extrême, y compris les parties de berceau droit qui règnent dans la longueur et dans la largeur des pieds-droits ; on y ajoutera le volume des parties inférieures formant culées , et l'on arrivera ainsi au volume total jusqu'aux naissances. Connaissant le poids total de la voûte, MW, d'où celui que supporte chaque pilier, $\frac{MW}{4}$, et la poussée horizontale t appliquée au sommet du même pilier, on fera facilement son établissement, par la méthode indiquée aux n°s 37 et suivants. On remarquera seulement qu'ici le pilier est sollicité suivant sa diagonale OL et tend à se renverser en tournant autour d'une ligne ST perpendiculaire à OL.

109. Dans le cas, assez rare du reste, où la voûte d'arête, au lieu de se projeter sur un espace carré, se projetterait sur un polygone régulier, on pourrait, en s'appuyant sur ce qui vient d'être dit et tout aussi facilement que pour les arcs de cloître , trouver la poussée suivant chaque arête.

Quelle que soit la disposition d'une voûte d'arête, on voit toujours qu'elle n'exerce aucune poussée sur ses têtes , mais que la poussée de ses piliers ne saurait être annulée que par des tirants nécessairement visibles, et qu'il faudrait établir, soit d'une naissance à l'autre sur chaque tête, soit suivant la diagonale commune de deux piliers opposés. Cet inconvénient de ne se point prêter à des moyens de consolidation accessoire, et celui de reporter toute la charge de la voûte sur des pieds-droits isolés, font que les voûtes d'arête offrent peu d'avantage sous le rapport de l'économie et ne sont guère usitées dans la pratique commune. Il y a exception toutefois en faveur des voûtes dites *à l'impériale*, lesquelles, construites très-légèrement , et d'ailleurs avec des briques à crochets et du plâtre , qui annulent presque absolument la poussée, déclinent l'un et l'autre inconvénient que l'on vient de signaler.

Les voûtes d'arête se prêtent d'ailleurs à la combinaison économique indiquée aux n°s 106 et 107. On peut établir des chaines en pierre de taille, tant suivant les arcs de tête, que suivant les arêtes de rencontre des intrados cylindriques, puis compléter ces intrados en menus matériaux. La plus part des voûtes d'arête, qu'on remarque dans les constructions postérieures au 15° siècle, sont établies suivant ce système, qui, par l'alliance de la pierre blanche et de la brique, produit un effet agréable à l'œil.

<hr>

ARTICLE X.

De quelques voûtes d'une espèce particulière.

110. Les principes qu'on a essayé d'établir jusqu'ici répondront à tous les cas qui peuvent se présenter dans la pratique commune, en exceptant, bien entendu, les constructions d'un ordre assez élevé pour mériter une étude spéciale et approfondie : l'ingénieur chargé d'une pareille responsabilité arrêtera lui-même les bases et tous les développements des calculs d'établissement qui lui sont confiés.

On fera la même réserve au sujet de quelques autres ouvrages dont l'établissement se rattache, plus ou moins directement, à celui des voûtes et qui vont faire l'objet du présent article. On se bornera d'ailleurs à les énumérer rapidement, en indiquant en un mot comment on pourrait vérifier leur stabilité pratique.

111. Il sera question d'abord des *radiers* en voûte ren-

versée, dont l'usage est si fréquent dans les travaux hydrauliques.

Lorsqu'un radier est motivé, il résiste à la sous-pression d'une nappe d'eau ou d'un terrain délayé, qui se comporte sensiblement comme un fluide. Attendu que la flèche de courbure du radier est toujours faible et que la hauteur due de la sous-pression est ordinairement assez considérable, on peut regarder l'action de cette sous-pression comme constante dans l'étendue de la voûte considérée, et d'ailleurs comme s'exerçant normalement à cette voûte, parce que la pression provient d'un fluide : il en résulte (n° 3) que *la figure d'équilibre des radiers est celle d'un arc de cercle à petite flèche.*

Si la hauteur due de la sous-pression ne pouvait pas être regardée comme indéfinie, la figure de l'arc d'équilibre, du moins dans le voisinage du sommet, différerait très-peu d'un arc de cercle, et la conclusion ci-dessus subsisterait.

112. On arrive à une conséquence analogue, à l'égard des *voûtes de souterrain*, qui sont enveloppées de toutes parts par une masse de terrain fluide et homogène, d'une étendue sensiblement indéfinie, telle que certaines couches d'argile, de sable bouillant, etc.

Si la pression peut pratiquement être considérée comme constante et normale au contour de la voûte, si d'ailleurs cette pression est assez considérable pour que le poids propre de la voûte soit relativement négligeable, il résulte de ce qui a été démontré au n° 3, que *la figure d'équilibre est un cercle complet : la voûte supporte partout la même pression circulaire et doit être extradossée d'égale épaisseur.*

La plus part des voûtes de souterrain sont en effet extradossées d'égale épaisseur. Mais, afin de donner une forme plus convenable au passage, on ne conserve la forme circulaire de la voûte que dans la partie située au-dessus de la plus grande largeur d'une part, et d'autre part, dans la partie inférieure formant radier ; puis on réunit ces deux portions de voûtes opposées, qui peuvent évidemment avoir des rayons différents, par des pieds-droits verticaux ou inclinés ; mais alors ces pieds-droits doivent offrir une résistance transversale qui suffise pour s'opposer à la courbure que tend à leur donner la pression continue du terrain. Souvent aussi la voûte d'un souterrain offre à l'intérieur un profil généralement courbe, et décrit avec des rayons différents, de manière à donner à ce profil la forme d'*un œuf, le gros bout en bas.* Il est évident qu'une telle voûte ne pourrait être considérée rigoureusement comme en équilibre, que si la pression du terrain variait en raison inverse du rayon de courbure de l'intrados (n° 4). Mais aussi, dans cet état d'équilibre rigoureux, la voûte n'éprouverait qu'une simple pression toujours dirigée dans le sens de la tangente à la courbe décrivante du profil, et l'adhésion des matériaux ne jouerait aucun rôle Or, dans la réalité, si le profil s'éloigne un peu de celui d'équilibre et tend à y revenir en vertu de la pression normale qu'il supporte, l'adhésion des matériaux s'oppose suffisamment au déplacement transversal des voussoirs et conséquemment à tout changement de figure. En somme, ce profil paraît encore être celui qui, dans la circonstance, se rapproche le plus des conditions mathématiques de l'équilibre.

L'établissement des souterrains peut encore présenter une autre circonstance tranchée et qui détermine logiquement le profil le plus convenable pour l'équilibre. Si le terrain offre, jusqu'à une certaine hauteur, différents bancs de roches, tels que craie, crayon, caillasses, etc., qui peuvent être tranchées et se soutenir d'aplomb, mais qui, se délitant à l'air et à l'humidité, doivent être revêtues en maçonnerie, si, en même temps, cette stratification compacte est recouverte d'une couche argileuse ou sableuse, se comportant à la manière des fluides ; il est bien évident qu'alors, la forme de voûte imposée par la nature même est celle d'une voûte en arc de cercle sur pieds-droits. Dans ces conditions, le profil de la voûte ne tendra aucunement à se déformer ; sa poussée se trouvera annulée par la résistance des bancs compacts, au sommet même des pieds-droits, et ceux-ci, n'éprouvant qu'une pression rigoureusement verticale, n'auront à résister qu'à un simple écrasement.

Les considérations que l'on vient d'effleurer, sur les voûtes en souterrain, n'abordent que sous une seule face leur établissement, qui offre, comme on sait, des circonstances et des difficultés si variées. Il faut, à ce sujet, recourir au traité de constructions hydrauliques de M. Minard ; dans lequel on trouvera des préceptes aussi généraux qu'infaillibles et des renseignements précieux sur les grands travaux de cette espèce exécutés jusqu'à ce jour (*).

113. Les voûtes d'*aqueducs* et les *conduites* doivent être établies suivant des principes semblables à ceux qu'on a rappelés dans les n⁰ˢ 111 et 112. Plusieurs cas peuvent se présenter.

Fig. 54.

Considérons d'abord, comme point de départ un tuyau MN qui éprouve intérieurement une pression due à la hauteur de la nappe CD, et extérieurement une pression en sens contraire due à la hauteur de la nappe AB. Chacune de ces pressions s'exerce, comme on sait, normalement à la sur-

____

(*) Cours de construction des ouvrages qui établissent la navigation des rivières et des canaux, par M. Minard, inspecteur divisionnaire des ponts et chaussées, 1841.

face du tuyau et avec une intensité proportionnelle à la hauteur de la charge au-dessus du point considéré. Si donc on désigne par Δ la densité commune des liquides intérieur et extérieur, par y et y' les ordonnées d'un point quelconque du tuyau, comptées à partir de la nappe supérieure CD et à partir de la nappe inférieure AB, la pression résultante, rapportée à l'unité de surface, sera pour ce point $\Delta (y-y')$; et, comme la différence $(y-y')$, égale à la différence du niveau des deux nappes, est constante, la pression normale sur le tuyau est constante aussi, et le profil d'équilibre est circulaire. Le tuyau ne supporte qu'une tension constante dans le sens de son contour, si la charge intérieure est la plus considérable, ou une pression, dans le cas contraire (n°s 3 et 12).

Si l'une des nappes liquides, par exemple la nappe CD, existait seule, le tuyau ne supporterait plus qu'une pression normale dirigée de dedans en dehors : Y étant l'ordonnée de son arête supérieure, d son diamètre vertical, et conséquemment $Y+d$ l'ordonnée de son arête inférieure, la pression normale en haut et en bas serait ΔY et $\Delta (Y+d)$; les rayons de courbure supérieur et inférieur ρ et ρ', devant être en raison inverse de la pression (n° 4), seraient liés par la relation :

$$\rho=\frac{\Delta(Y+d)}{\Delta Y}\rho'=\rho'\left(1+\frac{d}{Y}\right). \qquad (1)$$

Le profil d'équilibre n'est donc circulaire que si la fraction $\frac{d}{Y}$ est négligeable, c'est-à-dire si la hauteur de charge Y est très-grande par rapport au diamètre du tuyau.

On arriverait à la même conséquence, si le tuyau était vide à l'intérieur et noyé extérieurement.

Il résulte de là que *la forme circulaire ne convient aux conduites que sous l'une des deux conditions suivantes :* 1° si *la conduite est complétement noyée, tant à l'intérieur qu'à l'extérieur ;* 2° *ou si, n'étant soumise qu'à une pression intérieure ou extérieure, elle a un diamètre extrêmement petit par rapport à la hauteur de la charge.*

La première condition est souvent remplie pour les *aqueducs à siphon* qui passent sous un canal. On peut alors y employer, logiquement et en toute sécurité, des tuyaux en fonte, d'un diamètre quelconque, qui ne tendent aucunement à changer de forme, et n'éprouvent jamais qu'une pression ou une tension tangentielle. Alors, Δ étant la densité des liquides, H la différence de niveau des deux nappes et r le rayon du tuyau, la tension éprouvée par ce tuyau sur l'unité de longueur suivant l'axe a pour valeur (n° 3) :

$$T = \Delta\,Hr. \tag{2}$$

Cette équation combinée avec le coefficient de résistance de la matière du tuyau à l'extension ou à la compression, déterminera l'épaisseur de ce tuyau, laquelle sera généralement trouvée très-petite et inférieure à celle qu'il est possible d'atteindre en exécution.

La seconde condition ci-dessus est remplie pour les *grandes conduites d'eau*, où la charge est ordinairement considérable et le diamètre des tuyaux toujours médiocre.

Mais si, comme cela arrive quelquefois pour les aqueducs, les tuyaux doivent, par instants, se vider à l'intérieur ou cesser d'être noyés à l'extérieur, et qu'en même temps la hauteur de la charge soit peu considérable, le profil d'équilibre s'éloigne tout à fait de la forme circulaire ; les tuyaux tendent à changer de forme et leur résistance transversale est mise en jeu. Il serait donc imprudent de ne point avoir égard à cette circonstance, soit en diminuant le diamètre des tuyaux, sauf à accroître leur nombre, soit en augmentant leur résistance transversale.

Du reste, si dans le dernier cas on s'éloigne de la forme circulaire, *celle d'un arc surbaissé est la plus directement contraire à la stabilité*, ainsi que cela résulte de l'équation (1) ci-dessus. Cette équation pourrait d'ailleurs se prêter à la construction d'une courbe à plusieurs centres qui approcherait, jusqu'à un certain point, de la véritable figure d'équilibre.

Ce qui précède s'applique à l'établissement des aqueducs en maçonnerie supportant à l'extérieur la pression d'un liquide. Mais, on conçoit que, si la pression devait être intérieure, la maçonnerie fonctionnerait d'une manière contradictoire, en résistant seulement par l'adhésion des matériaux, ce qui est incompatible avec son mode de stabilité et ne comporte aucun calcul d'établissement.

114. Les *puits en maçonnerie* peuvent être considérés comme des voûtes dont l'axe est vertical. Attendu que les terrains qu'ils traversent sont toujours à peu près homogènes dans une même tranche horizontale, *leur figure d'équilibre est circulaire*. La maçonnerie ne supporte qu'une pression dans le sens du contour, et son épaisseur normale doit croître en raison de la charge exercée par le terrain, à moins que cette épaisseur ne soit partout celle qui correspond au maximum de charge (*).

Quant aux murailles circulaires qui supportent à l'intérieur la poussée des terres, leur établissement ne diffère

---

(*) Voir, au sujet de la construction des puits de soutérrains, l'ouvrage de M. l'Inspecteur divisionnaire Minard, cité au n° 112.

point de celui des murs de soutenement droits, l'adhésion des maçonneries ne devant point être prise en considération dans un calcul de cette espèce.

115. Les *voûtes coniques* et *les voûtes en descente* sont stables dans le sens perpendiculaire à l'axe, lorsque, dans chaque section verticale, leur profil est celui d'équilibre. Si les joints longitudinaux sont inclinés de manière que la tendance au glissement ne soit pas assurément vaincue par l'adhésion des matériaux, on est obligé de pourvoir à cette chance d'instabilité, soit au moyen d'une buttée dans la partie inférieure, soit au moyen d'artifices d'appareil.

Les *trompes* peuvent être de simples voûtes coniques, ou bien, elles sont établies suivant toute autre combinaison dans laquelle les artifices d'appareil composent presque exclusivement la résistance : elles n'ont alors aucun rapport avec les voûtes et il n'y a point à s'en occuper ici.

Les évidements, ou troncatures, que l'on pratique quelquefois sur les arêtes des voûtes de ponts, et que l'on appelle improprement *cornes de vache*, ont généralement trop peu de longueur, perpendiculairement à la tête, pour qu'elles influent d'une manière notable sur l'établissement général du berceau. Toutefois, on pourrait, si l'on voulait, appliquer aux deux profils extrêmes de ces sortes de trompes les procédés d'établissement indiqués pour les profils des voûtes en berceau, et en vérifier ainsi la stabilité.

Les *voûtes en tour ronde* doivent évidemment avoir pour profil décrivant le profil d'équilibre du berceau droit correspondant. Le tambour intérieur, s'il n'a pas un diamètre trop considérable, peut résister comme une voûte à axe vertical, ce qui y annulera la poussée et permettra de réduire son épaisseur; le tambour extérieur peut, comme ceux des dômes, être enveloppé d'une ceinture, ou muni de tout autre agent de résistance circulaire , ce qui annulera la poussée et réduira aussi l'épaisseur de ce tambour à celle indiquée par la limite de l'écrasement.

Les *voûtes de pénétration* rentrent toujours dans l'une des classes de voûtes précédemment étudiées. On saura donc toujours en faire l'établissement, soit en considérant l'une d'elles isolément, soit en la considérant comme un contrefort relativement à celle qu'elle vient rencontrer. Dans tous les cas semblables, l'adhésion des matériaux et la combinaison de l'appareil ajouteront toujours notablement à la stabilité théorique, laquelle résulte seulement de l'équilibre entre les charges des voûtes et l'inertie de leurs supports.

116. Parmi les cas particuliers que peuvent présenter les voûtes en berceau, le plus commun et le plus important est celui des *voûtes biaises*, c'est-à-dire de celles dont le plan de tête n'est point perpendiculaire à l'axe du berceau. Dans l'établissement de ces sortes de voûtes , il s'agit de prévenir la *poussée au vide*, ce qu'on ne peut faire qu'au prix de quelques difficultés d'appareil et d'exécution. Aussi les praticiens cherchent-ils à éviter les arches biaises , dans toutes les circonstances secondaires qui laissent quelque latitude à cet égard.

Parmi les moyens qu'on peut employer pour éluder les têtes biaises , on n'en indiquera ici que deux.

S'il s'agit d'établir un pont à la rencontre de deux chemins ou un pont sur un canal avec escaliers ou rampes d'accès de la route au canal, on peut adopter la disposition de la *fig.* 55. Elle détruit la poussée au vide, par l'opposition de deux portions de berceau droit tronqué, symétriques ; la partie de voûte AON , ajoutée en dehors de l'arête AB de la route principale , sert, dans la première hypothèse, à former l'alignement de la route de croisement et , dans la seconde hy-

Fig. 55.

15

pothèse , à établir un escalier ou une rampe partant de l'arête AB.

Fig. 56 — Au lieu de projeter la tête sur l'angle de deux lignes droites, on peut aussi la projeter sur une portion de cercle : alors la tête , fonctionnant comme une voûte à axe vertical, résiste à la poussée au vide.

Mais, lorsque les alignements sont donnés d'une manière rigoureuse, comme, par exemple, à la rencontre d'une route anciennement établie et d'un chemin de fer, force est de recourir aux procédés qui ont été indiqués et éprouvés , pour la construction des voûtes biaises. On ne saurait aborder ici ce sujet , tout à fait spécial , et l'on se bornera à renvoyer aux ouvrages qui traitent de cette matière. On indiquera , notamment, un mémoire publié par M. Lefort , ingénieur des ponts et chaussées (Annales , 1839), mémoire qui donne, sur l'établissement des voûtes biaises , des règles précises et confirmées par plusieurs applications.

117. On terminera le présent article par quelques mots sur les formes particulières que prend quelquefois , dans la pratique, l'extrados des voûtes en berceau. Le problème à résoudre en pareil cas est l'inverse de celui qu'on a traité généralement dans la première section : il s'agit ici, *la figure de l'extrados étant donnée , de déterminer la courbe que doit suivre l'intrados , pour que l'équilibre ait lieu pratiquement.*

Fig. 57. — On considérera d'abord les voûtes extradossées de niveau , soit AB la trace du plan horizontal déterminant l'extrados ; mDm' celle du cylindre d'intrados, ou la courbe d'intrados cherchée ; ρ le rayon de courbure OM aboutissant au point quelconque m de cette courbe, α l'angle DOM ou GmK qu'il fait avec la verticale, et enfin y l'ordonnée GM.

La longueur du joint quelconque mK, aboutissant au point m, est ici réglée d'avance et égale généralement à :

$$\varepsilon = \frac{y}{\cos \alpha}.$$

Mais, pour que l'équilibre ait lieu, cette longueur de joint doit (n° 20) satisfaire à la condition pratique :

$$\rho\, \varepsilon \cos \alpha = \text{constante},$$

d'où l'on tire pour équation de la courbe d'intrados cherchée, en désignant par g, r deux valeurs simultanées de y et ρ :

$$\rho\, y = g r. \tag{1}$$

Cette équation représente, comme on l'a vu au n° 88, une courbe de l'espèce des anses de panier, que nous avons désignée sous le nom de pseudellipse et dont on peut obtenir un tracé approximatif par des procédés éminemment pratiques. Il résulte d'ailleurs de l'équation (1) que, si l'on se donne une des valeurs de l'ordonnée, par exemple celle du sommet ED, qui n'est autre que l'épaisseur à la clef c, on peut encore, en disposant de la valeur du rayon de courbure correspondant R, arriver soit à une ouverture donnée, soit à un rapport donné entre l'ouverture et la montée.

S'il s'agissait de faire une application spéciale de ce genre, on arriverait au résultat voulu, ou du moins on en approcherait d'une manière suffisante dans la pratique, en employant un des procédés de tâtonnement indiqués au n° 88. Ici, on se bornera à noter très-sommairement ce résultat de la discussion qui précède : *pour les voûtes extradossées de niveau, la figure d'équilibre de l'intrados est du genre des an-*

ses de panier ; lorsqu'on se donne deux des trois dimensions fondamentales , l'ouverture , la montée ou l'épaisseur à la clef , la troisième se trouve déterminée par la condition d'équilibre.

Lorsque la voûte doit être *extradossée en chape* , c'est-à-dire quand elle est couronnée par deux plans inclinés qui se coupent suivant la ligne du sommet d'extrados , le problème est plus composé encore. L'équation de la courbe d'intrados à laquelle on arrive, en raisonnant comme pour les extrados de niveau , n'est susceptible d'aucune application usuelle. Sous le point de vue pratique , on doit se contenter d'une induction parfaitement suffisante dans l'espèce. Ainsi, considérant l'accroissement de stabilité que procure nécessairement aux voûtes l'adhérence du mortier et la résistance transverse des matériaux, on n'aura point à craindre qu'une légère modification du profil d'extrados puisse altérer d'une manière appréciable la stabilité : on pourra donc substituer au cylindre de cet extrados le système de deux plans inclinés qui se rapproche le plus du profil d'établissement. Alors , moins la chape devra s'éloigner du plan horizontal , plus la courbe d'intrados devra être surbaissée; si l'angle des deux plans de chape doit être très-aigu , on sera nécessairement conduit , comme l'a remarqué M. Méry dans son mémoire précité , à adopter pour profil d'intrados celui d'une ogive , et la portion de maçonnerie qui se trouverait ainsi ajoutée au sommet , en sus du profil courbe de l'extrados , devrait être portée en ligne de compte , dans le calcul du poids d'équilibre à appliquer en totalité à ce sommet (n° 30).

Les voûtes extradossées d'égale épaisseur sembleraient ne devoir être employées que dans les circonstances où ce mode d'établissement est motivé par la nature des actions à vaincre, c'est-à-dire quand la voûte supporte, en ous ses points, une pression sensiblement normale et constante, et d'ailleurs très-considérable par rapport au poids de la maçonnerie, ainsi qu'on a essayé de le faire voir aux n°⁵ 111, 112, 113 et 114. Cependant, un certain nombre de constructeurs regardent les voûtes extradossées parallèlement comme applicables à tous les cas de la pratique et adoptent exclusivement ce profil. Nous croyons qu'un pareil système pourrait bien être un peu trop absolu. Il résulte en effet d'une expérience de M. Boistard, bien connue de tous les ingénieurs, citée par M. Méry dans son mémoire, et que nous avons nous-même rappelée en deux mots au n° 10, il résulte de cette expérience, et il résulte matériellement, que les voûtes extradossées parallèlement ne peuvent pas même s'appliquer sur leurs cintres, si l'on annule l'adhérence ; que, pour les faire toucher aux cintres, comme pour les empêcher après le décintrement de s'ouvrir vers l'angle de 60°, on doit les étreindre avec une corde tendue, c'est-à-dire suppléer à l'adhérence qui manque dans l'intérieur de la voûte. Il faut absolument conclure de là que ces sortes de voûtes ne sont point naturellement en équilibre et que leur stabilité pratique ne peut être obtenue qu'au moyen d'une adhésion notable entre les voussoirs ; si bien que, si l'adhérence du mortier n'est pas encore complète, ou si elle vient à s'user par des influences physiques quelconques, il y a à craindre pour la durée de la construction. Or, on ne peut refuser d'admettre qu'il est préférable d'établir une voûte de manière qu'elle se soutienne seulement en vertu de l'équilibre des masses et à l'aide d'une petite partie de la résistance du frottement, sans rien emprunter à l'adhérence du mortier, laquelle, en tant qu'elle subsiste, reste tout entière comme avantage surabondant en faveur de la stabilité de l'édifice et de la sécurité du constructeur (n° 28). Les voûtes extradossées parallèlement

auraient encore, à nos yeux du moins, d'autres défauts pratiques, résultant de ce qui a été exposé aux n°ˢ 14, 47, 49, et
sur lesquels il est inutile d'insister ici.

Du reste, si les voûtes extradossées parallèlement ne peu
vent point être considérées comme étant en équilibre théorique sous leur propre poids, quand la figure de l'intrados
est quelconque, il est une figure particulière d'intrados qui
comporte ce genre de profil. Si l'on suppose, par exemple,
tous les poids des voussoirs successifs appliqués sur l'arc
même d'intrados et d'ailleurs les résistances de l'adhérence
et même du frottement complétement nuls, on arrivera évidemment (n° 5) à reconnaître que la courbe d'équilibre de
cet intrados est une chaînette (*). Si l'on part, au contraire,
de la condition d'équilibre pratique indiquée au n° 20, c'est-
à dire si l'on admet qu'une petite partie de la résistance naturelle du frottement est employée à compléter la stabilité,
on trouvera que le rayon de courbure au sommet d'intrados
R, un rayon de courbure quelconque ρ et l'angle α que fait
avec la verticale la direction de ce dernier, sont liés par la
relation caractéristique :

$$\rho \cos \alpha = R. \tag{2}$$

Fig. 58.   L'équation (2) est indépendante de la longueur du joint ou
de l'épaisseur uniforme de la voûte comme cela devait être.
Elle permet de construire la courbe d'intrados par rayons de
courbure successifs : on portera sur une verticale la longueur DO égale à la longueur donnée R du rayon de courbure au sommet, puis on menera l'horizontale indéfinie DF;

(*) Voir la note 1ᵣ n° 3.

par le point O on tracera des lignes OT, OT', etc., faisant avec
la verticale les angles des rayons de courbure successifs et se
terminant à l'horizontale DF : ces lignes seront égales en
longueur aux rayons de courbure qui leur sont respectivement parallèles. Toutes les courbes ainsi tracées sont semblables : on obtiendra l'ouverture ou la montée donnée, en disposant en conséquence du paramètre R.

Dans le cas où l'on voudrait établir des voûtes à extrados
parallèles, qui fussent en équilibre pratique sous leur propre
poids, on devrait préférer le tracé précédent, qui est beaucoup plus praticable que celui de la chaînette et dont l'exactitude peut être regardée comme spécialement convenable
(n° 28).

Quoi qu'il en soit, la courbe d'intrados ne peut avoir une
tangente verticale qu'à l'infini et avec un rayon de courbure
infini, ce qui exclut les pleins cintres et toutes les espèces
de voûtes à retombées verticales. Dans le voisinage du sommet, la chaînette rigoureuse, comme la courbe pratique
résultant de l'équation (1), se rapproche beaucoup d'un arc
de cercle : cela explique pourquoi les voûtes en arc de cercle
à petite flèche peuvent, sans inconvénient saillant, être extradossées parallèlement ; une même conséquence ressort
d'ailleurs du tracé du profil d'équilibre des arcs circulaires,
tracé qui fait croître très-peu rapidement la longueur du
joint dans le voisinage du sommet.

ARTICLE XI.

Réflexions sommaires sur le cintrement et le décintrement des voûtes.

118. La construction des voûtes comprend quatre phases distinctes : 1° l'établissement et le levage des cintres ; 2° l'exécution de la maçonnerie sur cintres ; 3° le décintrement ; 4° les travaux complémentaires qui ne doivent être entamés qu'après le décintrement. Sur tous ces points, l'opinion des constructeurs se trouve bientôt fixée, après un petit nombre d'observations et d'applications pratiques. Ce ne peut donc être que dans l'intérêt de ceux qui en seraient à leur première expérience que nous essayerons de réunir ici quelques données de routine.

119. Les voûtes sont maçonnées sur *pâté* ou sur *cintre en charpente*. Dans l'un et l'autre cas, on doit, afin d'éviter une dépense en pure perte, ne commencer à soutenir la maçonnerie que vers le joint incliné de 30° sur l'horizontale. Si la voûte est établie suivant le profil d'équilibre, la pression sur le pâté ou sur le cintre sera sensiblement constante, pour les voûtes circulaires, et réciproque au rayon de courbure, pour les autres voûtes ; cette pression rapportée à l'unité de longueur de l'intrados a pour valeur, suivant la notation adoptée précédemment et si l'on suppose le frottement nul (n°s 15 et 16) :

$$p = M\left(c + \frac{c'}{r}\right), \text{ ou } p = M\left(c + \frac{c'}{R}\right). \tag{1}$$

selon que la voûte est, ou non, circulaire. A cause de la résistance du frottement et de l'adhérence du mortier, si faibles qu'elles soient au moment même de la construction, on doit regarder les valeurs ci-dessus de la pression normale comme des limites supérieures, et les appliquer dans ce sens aux calculs de l'établissement des pâtés ou cintres.

On ne fait usage des pâtés que pour les voûtes d'une ouverture médiocre et qui ne comportent point d'ailleurs une grande correction de profil : telles sont les voûtes de cave, les voûtes d'évidement ou de contrefort dans des maçonneries qui doivent être enterrées, etc. (*). Ce système peut être un peu amélioré par l'interposition, entre le pâté et la voûte, de couchis en madriers, qui offrent une surface plus régulière et qui remédient à l'inégalité du tassement de la terre. Du reste, il est évident que la masse de terre doit être contenue, tant entre les culées qu'en dehors des deux têtes de voûte; si cette masse n'a point été taillée dans un déblai, elle doit être comprimée et massivée par tous les moyens connus. Elle résistera d'autant plus uniformément que la flèche de la voûte sera moindre : dans le cas d'un arc de cercle de 60° par exemple, et avec les soins convenables, on peut facilement appliquer ce système à des voûtes de 10 à 12 mètres d'ouverture.

Les cintres en charpente, exclusivement usités dans les constructions importantes, doivent d'abord être, comme toute chose, considérés sous le point de vue de l'économie. Or ici, l'économie résulte principalement de la manière dont les efforts sont répartis. Si les fermes sont trop espacées, elles supporteront chacune, et les couchis supporteront

---

(*) On prétend cependant que le dôme du Panthéon de Rome, dont le diamètre intérieur est de $43^m.50$, a été construit sur un énorme pâté évalué à 60,000 mètres cubes.

aussi, une charge plus considérable; il faudra donc des bois d'un plus fort équarrissage, qui coûteront plus cher pour l'acquisition et pour le levage. Si les fermes sont trop rapprochées au contraire, on obtiendra une grande économie sur le volume total des bois, surtout sur celui des couchis; mais, en même temps, la main-d'œuvre par mètre cube de bois sera plus considérable et les bois seront plus dépréciés. C'est entre ces deux limites que l'on trouvera la disposition la plus économique, dans chaque cas particulier. Mais il ne peut y avoir à cet égard aucune conclusion générale ni absolue, attendu que la valeur du bois varie de 1 à 5 et que celle de la main-d'œuvre varie de 1 à 2, sans qu'il y ait aucune corrélation entre les deux différences dans une même localité.

C'est donc des proportions diverses de la valeur du bois à celle de la main-d'œuvre que dépendent logiquement les espacements divers des fermes de cintres; on est d'ailleurs maîtrisé à cet égard par la longueur du berceau, laquelle doit être divisée en parties égales. Aussi ces espacements varient-ils, en exécution, depuis $2^m.00$ jusqu'à $1^m.20$. A égalité de dépense, ou même avec un certain excès de dépense, on doit préférer les fermes peu espacées, parce que, étant moins chargées, elles se prêtent mieux à un décintrement fait avec méthode et mesure.

120. Une fois qu'on a réglé l'espacement des fermes, l'établissement des couchis n'offre aucune difficulté : chacun d'eux fonctionne comme une poutre reposant sur deux appuis et supportant sur chaque unité de longueur une charge connue; il doit avoir des dimensions telles que cette charge ne lui fasse point prendre une flèche appréciable. Voici donc comme on opérera.

Soit l la distance entre les axes de deux fermes, n le nombre total des files de couchis : s'il s'agit d'un plein cintre, par exemple, la pression normale sur l'unité de longueur du berceau et de l'intrados est, comme on sait, $M\left(c+\dfrac{c^2}{2r}\right)$; sur les 120° d'amplitude du cintre, et sur la longueur l du berceau, la charge totale sera, par suite :

$$\frac{\pi M l}{3}\,(2cr+c^2),$$

et la charge V uniformément répartie sur un des couchis deviendra :

$$V=\frac{\pi M}{3}\,\frac{l}{n}\,(2cr+c^2). \tag{1}$$

Cette valeur V, qui décroît non-seulement en raison directe de l'espacement des fermes, mais encore, en raison inverse du nombre des couchis, servira à régler les dimensions cherchées, au moyen des formules connues que Navier a données, dans ses leçons de mécanique appliquée.

On sait que la résistance à la flexion d'une pièce en portée est très-notablement accrue, lorsque ses deux extrémités sont fixées sur les supports. Ainsi, après avoir réglé les dimensions des couchis, comme s'ils devaient être simplement posés sur les fermes, on se procurera un grand avantage de stabilité en les clouant à leurs extrémités sur ces fermes. Ce procédé, très-usité maintenant, est utile en outre pour le contre-ventement des fermes à leur sommet, c'est-à-dire là où elles tendent le plus à se déverser ; de plus, il ne laisse pas que de contribuer à la facilité et à la régularité de la pose des voussoirs.

L'espacement des couchis dépend de l'espèce de maçonnerie de la voûte. Quand même cette maçonnerie est formée de menus moellons ou de béton, le vide entre les couchis doit encore être de 3 à 4 centimètres. Le vide doit être plus considérable, lorsque la voûte est appareillée par rangs de voussoirs réguliers ; car alors il suffit qu'au milieu de chaque rang réponde une file de couchis, de manière que tous les joints se trouvent au droit d'un espace vide et soient accessibles par dessous. Dans tous les cas, il faut réduire la largeur des couchis au double ou au triple de leur épaisseur, au plus : ce qui motive une largeur médiocre c'est, d'une part, la courbure de l'intrados qui doit être complétement inappréciable dans l'étendue d'une file de couchis, d'autre part, l'économie du bois, attendu que, dans les pièces travaillant en portée, il y a avantage à diminuer la largeur relativement à l'épaisseur.

121. Les fermes de cintres peuvent être combinées suivant trois principes différents. Ou bien ces fermes ne sont soutenues qu'à leurs naissances par la maçonnerie, qui supporte à la fois et la charge verticale et la poussée horizontale de ces fermes : on dit alors que les cintres sont *retroussés*, ou bien, il existe d'une naissance à l'autre un certain nombre de points fixes, dont l'effet est réellement de partager la ferme totale en plusieurs autres de moindre ouverture : on dit alors que les cintres sont *fixes*. Enfin, on emploie encore un système *mixte*, qui consiste à établir d'abord les fermes, de manière qu'elles puissent être soutenues sur leurs deux naissances seulement, mais à les étayer, pendant la construction, au moyen d'un certain nombre d'appuis fixes ; on trouve à cette dernière disposition l'avantage de pouvoir partager en deux l'effet du décintrement, en supprimant d'abord les étais, puis en n'enlevant le cintre proprement dit qu'après le premier effet du tassement.

Les trois systèmes que l'on vient d'indiquer ont pour eux

et contre eux, des expériences fort nombreuses, exécutées sur grande échelle et qu'on trouve rélatées en détail dans tous les ouvrages qui traitent de la construction des ponts. Mais ces expériences ne peuvent point prononcer d'une manière absolue : on pourrait peut-être attribuer à la plupart d'entre elles le défaut de remonter à une époque où la combinaison des grandes fermes de charpente, et le mode d'exécution des maçonneries, n'étaient point entendus comme ils le sont maintenant. Alors, tout contribuait à exagérer les effets du tassement et les dangers du décintrement ; aujourd'hui, ces effets sont incontestablement plus bornés, ces dangers sont nuls. Une aussi importante amélioration est due sans doute aux progrès naturels de l'art, à l'esprit d'analyse que les praticiens se sont peu à peu habitués à apporter dans leurs conceptions ; mais la plus large part en revient à l'immortelle découverte de M. Vicat, qui, en créant la science des mortiers, a tout d'un coup fait faire un pas immense à l'établissement des maçonneries.

Il semble donc, selon nous du moins, que le constructeur, chargé d'établir une grande ferme de cintres, doit faire abstraction des gigantesques tassements du pont de Neuilly, ou d'autres, et ne procéder que par l'analyse des efforts connus qu'il a à combattre et des moyens de résistance dont il peut disposer.

En considérant, dans cet esprit, les cintres dits retroussés, on ne peut se refuser à leur reconnaître différents avantages D'abord, ils sont toujours possibles ; car, d'une part, les ponts suisses et d'autres exemples prouvent qu'il n'y a, pour ainsi dire, pas de limites à l'ouverture que peut atteindre une ferme de charpente bien combinée ; d'autre part, on trouvera toujours une résistance suffisante à la poussée contre la partie inférieure de la voûte montée sans cintres,

et des points d'appui convenables sur la saillie des fondations. Si la ferme est disposée logiquement, elle n'éprouvera
point d'autre déformation que celle résultant de l'affaissement de pièces pressées de bout, et ainsi un tassement très-
modéré; de plus, ce tassement, de compression pour ainsi
dire, s'effectuera d'une manière régulière dans l'étendue de
l'intrados et n'altérera jamais son profil d'une manière appréciable. L'altération du profil devra même être considérée
comme nulle, si le décintrement se fait avant que les mortiers ne soient complétement pris (n° 49). Enfin, les fermes
retroussées, ne reposant que sur deux points extrêmes, permettent seules de décintrer, graduellement, toute l'étendue
de la voûte à la fois.

Le système des cintres fixes, ou de ceux qui ont accessoi-
rement des points fixes, semble, au premier abord, offrir
plus de sécurité, parce que la portée entre deux points d'appui est moins considérable. Mais cet avantage n'est qu'appa-
rent, si, comme il est vrai, l'établissement d'une ferme
d'ouverture quelconque, et de résistance suffisante, est
toujours possible. D'un autre côté, les supports intermédiaires, établis provisoirement en lit de rivière, sont su-
jets à mécomptes et constituent, avec le volume généralement plus considérable des fermes, un excès inutile de dépense. Mais ce ne seraient là, selon nous, que les moindres
inconvénients des cintres dont il s'agit et les suivants seraient bien autrement graves. Dès qu'on admet en effet,
dans une ferme de cintres, un certain nombre de points
fixes, la flexion ou la compression de la charpente ne peut
s'exercer qu'entre deux de ces points, ou tout au moins,
elle s'exerce dans les parties intermédiaires autrement qu'à
l'aplomb des points fixes. Par suite, le tassement de la voûte
n'a plus lieu d'une manière générale et suivant une courbe

de surbaissement continue, mais par ondulations d'un point fixe à l'autre; le trajet de la pression, qui s'établit dans l'intérieur de la voûte, au lieu de se rapprocher de la courbe de pression finale, a un certain nombre de points singuliers; en un mot, l'équilibre provisoire de la voûte aura à éprouver une modification tout à fait tranchée, pour revenir à l'état d'équilibre naturel, après le décintrement. Ce décintrement lui-même, à cause du grand nombre des supports, no pourra se faire que d'une manière brusque, irrégulière et assurément incertaine. Enfin, on aura réuni toutes les chances spécifiques pour que les effets du tassement soient aussi exagérés qu'il est possible et deviennent même de véritables accidents, si la voûte n'est abandonnée à son équilibre naturel qu'après la dessiccation des mortiers.

Nous serions donc porté à croire, d'après les motifs qui précèdent, et sauf ceux qui pourraient nous échapper, qu'on doit préférer généralement les cintres dits retroussés, c'est-à-dire les fermes de charpente proprement dites, en rangeant dans cette classe, bien entendu, celle de ces fermes qui sont munies d'entraits en bois ou en fer, annulant la poussée horizontale, et qui dans beaucoup de cas sont les plus convenables.

122. Quel que soit le système de cintres adopté, l'établissement d'une des fermes devra toujours être combiné conformément aux règles connues pour celui des grands appareils de charpente. A cet égard, et notamment sur la disposition des fermes de cintres, Navier donne, dans ses leçons de mécanique appliquée, des règles précises dont l'application n'offrira plus aucune difficulté, dès qu'on se sera bien rendu compte de l'intensité et de la direction des efforts supportés par chaque pièce, ou si l'on veut, *de la manière dont chaque pièce travaille.*

Dans une ferme de cintre convenablement établie, les seules pièces qui travaillent perpendiculairement à leur longueur sont les *veaux* et les faux-arbalétriers, qui sont accolés sous les veaux. Afin d'éviter qu'il ne se fasse un tassement ondulé, il faut réduire autant que possible la longueur de ces pièces, en multipliant leurs articulations, les placer de champ et leur donner des dimensions telles qu'elles résistent à la flexion transversale d'une manière sensiblement absolue, sous la charge qu'elles reçoivent. Les pièces qui aboutissent normalement à l'intrados autant que possible, aux points d'articulations des veaux, comme toutes les autres pièces de la ferme, doivent travailler seulement dans le sens de leur longueur, et ne sont dès lors exposées qu'à la flexion sous une pression de bout. On sait que cette flexion est toujours fort peu considérable, dans les relations ordinaires de la charge à l'équarrissage des pièces, et que d'ailleurs on peut l'annuler sensiblement, en saisissant la pièce sur différents points de sa longueur. Alors, de tous les effets possibles, le plus influent serait le rapprochement dans certains joints, par suite d'irrégularités dans la coupe du bois. On atténuera en exécution cette chance de déformation de la ferme, en faisant approcher les assemblages à l'aide de frettes en fer et en garnissant tous les vides des joints avec des cales en tôle chassées à force de marteau : moyennant ces précautions, et d'ailleurs tous les autres soins que comporte la bonne exécution des charpentes, on arrive ainsi à obtenir des *fermes théoriques*, si l'on peut s'exprimer ainsi, c'est-à-dire des fermes qui n'éprouvent, ou du moins ne laissent apercevoir, aucune autre déformation que celles prévues par le calcul.

Quant à la combinaison particulière des diverses pièces de la ferme, on ne saurait rien dire de général. Chaque constructeur, après avoir posé les bases de l'établissement qu'il a en vue, consultera les nombreux dessins de fermes donnés dans les ouvrages spéciaux, en ayant bien soin de ne regarder aucun exemple comme un type absolu et en se méfiant de l'énorme quantité de bois à laquelle le conduirait souvent une imitation trop servile. Quelle que soit du reste la disposition adoptée en définitive, elle doit indispensablement remplir ces deux conditions : 1° empêcher le relèvement du sommet de la ferme, au moyen de grandes moises ou de brides partant de ce sommet et fixées vers les naissances et d'ailleurs au moyen d'une surcharge provisoire sur le sommet pendant la construction des reins ; 2° ramener, autant que possible, tous les efforts à des résultantes horizontales, qui se neutralisent réciproquement, la voûte étant montée symétriquement des deux côtés à la fois.

Parmi les diverses combinaisons possibles pour l'établissement des fermes de cintres, il en est deux, l'une qui n'est employée que très-rarement, l'autre qui ne l'a jamais été, mais qui semblent, l'une et l'autre, résoudre le problème d'une manière tout à fait directe. On n'en dira que deux mots.

En premier lieu, si l'on donne aux veaux la résistance voulue à la flexion, puis que, normalement à l'intrados et à chaque articulation des veaux, on fasse aboutir une pièce douée d'une rigidité suffisante, il est évident que le système sera parfaitement et uniformément en équilibre. La difficulté consiste à assembler des pièces qui concourent toutes vers un ou plusieurs centres et à reporter leurs efforts sur les deux naissances ; mais cette difficulté est loin d'être insurmontable.

En second lieu, on pourrait composer toute la ferme d'un arc unique en bois pliés, sur plat, système qui, comme on sait (*), est susceptible d'une rigidité presque indéfinie, puis

---

(*) *Voir* le Traité de charpente du colonel Émy (1841), et un mémoire

16

maintenir invariablement sa figure au moyen de brides en fer forgé, qui saisiraient cet arc suivant des directions normales à l'intrados : aucun point de l'arc ne pouvant remonter à cause de la tension exercée par les brides, aucun point non plus ne pourrait céder sous la charge. D'ailleurs, on aurait toujours à reporter les efforts sur les deux naissances. Ce système, plus facile à réaliser que le précédent, comporterait une très-grande légèreté et conviendrait spécialement pour les fermes qui doivent être souvent déplacées, comme dans la construction de certains souterrains, de ponts à plusieurs arches semblables, etc.

Quelle que soit la composition d'un appareil de cintres, il est indispensable qu'il soit *contre-venté*, c'est-à-dire que les fermes soient reliées ensemble par des moises horizontales ou en écharpe. On conçoit en effet que ces fermes, très-minces par rapport à leur hauteur, n'offrent aucune résistance au déversement par déplacement ou flexion des bois. Aussi, quand la condition qu'on vient d'indiquer n'est point suffisamment remplie, il n'est pas rare de voir tout un appareil de cintres éprouver, pendant la pose des voussoirs, un moment d'oscillation, ou au moins une sorte de trépidation qui ne peut être que fort nuisible à la bonne exécution des maçonneries. Quand la hauteur des cintres est considérable et que la disposition des lieux le permet, c'est assurément une bonne précaution que de compléter le contre-ventement en fixant les cintres à leurs deux fermes de tête, au moyen de haubans ou de contre-fiches ayant des points d'appui extérieurs.

On n'a pu, dans ce qui précède qu'effleurer les principes

Inséré dans les Annales des ponts et chaussées (1831) sur les arcs en bois pliés sur plat.

les plus généraux et les plus vulgaires de l'établissement des cintres. Le lecteur suppléera à ce que ces considérations ont d'incomplet, en consultant les divers ouvrages qui traitent de la matière et notamment ceux-ci : Leçons de mécanique appliquée de Navier ; Traité de l'art de la charpenterie du colonel Émy ; Essai sur la résistance des bois de construction par M. Fourier, ingénieur en chef des ponts et chaussées ; Collection lithographique de l'école des ponts et chaussées ; Recueil d'expériences et d'observations par M. Boistard, ingénieur en chef des ponts et chaussées ; Traité de la construction des ponts de Gauthey, etc.

123. La plus part des constructeurs sont dans l'usage de donner aux fermes de cintres un certain *surhaussement*, dont l'objet est de contre-balancer, à peu près, l'abaissement du sommet de la voûte qui peut résulter, tant du tassement du cintre pendant la construction, que de celui de la voûte elle-même après le décintrement. Dans l'état actuel de la science, et quoique De Prony lui-même se soit beaucoup occupé de la question, le mode et la quantité du surhaussement ne peuvent absolument point être calculés, et à cet égard force est d'agir en aveugle (*).

Nous nous garderions bien d'essayer seulement de critiquer une précaution si souvent appliquée et si universellement admise. Nous croyons toutefois qu'elle n'est pas indispensable en général et que, si elle offre quelques avantages, elle entraîne aussi des sujétions équivalentes.

En premier lieu, la hauteur du sommet de la voûte n'est presque jamais donnée d'une manière tellement impérieuse,

---

(*) Notes et formules sur le tassement des voûtes en arc de cercle par le baron de Prony (Annales des ponts et chaussées, 1832).

qu'un médiocre abaissement de ce sommet puisse être considéré comme un vice radical de la construction ; et si cela devait être, on agirait bien plus à coup sûr, en relevant les
naissances d'une hauteur égale à celle qu'on croirait avoir
calculée pour le tassement du sommet. Il n'y a donc point,
quoi qu'il arrive, de nécessité à altérer la courbe d'intrados.

En second lieu, on est toujours porté à attribuer à la
courbe de surhaussement une flèche trop considérable, et
cela, précisément parce qu'en pareil cas on agit un peu au
hasard. Il en résulte que cette courbe s'éloigne beaucoup,
et souvent d'une manière disgracieuse, de la véritable courbe
d'intrados qui a servi à l'épure de la voûte ; que la direction des
joints devient incertaine, et la pose des voussoirs plus difficile.
Puis, lorsque le tassement est une fois accompli, les modifications de courbure ne sont point précisément inverses
de celles qu'on avait introduites dans la courbe de pose ; le
plus souvent, le tassement total est très-sensiblement inférieur à celui qu'on avait craint, et l'on arrive en définitive à un profil peu correct, sans avoir obtenu, au prix de
mille sujétions, le résultat hypothétique que l'on avait en
vue. Il n'est peut-être point de praticien qui n'avouât de
bonne foi avoir éprouvé ce mécompte.

Lorsqu'au contraire, on adoptera tout simplement pour
courbe de pose celle du projet et de l'épure de la voûte, on
pourra avoir, après le décintrement, un certain tassement,
provenant, pour une petite partie, de la compression des mortiers, et, pour la plus grande partie, des défauts d'équilibre
dans le profil de la voûte (n° 49). Mais, si ce profil ne s'éloigne
pas trop des conditions de stabilité pratique, le tassement s'ac-
complira d'une manière régulière, et la nouvelle courbe d'é-
quilibre de l'intrados sera assurément une courbe continue,

une courbe de même espèce que celle du projet et ne différant de celle-ci qu'à un degré inappréciable à la vue simple. Le problème sera donc résolu sans sujétion et d'une manière complète, pratiquement.

Dans l'un et l'autre cas, on a la ressource de corriger, si l'on veut, le profil d'intrados, en retaillant sur le tas tout le parement de douelle : une semblable opération n'est point trop coûteuse, si cette partie de la taille n'a été préalablement qu'ébauchée ; elle est sans inconvénient, si les joints ont été bien dressés.

124. La pose de la voûte, c'est-à-dire la construction de sa maçonnerie sur cintres, implique diverses précautions assez minutieuses, lorsqu'on a adopté une courbe de pose surhaussée : on est alors dans l'usage de ne point donner aux joints une épaisseur uniforme, mais de les faire bâiller à l'intrados vers les reins, et à l'extrados vers le sommet ; de garnir ces joints d'étoupes sur les arêtes ; de modifier successivement leurs directions, en raison des tassements déjà observés, etc. Il serait hors de propos d'entrer dans aucun détail à ce sujet ; on se bornera donc à renvoyer à quelques-uns des ouvrages cités au n° 122, et de plus aux diverses publications de Perronnet sur les grands ponts exécutés de son temps.

Ici, nous essayerons seulement d'indiquer, suivant nos idées personnelles et sauf correction, comment il est praticable d'exécuter la maçonnerie d'une voûte.

Dans tout ce qui va suivre, on supposera implicitement que l'appareil des cintres est conforme à l'épure exacte de la voûte, et que d'ailleurs il est établi selon les principes et avec les précautions indiqués aux articles 121 et suivants. Dans ces conditions, les cintres n'éprouveront que des compressions de bout , compressions peu importantes et dont on accepte d'avance les conséquences , parce que la régularité du profil n'en saurait souffrir radicalement.

Au moment de lever les fermes de cintres , ou pendant leur levage , on aura déjà construit , à partir des deux naissances de la voûte , si elle a des retombées verticales, le massif s'arrêtant au joint incliné de 30° environ sur l'horizontale et , dans le cas contraire , les pieds-droits et les massifs formant culées : ces portions de maçonnerie fourniront les points d'appui des fermes dans le sens horizontal.

Les fermes s'appuieront , aux deux naissances seulement , tant sur le massif destiné à les supporter, que contre celui destiné à les buter, par l'intermédiaire de semelles et de cales en coins doubles , le tout en bois simplement dressés : les coins pourront être fixés , pendant la construction, de manière que leur glissement ne donne pas lieu à quelque abaissement anomal ; ils serviront au décintrement , comme il sera exposé au n° 125 suivant.

Sur les faces extérieures des deux fermes de tête , on appliquera deux cerces en planches assemblées , entièrement conformes à l'épure de la voûte , avec la division des voussoirs : ces cerces , dont la position exacte devra être vérifiée par l'observation de quelques ordonnées , serviront à régler la pose des couchis , qui devront être cloués au fur et à mesure , et dont la surface générale sera désormais considérée comme identique avec celle de l'intrados. On pourra, de plus , établir en dehors des deux cerces de tête ci-dessus indiquées , et qui doivent obéir aux changements de courbure des cintres , deux autres cerces toutes semblables , mais fixées de manière à être indépendantes du mouvement des cintres : celles-ci serviront à marquer, d'une manière certaine , tous les effets du tassement pendant la construction , et à y remédier au besoin, à l'aide de surcharges provisoires convenablement réparties.

Afin de régler le profil de l'extrados, on clouera de distance en distance sur les deux fermes de tête des règles normales, qui se regardent et dont les longueurs auront été relevées sur l'épure : un cordeau tendu de l'une à l'autre tracera successivement les génératrices de la surface d'extrados.

Afin de diriger tous les plans de joint normalement à l'intrados, on se servira d'une ou plusieurs fausses équerres, levées sur l'épure de la voûte, dont l'un des côtés sera une certaine longueur de l'arc d'intrados et l'autre côté une normale. Si l'intrados est tracé à plusieurs centres, il faudra changer ces fausses équerres, chaque fois qu'on passera d'un arc à l'autre.

La maçonnerie sera exécutée aussi rapidement que possible sur les deux côtés de la voûte symétriquement, en procédant toujours par rangs de voussoirs complets, et *sur toute l'épaisseur*. Il est de règle en effet, malgré des exemples contraires, de ne point maçonner une voûte par redans sur l'intrados, ni par zones parallèles dans son épaisseur. On n'a pas besoin de rappeler, d'ailleurs, qu'il est assurément inutile, et très-probablement pernicieux, d'appuyer l'un contre l'autre les voussoirs en pierre de taille soit à sec, soit par l'intermédiaire de cales en plomb, ainsi que quelques constructeurs l'ont proposé et l'ont même, dit-on, exécuté. Il ne convient pas davantage d'employer le mortier *en coulis*, comme on le pratiquait anciennement. Il faut au contraire interposer dans chaque joint un lit de mortier d'une épaisseur uniforme, et égale à un centimètre et demi, au moins, pour les grandes voûtes.

L'opération la plus délicate dans la construction d'une

maçonnerie de voûte , c'est la pose du rang de clefs. Afin de limiter autant que possible les résultats de la compression du mortier, on peut employer le procédé suivant, que quelques constructeurs critiquent , mais que beaucoup d'autres appliquent habituellement, et appliquent avec succès. Après avoir dressé les joints des contre-clefs et avoir relevé exactement le vide qu'elles laissent entre elles , on taille la clef à la mesure de ce vide , en réservant l'épaisseur des deux lits de mortier ; on suspend , au moyen d'une louve et d'une petite chèvre, la clef à l'aplomb de l'espace qu'elle doit occuper ; on enduit les deux joints de contre-clefs d'une couche de mortier ferme , mais onctueux , puis on laisse aussitôt tomber la clef à sa place, en la dirigeant en conséquence. Comme on a eu l'attention d'enlever d'abord les couchis au-dessous du rang de clefs, chaque morceau peut user toute sa vitesse en passant un peu au delà de l'intrados , et l'on doit même s'y prendre de manière qu'il en soit ainsi , afin qu'un petit ravalement puisse remettre toute chose en état. Lorsque les mortiers sont hydrauliques et que l'opération qu'on vient de dire est bien conduite , il en résulte aussitôt comme un commencement de décintrement, c'est-à-dire qu'on reconnaît à n'en pas douter que la pression sur les cintres a sensiblement diminué. Nul doute que la même opération, comparativement à la pratique des joints *coulés* ou *fichés* , n'atténue beaucoup mieux les effets du tassement par compression du mortier.

125. Avant d'exposer quand et comment nous croyons que doit s'effectuer le décintrement des voûtes, nous devons rappeler en peu de mots ce qui se pratiquait , et ce qui se pratique encore quelquefois en pareil cas.

Beaucoup de constructeurs professent que la maçonnerie d'une voûte doit être laissée un mois ou six semaines sur cintres, c'est-à-dire jusqu'à ce que le mortier soit séché. Suivant le même système, on enlève successivement les couchis depuis les naissances jusqu'à la clef, en ruinant les cales qui séparent ces couchis de la ferme. Quand cette manœuvre devient impraticable, à cause de la grande pression que supportent les derniers couchis, on affaiblit peu à peu au ciseau les abouts des arbalétriers, de manière à obtenir un tassement lent et progressif. Dans quelques circonstances, fort rares heureusement, on a ruiné les points d'appui mêmes des fermes, en décintrant ainsi brusquement.

D'autres constructeurs croient qu'il peut être bon d'opérer d'une manière diamétralement opposée.

D'abord, il est prouvé maintenant par de nombreux exemples que, tant sous le rapport de la stabilité que sous celui du tassement, il n'y a aucun désavantage à décintrer les voûtes presque immédiatement après la pose des clefs (*). Mais, d'un autre côté, sous le rapport des mouvements, imperceptibles ou non, qui s'accomplissent dans la voûte au moment du décintrement, il y a, on n'en saurait douter, tout avantage à ce qu'alors le mortier soit encore dans un état qui lui permette de se comprimer, de se mouler suivant de nouvelles figures, sans que sa désorganisation s'en suive (n° 49). Il semble donc qu'il faut maçonner les voûtes et les décintrer le plus promptement qu'on pourra, afin d'éviter qu'il n'y ait quelques portions de mortier complétement prises au moment du décintrement.

En second lieu, tout le monde reconnaît qu'il faut se garder de laisser prendre aux voûtes *une certaine vitesse* lorsqu'elles s'abaissent au décintrement (**). L'expérience prouve

---

(*) Cours de construction de M. Sganzin, publié par M. Reibell (1839).
(**) *Idem.*

en effet que es modifications d'équilibre dans les maçonneries, même leur écrasement, même leur renversement, sont loin d'être instantanées et demandent au contraire, pour s'accomplir, un temps appréciable. Il faut donc que le décintrement soit fait et dirigé de telle manière que les cintres ne quittent la voûte que par progression insensible, et en plusieurs phases, séparées par un intervalle de temps notable ; il est bon même, en cas d'accident prévu, que ce décintrement puisse être arrêté à un instant donné, de telle sorte que la voûte se retrouve sur ses cintres, comme avant le commencement de l'opération. Or nous croyons qu'on peut atteindre ce but, en substituant au procédé de décintrement ci-dessus rappelé, celui qu'on va indiquer et qui est goûté par beaucoup de praticiens.

Chaque ferme de cintre n'étant maintenue qu'à ses deux extrémités par des coins doubles, à petit angle, on lui imprimera un mouvement aussi modéré qu'on voudra, soit d'abaissement vertical, soit d'écartement horizontal, en faisant glisser l'un sur l'autre les deux coins d'une même paire. Il suffit, pour la manœuvre dont il s'agit, de placer à chaque pied de ferme un ouvrier muni d'une massette de tailleur de pierre, qui frappera à petits coups sur le coin inférieur de la paire portant sur la semelle traînante. C'est l'affaire du constructeur de diriger l'opération et d'avoir l'œil sur les ouvriers, afin qu'ils agissent tous, autant que possible, d'une manière identique. Dans les premiers instants, et quoique l'abaissement des fermes soit accusé par le mouvement des coins, l'effet du décintrement de la voûte ne sera pas visible, parce que tout l'espace rendu libre sera successivement occupé, en vertu de la réaction d'élasticité des bois, dont la compression décroît graduellement : en un mot, *le cintre quittera la voûte, comme un ressort qui se dé-*

bande lentement. Lorsqu'une fois il se sera fait un jour continu entre l'intrados et la nappe des couchis, on pourra enlever complétement les coins et ensuite les couchis ; mais il vaudra mieux différer un jour ou deux pour attendre les effets du tassement, lesquels peuvent très-bien ne se révéler qu'après ce délai.

Quelle que soit l'ouverture de la voûte, le système de décintrement qu'on vient de décrire reste applicable.

Au pont du *Strand* (*) dont l'appareil de cintres doit être considéré comme un modèle, le décintrement s'est fait au moyen d'une disposition analogue pour les résultats à celle des coins, mais un peu plus compliquée. On a proposé aussi de substituer aux coins de forts verrins : ce serait sans doute préférable pour la lenteur et l'uniformité du décintrement ; mais c'est un excès de précaution et de dépense qui n'est peut-être pas indispensable.

126. Pour toutes les voûtes d'espèces particulières qui dérivent des voûtes en berceau, les procédés de cintrement, de construction et de décintrement se déduiront de ceux applicables aux voûtes ordinaires.

Mais le cintrement des voûtes en dôme fait exception. Il résulte en effet de ce qui a été exposé précédemment (n° 93), que chaque rang circulaire de voussoirs, dès qu'il est fermé, suffit pour assurer l'équilibre de toute la partie inférieure. Il suffit donc de maintenir successivement chacun de ces rangs dans le sens horizontal, au moyen d'une simple enrayure. Ce procédé, qui était depuis longtemps en usage, a

---

(*) Voyez le Traité de l'art de la charpenterie du colonel Émy, pl. 142, fig. 12. Les dimensions du pont du Strand sont à peu près celles du pont de Neuilly. Il faut voir aussi les fig. 13,7 et 18 de la pl. 141.

été appliqué d'une manière fort ingénieuse, à la construction du dôme du Panthéon français (*).

127. L'établissement des divers ouvrages qui doivent succéder au décintrement des voûtes n'a plus qu'un rapport très-indirect avec les conditions de leur stabilité, et rentre ainsi sous les règles générales de l'art de construire. Nous ne pouvons donc, à cet égard, que renvoyer aux ouvrages spéciaux, notamment au Traité de la construction des ponts de Gauthey, ainsi qu'au Cours de construction de M. Sganzin, récemment publié et considérablement enrichi par M. Reibell, ingénieur en chef, directeur des travaux maritimes.

(*) Rondelet, Art de bâtir.

FIN DE LA DEUXIÈME SECTION.

TROISIÈME SECTION.

TABLES PRATIQUES

POUR L'ÉTABLISSEMENT ET LE MÉTRAGE

DES VOÛTES.

TABLE

DONNANT LES COEFFICIENTS
DES PROFILS A

$\alpha =$	$\pi\,\dfrac{\alpha}{180} =$	$\log\dfrac{1+\sin\alpha}{1-\sin\alpha} =$	$\operatorname{tg}\alpha =$	$\dfrac{1}{\cos\alpha} =$	$\log\dfrac{1}{\cos\alpha} =$	$\dfrac{\operatorname{tg}\alpha}{\cos\alpha} =$
0	0.000,000	0.000,000	0.000,000	1.000,000	0.000,000	0.000,000
1	0.017,453	0.034,989	0.017,455	1.000,152	0.000,152	0.017,458
2	0.034,907	0.069,827	0.034,921	1.000,609	0.000,609	0.034,942
3	0.052,360	0.104,768	0.052,408	1.001,372	0.001,371	0.052,480
4	0.069,813	0.139,740	0.069,927	1.002,442	0.002,439	0.070,098
5	0.087,266	0.174,353	0.087,495	1.003,820	0.003,813	0.087,823
6	0.104,720	0.209,823	0.105,104	1.005,508	0.005,493	0.105,683
7	0.122,173	0.244,956	0.122,785	1.007,510	0.007,482	0.123,707
8	0.139,626	0.280,165	0.140,541	1.009,828	0.009,780	0 141,922
9	0.157,080	0.315,459	0.158,384	1.012,465	0.012,388	0.160,359
10	0.174,533	0.352,471	0.176,327	1.015,427	0.015,309	0.179,047
11	0.191,986	0.386,353	0.194,380	1.018,717	0.018,544	0.198,018
12	0.209,440	0.421,976	0.212,557	1.022,341	0.022,095	0.217,305
13	0.226,893	0.457,677	0.230,868	1.026,304	0.025,964	0.236,941
14	0.244,346	0.493,629	0.249,328	1.030,614	0.030,154	0.256,961
15	0.261,799	0.529,685	0.267,949	1.035,276	0.034,668	0.277,401
16	0.279,253	0.565,909	0.286,745	1.040,299	0.039,510	0.298,301
17	0.296,706	0.602,313	0.305,731	1.045,692	0.044,679	0.319,700
18	0.314,159	0.638,916	0.324,920	1.051,462	0.050,182	0.341,641
19	0.331,613	0.675,725	0.344,328	1.057,621	0.056,022	0.364,168
20	0.349,066	0.712,757	0.363,970	1.064,178	0.062,202	0.387,329
21	0.366,519	0.750,025	0.383,864	1.071,145	0.068,728	0.411,174
22	0.383,972	0.787,542	0.404,026	1.078,535	0.074,910	0.435,756
23	0.401,426	0.825,325	0.424,475	1.086,360	0.082,833	0.461,133
24	0.418,879	0.863,390	0.445,229	1.094,634	0.090,422	0.487,363
25	0.436,332	0.901,750	0.466,308	1.103,378	0.098,376	0.514,513
26	0.453,786	0.940,425	0.487,733	1.112,602	0.106,701	0.542,652
27	0.471,239	0.979,434	0.509,525	1.122,326	0.115,403	0.571,854
28	0.488,692	1.018,786	0.531,710	1.132,570	0.124,489	0.602,198
29	0.506,145	1.058,507	0.554,310	1.143,354	0.133,966	0.633,771
30	0.523,599	1.098,612	0.577,350	1.154,701	0.143,841	0.666,667
31	0.541,052	1.139,125	0.600,861	1.166,636	0.154,122	0.700,984
32	0.558,505	1.180,065	0.624,870	1.179,178	0.164,818	0.736,832
33	0.575,939	1.221,451	0.649,408	1.192,366	0.175,937	0.774,330
34	0.593,412	1.263,316	0.674,508	1.206,218	0.187,489	0.813,604
35	0.610,865	1.305,672	0.700,208	1.220,775	0.199,490	0.854,796
36	0.628,318	1.348,546	0.726,543	1.236,068	0.211,935	0.898,056
37	0.645,772	1.391,976	0.753,554	1.252,136	0 224,851	0.943,552

I,

NÉCESSAIRES AU CALCUL.

INTRADOS CIRCULAIRE.

$\alpha =$	$\pi \dfrac{\alpha}{180} =$	$\log \dfrac{1+\sin\alpha}{1-\sin\alpha} =$	$\operatorname{tg}\alpha =$	$\dfrac{1}{\cos\alpha} =$	$\log \dfrac{1}{\cos\alpha} =$	$\dfrac{\operatorname{tg}\alpha}{\cos\alpha} =$
38	0.663,225	1.435,988	0.781,286	1.269,018	0.238,244	0.991,466
39	0.680,678	1.480,580	0.809,784	1.286,759	0.252,127	1.041,997
40	0.698,132	1.525,821	0.839,100	1.305,407	0.266,515	1.095,367
41	0.715,585	1.571,726	0.869,287	1.325,003	0.281,422	1.151,816
42	0.733,038	1.618,335	0.900,404	1.345,632	0.296,864	1.211,613
43	0.750,492	1.665,680	0.932,515	1.367,327	0.312,858	1.275,053
44	0.767,945	1.713,804	0.965,689	1.390,164	0.329,421	1.342,466
45	0.785,398	1.762,749	1.000,000	1.414,214	0.346,574	1.414,214
46	0.802,851	1.812,583	1.035,530	1.439,556	0.364,335	1.490,704
47	0.820,305	1.863,268	1.072,369	1.466,279	0.382,728	1.572,392
48	0.837,758	1 914,934	1.110,612	1.494,477	0.401,776	1.659,784
49	0.855,211	1.967,616	1.150,368	1.524,253	0.421,505	1.753,452
50	0.872,665	2.021,366	1.191,754	1.555,724	0.441,941	1.854,039
51	0.890,118	2.076,247	1.234,897	1.589,016	0.463,115	1.962,271
52	0.907,571	2.132,323	1.279,942	1.624,269	0.485,058	2.078,970
53	0.925,024	2.189,666	1.327,045	1.661,640	0.507,805	2.205,071
54	0.942,478	2.248,354	1.376,382	1.701,302	0.531,393	2.341,641
55	0.959,931	2.308,468	1.428,148	1.743,447	0.555,864	2.489,900
56	0.977,384	2.370,103	1.482,561	1.788,291	0.581,261	2.651,251
57	0.994,838	2.433,350	1.539,869	1.836,079	0.607,632	2.827,312
58	1.012,291	2.498,320	1.600,335	1.887,080	0.635,031	3.019,960
59	1.029,744	2.565,133	1.664,280	1.941,604	0.663,514	3.231,372
60	1.047,197	2.633,913	1.732,050	2.000,000	0.693,147	3.464,101
61	1.064,651	2.704,810	1.804,048	2.062,660	0.723,997	3.721,147
62	1.082,104	2.777,968	1.880,726	2.130,054	0.756,147	4.006,050
63	1.099,557	2.853,577	1.962,610	2.202,689	0.789,679	4 323,021
64	1.117,011	2.931,869	2.050,304	2.281,172	0.824,689	4.677,096
65	1.134,464	3.012,907	2.144,507	2.366,201	0.861,286	5.074,326
66	1.151,917	3.097,094	2.246,037	2.458,593	0.899,589	5.522,091
67	1.169,371	3.184,648	2.355,852	2.559,305	0.939,735	6.029,344
68	1.186,824	3.268,352	2.475,086	2.669,467	0.981,879	6.607,161
69	1.204,277	3.371,138	2.605,090	2.803,308	1.026,195	7.269,313
70	1.221,730	3.470,830	2.747,477	2.930,545	1.072,885	8.033,086
71	1.239,184	3.575,425	2.904,211	3.071,553	1.122,183	8.920,438
72	1.256,637	3.685,459	3.077,685	3.236,068	1.174,359	9.959,592
73	1.274,090	3.801,571	3.270,852	3.420,304	1.229,729	11.187,308
74	1.291,544	3.924,508	3.487,415	3.627,935	1.288,669	12.652,185
75	1.308,997	4.055,174	3.732,050	3.863,704	1.351,626	14.419,536

TABLE

POUR LE TRACÉ DES COURBES DE PRESSION

DIMENSIONS des VOUTES.	Tang α	Tang θ	Tang Θ	Tang θ'	Tang η
	0.000,000	0.000,000	0.000,000	0.000,000	0.000,000
	0.176,327	0.176,251	0.146,876	0.125,893	0.124,279
	0.363,970	0.357,644	0.298,036	0.255,460	0.245,584
$r = 1^m.00, c = 0^m.40$	0.577,350	0.553,980	0.461,650	0.395,700	0.357,307
	0.839,100	0.775,609	0.646,341	0.554,006	0.444,013
	1.191,754	1.040,861	0.867,385	0.743,472	0.475,539
	1.732,050	1.386,139	1.155,116	0,990,099	0.412,393
	0.000,000	0.000,000	0.000,000	0.000,000	0.000,000
	0,176,327	0.176,241	0.165,484	0.155,965	0.155,202
	0.363,970	0.356,842	0.335,062	0.315,789	0.315,644
$r = 10^m.00, c = 1^m.30$	0.577,350	0.551,018	0.517,387	0.487,622	0.478,763
	0.839,100	0.767,561	0.720,714	0.679,257	0.650,774
	1.191,754	1.021,734	0.959,374	0.904,189	0.800,110
	1.732,050	1.342,291	1.260,366	1.187,868	0.849,045
	0.000,000	0.000.000	0.000,000	0.000,000	0.000,000
	0.176,327	0.176,240	0.166,657	0.158,063	0.157,378
	0.363,970	0.356,791	0.337,391	0.319,992	0.319,667
$r = 20^m.00, c = 2^m.30$	0.577,350	0.550,831	0.520,880	0.494,019	0.490,330
	0.839,100	0.767,053	0.725,346	0.687,940	0.668,169
	1.191,754	1.020,528	0.965,038	0.915,272	0.831,645
	1.732,050	1.339,527	1.266,692	1.201,369	0.902,110

II.

DANS LES VOUTES EN PLEIN CINTRE.

α	θ	Θ	θ'	η	OBSERVATIONS.
0° 0' 0"	0° 0' 0"	0° 0' 0"	0° 0' 0"	0° 0' 0"	r désigne le rayon de l'intrados , c , l'épaisseur à la clef.
10 0 0	9 59 44	8 21 20	7 10 31	7 5 3	
20 0 0	19 40 45	16 35 45	14 19 49	13 47 52	α est l'angle du joint avec la verticale et en même temps l'angle avec l'horizontale d'une tangente à l'intrados.
30 0 0	28 59 8	24 46 49	21 35 19	19 39 44	
40 0 0	37 47 51	32 52 35	28 59 12	23 56 30	
50 0 0	46 8 49	40 56 16	36 37 47	25 25 58	$\theta, \Theta\,\theta'$ sont les angles avec l'horizontale correspondant à α, des tangentes menées
60 0 0	54 11 32	49 5 33	44 42 53	22 24 39	aux courbes de pression qui passent, la 1ʳᵉ par le sommet d'intrados , la 2ᵉ par
0 0 0	0 0 0	0 0 0	0 0 0	0 0 0	le milieu du joint de clef , la 3ᵉ par le sommet de l'extrados.
10 0 0	9 59 43	9 23 47	8 51 53	8 0 50	
20 0 0	19 38 18	18 31 27	17 29 16	17 31 5	
30 0 0	28 51 20	27 21 23	25 59 42	25 35 0	
40 0 0	37 30 30	35 46 51	34 11 12	33 3 33	η est l'angle correspondant à α d'une tangente à la courbe d'extrados.
50 0 0	45 36 57	43 48 44	42 7 10	38 39 49	
60 0 0	53 18 51	51 34 15	49 54 28	40 19 58	
0 0 0	0 0 0	0 0 0	0 0 0	0 0 0	
10 0 0	9 59 42	9 27 42	8 58 55	8 56 37	
20 0 0	19 38 9	18 38 38	17 44 39	17 43 38	
30 0 0	28 50 50	27 30 51	26 17 25,	26 7 12	
40 0 0	37 29 24	35 57 18	34 31 32	33 44 58	
50 0 0	45 34 55	43 58 51	42 28 1	39 44 54	
60 0 0	53 15 27	51 42 37	50 13 36	42 3 14	

TABLE

POUR LÉTABLISSEMENT DES VOUTES EN

ESPÈCE de la maçonnerie à employer dans le massif.	DIMENSIONS DONNÉES.					
	Rayon de l'intrados	ÉPAISSEURS			RETRAITES des culées dont le nombre est égal au rayon.	
		au joint à la clef.	au joint à 60°.	au joint de naissance.	Hauteur.	Largeur.
Moellons informes. .	1.000	0.400	0.800	0.450	0.900	» »
	2.000	0.500	1.000	0.750	0.750	0.076
Moellons pendants. .	3.000	0.600	1.200	1.050	0.700	0.137
	4.000	0.700	1.400	1.350	0.675	0.168
	5.000	0.800	1.600	1.650	0.660	0.187
	6.000	0.900	1.800	1.950	0.650	0.199
Moellons équarris. .	7.000	1.000	2.000	2.250	0.643	0.208
	8.000	1.100	2.200	2.550	0.636	0.215
	9.000	1.200	2.400	2.850	0.633	0.220
	10.000	1.300	2.600	3.150	0.630	0.224
	11.000	1.400	2.800	3.450	0.627	0.227
Moellons appareillés.	12.000	1.500	3.000	3.750	0.625	0.230
	13.000	1.600	3.200	4.050	0.623	0.232
	14.000	1.700	3.400	4.350	0.621	0.234
	15.000	1.800	3.600	4.650	0.620	0.236
	16.000	1.900	3.800	4.950	0.619	0.238
Pierre de taille. . .	17.000	2.000	4.000	5.250	0.618	0.239
	18.000	2.100	4.200	5.550	0.617	0.240
	19.000	2.200	4.400	5.850	0.616	0.241
	20.000	2.300	4.600	6.150	0.615	0.242

III.

PLEIN CINTRE ET DE LEURS CULÉES.

MÉTRAGES			COEFFICIENTS DE LA POUSSÉE.		
CONTOUR de la demi-courbe d'extrados.	SECTION verticale depuis le joint de clef jusqu'au joint à 60°.	SECTION verticale d'une demi-arche et de sa culée.	Rapport de la poussée horizontale à la densité de la maçonnerie.	Tangente d'inclinaison par rapport à l'horizontale, de la direction de la pression sur le joint à 60°.	sur le joint de naissance.
1.712,5	0.665,3	1.007,1	0.480	1.386	2.098,1
2.861,1	1.533,5	2.605,7	1.125	1.363	2.316,2
4.035,7	2.682,3	4.723,0	1.980	1.355	2.385,4
5.216,7	4.111,8	7.372,8	3.045	1.350	2.421,3
6.400,3	5.822,1	10.557,9	4.320	1.346	2.444,0
7.585,3	7.813,0	14.279,2	5.805	1.346	2.459,8
8.771,0	10.084,7	18.537,0	7.500	1.345	2.471,6
9.957,2	12.637,1	23.331,6	9.405	1.344	2.480,8
11.143,7	15.470,2	28.663,4	11.520	1.343	2.488,1
12.330,4	18.584,0	34.531,6	13.845	1.342	2.494,2
13.517,2	21.978,5	40.937,1	16.380	1.342	2.499,2
14.704,2	25.653,8	47.879,6	19.125	1.341	2.503,5
15.891,2	29.609,7	55.359,2	22.080	1.341	2.507,2
17.078,3	33.846,4	63.375,8	25.245	1.340	2.510,4
18.265,5	38.363,8	71.929,5	28.620	1.340	2.513,3
19.452,8	43.161,8	81.020,3	32.205	1.340	2.515,8
20.640,0	48.240,6	90.648,1	36.000	1.340	2.518,0
21.827,2	53.600,1	100.813,1	40.005	1.339	2.520,0
23.014,7	59.240,4	111.515,1	44.220	1.339	2.521,8
24.202,0	65.161,3	122.754,3	48.645	1.339	2.523,5

ROUTINE

TABLE

POUR L'ÉTABLISSEMENT DES PIEDS-

DIMENSIONS DONNÉES.			ACTIONS EXERCÉES AUX NAISSANCES.		EPAISSEUR POUR		
Rayon de la voûte.	ÉPAISSEURS. a la clef.	aux naissances.	Volume de la demi-voûte.	Rapport de la poussée horizontale à la densité de la maçonnerie.	1^m.00	2^m.00	3^m.00
1.00	0.400	0.450	1.007,1	0.480	0.70	0.95	1.03
2.00	0.500	0.750	2.605,7	1.125	0.95	1.30	1.45
3.00	0.600	1.050	4.723,0	1.980	1.04	1.53	1.77
4.00	0.700	1.350	7.372,8	3.045	1.08	1.70	2.03
5.00	0.800	1.650	10.557,9	4.320	1.11	1.82	2.23
6.00	0.900	1.950	14.279,2	5.805	1.13	1.92	2.42
7.00	1.000	2.250	18.537,0	7.500	1.14	2.00	2.57
8.00	1.100	2.550	23.331,6	9.405	1.15	2.06	2.71
9.00	1.200	2.850	28.663,1	11.520	1.16	2.10	2.80
10.00	1.300	3.150	34.531,6	13.845	1.16	2.14	2.88
11.00	1.400	3.450	40.937,1	16.380	1.17	2.17	2.96
12.00	1.500	3.750	47.879,6	19.125	1.17	2.19	3.02
13.00	1.600	4.050	55.359,2	22.080	1.17	2.21	3.08
14.00	1.700	4.350	63.375,8	25.245	1.17	2.23	3.12
15.00	1.800	4.650	71.929,5	28.620	1.17	2.25	3.16
16.00	1.900	4.950	81.020,3	32.205	1.17	2.26	3.20
17.00	2.000	5.250	90.648,1	36.000	1.18	2.27	3.23
18.00	2.100	5.550	100.813,1	40.005	1.18	2.28	3.26
19.00	2.200	5.850	111.515,1	44.220	1.18	2.29	3.28
20.00	2.300	6.150	122.754,3	48.645	1.18	2.29	3.30

IV.

DROITS DES VOUTES EN PLEIN CINTRE.

UNIFORME DES PIEDS-DROITS UNE HAUTEUR DE							ÉPAISSEURS UNIFORMES de pieds-droits d'une hauteur infinie.	
$4^m.00$	$5^m.00$	$6^m.00$	$7^m.00$	$8^m.00$	$9^m.00$	$10^m.00$	Pour le cas d'équilibre pratique.	pour le cas d'équilibre théorique.
1.07	1.10	1.12	1.13	1.14	1.14	1.15	1.20	0.98
1.54	1.59	1.62	1.66	1.68	1.70	1.71	1.83	1.50
1.92	2.01	2.07	2.12	2.16	2.19	2.21	2.44	1.99
2.24	2.37	2.47	2.54	2.60	2.64	2.68	3.02	2.47
2.51	2.70	2.83	2.92	3.00	3.06	3.11	3.60	2.94
2.75	2.98	3.15	3.28	3.37	3 45	3.52	4.17	3.41
2.96	3.24	3.44	3.63	3.72	3.82	3.91	4.74	3.87
3.14	3.47	3.71	3.90	4 05	4.17	4.27	5.31	4.34
3.30	3.67	3.96	4.18	4.35	4.50	4.62	5.88	4.80
3.44	3.86	4.18	4.43	4.64	4.81	4.94	6.44	5.26
3.56	4.02	4.38	4.67	4.90	5.09	5.25	7.01	5.72
3.67	4.17	4.57	4.89	5.15	5.37	5.55	7.57	6.18
3.76	4.31	4.74	5.09	5.38	5.62	5.83	8.14	6.64
3.85	4.43	4.90	5.28	5.60·	5.87	6.09	8.70	7.11
3.92	4.54	5.04	5.46	5.80	6.09	6.34	9.27	7.57
3.99	4.64	5.17	5.62	5.99	6.31	6.58	9.83	8.02
4.04	4.72	5.29	5.77	6.17	6.51	6.80	10.39	8.43
4.10	4.81	5.40	5.91	6 34	6.70	7.02	10.95	8.94
4.14	4.88	5.51	6.04	6.49	6.88	7.22	11.52	9.40
4.18	4 95	5.60	6.16	6.64	7.05	7.41	12.08	9.86

TABLE

POUR L'ÉTABLISSEMENT DES VOUTES EN ARC DE

| DIMENSIONS DONNÉES. | | | | MÉTRAGES. | | |
| | ÉPAISSEURS | | | | SECTION VERTICALE. | |
Rayon d'intrados égal à l'ouverture.	au joint à la clef.	au joint extrème.	au niveau des naissances.	hauteur de la maçonnerie au-dessus des naissances.	Contour d'une moitié de l'extrados.	De la voûte seule.	De la demi-voûte et du massif de culée.
2.00	0.40	0.462	0.73	0.40	1.29	0.486	0.824
4.00	0.50	0.577	1.00	1.00	2.39	1.171	2.026
6.00	0.60	0.693	1.50	1.20	3.49	2.081	3.674
8.00	0.70	0.808	2.00	1.40	4.59	3.218	5.735
10.00	0.80	0.924	2.50	1.60	5.69	4.579	8.210
12.00	0.90	1.039	3.00	1.80	6.80	6.166	11.099
14.00	1.00	1.155	3.50	2.00	7.90	7.979	14.402
16.00	1.10	1.270	4.00	2.20	9.00	10.017	18.119
18.00	1.20	1.386	3.00	3.60	10.11	12.281	22.249
20.00	1.30	1.501	3.33	3.90	11.21	14.770	26.794
22.00	1.40	1.617	3.67	4.20	12.31	17.484	31.753
24.00	1.50	1.732	4.00	4.50	13.42	20.455	37.126
26.00	1.60	1.848	4.33	4.80	14.52	23.590	42.912
28.00	1.70	1.963	4.67	5.10	15.62	26.981	49.113
30.00	1.80	2.079	5.00	5.40	16.73	30.598	55.727
32.00	1.90	2.194	5.33	5.70	17.83	34.440	62.756
34.00	2.00	2.309	5.67	6.00	18.93	38.508	70.198
36.00	2.10	2.425	6.00	6.30	20.04	42.801	78.055
38.00	2.20	2.540	6.33	6.60	21.14	47.320	86.325
40.00	2.30	2.656	6.67	6.90	22.25	52.063	95.010

V.

CERCLE DE 60°, DE LEURS CULÉES ET PIEDS-DROITS.

RAPPORT de la poussée horizontale à la densité de la maçonnerie.	ÉPAISSEUR UNIFORME DES PIEDS-DROITS UNE HAUTEUR DE					ÉPAISSEUR UNIFORME de pieds-droits d'une hauteur infinie.	
	2	4	6	8	10	Pour le cas d'équilibre pratique.	Pour le cas d'équilibre théorique.
0.880	1.43	1.52	1.56	1.57	1.58	1.62	1.33
2.125	2.07	2.28	2.36	2.40	2.42	2.52	2.06
3.780	2.57	2.94	3.08	3.15	3.19	3.37	2.75
5.845	2.99	3.53	3.74	3.84	3.91	4.19	3.42
8.320	3.35	4.07	4.36	4.51	4.60	5.00	4.08
11.205	3.65	4.57	4.95	5.15	5.27	5.80	4.73
14.500	3.91	5.04	5.50	5.76	5.91	6.59	5.38
18.205	4.14	5.46	6.03	6.34	6.54	7.39	6.03
22.320	4.33	5.86	6.54	6.91	7.15	8.18	6.68
26.845	4.50	6.23	7.01	7.45	7.73	8.97	7.33
31.780	4.64	6.57	7.47	7.98	8.30	9.76	7.97
37.125	4.77	6.89	7.90	8.49	8.86	10.55	8.62
42.880	4.88	7.18	8.32	8.97	9.40	11.34	9.26
49.045	4.98	7.46	8.71	9.44	9.92	12.13	9.90
55.620	5.07	7.71	9.08	9.895	10.43	12.92	10.55
62.605	5.14	7.95	9.44	10.33	10.92	13.70	11.19
70.000	5.21	8.17	9.78	10.75	11.40	14.49	11.83
77.805	5.27	8.39	10.10	11.16	11.86	15.28	12.47
86.020	5.32	8.56	10.41	11.55	12.32	16.06	13.12
94.645	5.37	8.74	10.70	11.93	12.76	16.85	13.76

TABLE

POUR L'ÉTABLISSEMENT DES VOUTES EN OGIVE

Rayon d'intrados égal à l'ouverture.	Hauteur sous clef.	DIMENSIONS DONNÉES.				Retraites des culées dont le nombre est égal a la moitié du rayon.	
		ÉPAISSEURS					
		de la voûte au coupeau.	de la voûte sur le joint à 60°.	d'une demi-pile a la naissance.	d'une culée à la naissance.	Hauteur.	Largeur.
2	1.73	0.40	0.80	0.40	0.60	1.40	0.18
4	3.46	0.50	1.00	0.50	1.05	1.25	0.36
6	5.20	0.60	1.20	0.60	1.50	1.20	0.42
8	6.93	0.70	1.40	0.70	1.95	1.17	0.45
10	8.66	0.80	1.60	0.80	2.40	1.16	0.47
12	10.39	0.90	1.80	0.90	2.85	1.15	0.48
14	12.12	1.00	2.00	1.00	3.30	1.14	0.49
16	13.86	1.10	2.20	1.10	3.75	1.14	0.50
18	15.59	1.20	2.40	1.20	4.20	1.13	0.50
20	17.32	1.30	2.60	1.30	4.65	1.13	0.51
22	19.05	1.40	2.80	1.40	5.10	1.13	0.51
24	20.78	1.50	3.00	1.50	5.55	1.12	0.51
26	22.52	1.60	3.20	1.60	6.00	1.12	0.52
28	24.25	1.70	3.40	1.70	6.45	1.12	0.52
30	25.98	1.80	3.60	1.80	6.90	1.12	0.52
32	27.71	1.90	3.80	1.90	7.35	1.12	0.52
34	29.44	2.00	4.00	2.00	7.80	1.12	0.52
36	31.18	2.10	4.20	2.10	8.25	1.12	0.52
38	32.91	2.20	4.40	2.20	8.70	1.12	0.53
40	34.64	2.30	4.60	2.30	9.15	1.11	0.53

VI.

(TIERS-POINT) ET DE LEURS CULÉES OU PILES.

MÉTRAGES, SECTION VERTICALE				COEFFICIENTS DE LA POUSSÉE.		
d'une demi-voûte seule.	d'une demi-voûte avec sa demi-pile.	d'une demi-voûte avec sa culée.	du volume à ajouter au sommet pour l'équilibre.	Rapport de la poussée horizontale à la densité de la maçonnerie.	Tangente d'inclinaison par rapport à l'horizontale de la direction de la pression sur le joint à 60°.	sur le joint de naissance.
0.753	1.368	1.618	0.40	0.762	1.513	2.688
1.752	3.400	4.325	1.00	1.840	1.496	2.894
3.075	6.187	7.909	1.80	3.274	1.489	2.965
4.723	9.728	12.414	2.80	5.062	1.486	3.006
6.695	14.022	17.841	4.00	7.205	1.484	3.031
8.992	19.072	24.192	5.40	9.704	1.483	3.049
11.613	24.875	31.468	7.00	12.557	1.482	3.063
14.559	31.432	39.669	8.80	15.766	1.482	3.074
17.828	38.744	48.794	10.80	19.330	1.481	3.083
21.423	46.810	58.844	13.00	23.248	1.481	3.090
25.341	55.630	69.820	15.40	27.522	1.480	3.096
29.581	65.205	81.720	18.00	32.151	1.480	3.102
34.152	75.533	94.544	20.80	37.135	1.480	3.106
39.043	86.616	108.294	23.80	42.474	1.480	3.110
44.259	98.453	122.969	27.00	48.168	1.479	3.113
49.800	111.044	138.569	30.10	54.217	1.479	3.117
55.665	124.390	155.024	34.00	60.622	1.479	3.119
61.854	138.489	172.543	37.80	67.381	1.479	3.122
68.368	153.343	190.918	41.80	74.495	1.479	3.124
75.206	168.951	210.218	46.00	81.965	1.479	3.126

TABLE

POUR L'ÉTABLISSEMENT DES PIEDS-DROITS

Rayon de la voûte.	ÉPAISSEURS à la clef.	aux naissances.	Volume de la demi-voûte et de la charge au sommet.	Rapport de la poussée à la densité de la maçonnerie.	ÉPAISSEUR POUR $2^m.00$	$4^m.00$	$6^m.00$
2	0.40	0.60	2.048	0.762	1.08	1.28	1.35
4	0.50	1.05	5.325	1.840	1.37	1.78	1.95
6	0.60	1.50	9.709	3.274	1.54	2.15	2.43
8	0.70	1.95	15.214	5.062	1.63	2.43	2.83
10	0.80	2.40	21.841	7.205	1.71	2.66	3.17
12	0.90	2.85	29.592	9.704	1.76	2.84	3.47
14	1.00	3.30	38.468	12.557	1.79	2.99	3.72
16	1.10	3.75	48.469	15.766	1.81	3.11	3.94
18	1.20	4.20	59.594	19.330	1.83	3.20	4.12
20	1.30	4.65	71.844	23.248	1.85	3.28	4.29
22	1.40	5.10	85.220	27.522	1.86	3.35	4.43
24	1.50	5.55	99.720	32.151	1.86	3.40	4.55
26	1.60	6.00	115.344	37.135	1.87	3.45	4.66
28	1.70	6.45	132.094	42.474	1.87	3.49	4.76
30	1.80	6.90	149.969	48.168	1.88	3.52	4.84
32	1.90	7.35	168.969	54.217	1.88	3.55	4.92
34	2.00	7.80	189.094	60.622	1.88	3.58	4.98
36	2.10	8.25	210.343	67.381	1.89	3.60	5.04
38	2.20	8.70	232.718	74.495	1.89	3.62	5.09
40	2.30	9.15	256.218	81.965	1.89	3.63	5.14

VII.

DES VOUTES EN OGIVE (TIERS-POINT).

UNIFORME DE PIEDS-DROITS UNE HAUTEUR DE							ÉPAISSEURS UNIFORMES de pieds-droits d'une hauteur infinie.	
$8^m.00$	$10^m.00$	$12^m.00$	$14^m.00$	$16^m.00$	$18^m.00$	$20^m.00$	Pour le cas d'équilibre pratique.	Pour le cas d'équilibre théorique.
1.39	1.41	1.43	1.44	1.45	1.46	1.46	1.51	1.23
2.04	2.10	2.14	2.17	2.19	2.21	2.22	2.35	1.92
2.58	2.69	2.75	2.81	2.84	2.87	2.90	3.13	2.56
3.06	3.21	3.31	3.39	3.45	3.50	3.54	3.90	3.18
3.48	3.68	3.83	3.93	4.02	4.08	4.13	4.65	3.80
3.85	4.11	4.30	4.44	4.55	4.64	4.71	5.39	4.40
4.19	4.51	4.74	4.91	5.05	5.16	5.25	6.14	5.01
4.48	4.87	5.15	5.36	5.53	5.66	5.77	6.88	5.61
4.75	5.20	5.53	5.58	5.98	6.14	6.27	7.61	6.22
4.99	5.50	5.88	6.17	6.40	6.59	6.75	8.35	6.82
5.21	5.77	6.20	6.54	6.80	7.02	7.20	9.09	7.42
5.39	6.03	6.51	6.88	7.19	7.43	7.64	9.82	8.02
5.57	6.26	6.79	7.21	7.55	7.83	8.06	10.55	8.62
5.73	6.47	7.05	7.52	7.89	8.20	8.46	11.29	9.22
5.87	6.67	7.30	7.79	8.21	8.56	8.84	12.02	9.81
6.00	6.85	7.53	8.07	8.52	8.90	9.21	12.75	10.41
6.11	7.01	7.74	8.33	8.81	9.22	9.56	13.49	11.01
6.22	7.17	7.94	8.57	9.09	9.53	9.90	14.22	11.61
6.31	7.31	8.12	8.79	9.35	9.82	10.22	14.95	12.21
6.39	7.44	8.29	9.00	9.60	10.10	10.53	15.68	12.80

QUATRIÈME SECTION.

NOTES DIVERSES.

NOTE I.

Sur la détermination du profil d'équilibre mathématique des voûtes.

1. Lahire, dès 1695, De Prony, vers 1790, et tous ceux qui, à l'exemple de ces deux savants, ont recherché la loi suivant laquelle doit croître l'épaisseur d'une voûte, pour qu'elle soit en équilibre mathématique, ont considéré le système des voussoirs comme un assemblage, par juxtaposition, de coins sans frottement : leurs diverses théories se résument dans un principe caractéristique et d'une grande simplicité, qui peut être énoncé ainsi :

Lorsque les joints des voussoirs sont normaux à la courbe de pression, le poids de la voûte, depuis le sommet jusqu'à un joint donné, doit croître comme la tangente de l'angle que fait avec la verticale la direction du joint.

Ce principe peut être démontré en peu de mots et indépendamment de la théorie du coin. Soient en effet Q la composante horizontale de la pression, composante qui est constante, parce que toutes les actions appliquées sont verticales ; P la composante verticale de la même pression, composante qui, sur chaque joint, est nécessairement égale au poids de la voûte compté depuis le sommet jusqu'à ce joint ; θ l'angle du joint considéré avec la verticale, ou ce qui revient au même, l'angle que fait avec l'horizontale une tangente menée à la courbe de pression. Pour exprimer que P et Q ont une résultante dirigée suivant la courbe de pression, on doit écrire :

$$\frac{P}{Q} = \operatorname{tang} \theta, \quad P = Q \operatorname{tang} \theta.$$

Sur un autre joint, θ deviendra θ', P deviendra P' ; mais Q conservera sa valeur constante, et l'on aura :

$$P' = Q \operatorname{tang} \theta'.$$

D'où l'on tire la démonstration du principe ci-dessus énoncé :

$$P' - P = Q \left(\operatorname{tang} \theta' - \operatorname{tang} \theta \right). \qquad (1)$$

2. Rondelet, dans son Traité théorique et pratique de l'art de bâtir (tome 2e, page 156), déduit du principe qu'on vient d'exposer une certaine construction géométrique, inexacte d'ailleurs, du profil de l'extrados ; puis substitue à cette construction la règle pratique suivante, pour les voûtes en plein cintre.

Fig. 11.

Par la naissance A, menez une verticale indéfinie AG ; portez sur l'axe OD prolongé la distance OV, égale à la moitié du rayon d'intrados ; puis, du point V comme centre et à partir du dessus de la clef E, tracez un arc de cercle, qui ira couper en N la verticale AG : l'arc circulaire NE sera le profil de l'extrados.

Cette règle, ainsi qu'il est aisé de le reconnaître, a l'inconvénient d'augmenter, sans profit pour la stabilité, le volume de la voûte et de la culée. Mais parmi les profils de voûtes qui s'exécutent communément et qui sont déterminés par simple routine, le profil Rondelet, adopté par un grand nombre d'architectes, nous paraîtrait encore satisfaire le mieux aux conditions d'équilibre pratique.

Du reste, Rondelet ne donne cette règle pour ainsi dire qu'en passant et il en fait complétement abstraction, lorsqu'il reprend, dans le même ouvrage (tom. 3, pag. 255), la théorie générale des voûtes : alors, il déduit de *vingt-quatre* principes, présentés soit comme des théorèmes, soit comme résultats divers de 54 expériences, une formule générale pour le calcul des voûtes extradossées d'égale épaisseur, formule qui jusqu'ici paraît n'avoir eu accès, ni dans la théorie, ni dans la pratique de l'établissement des voûtes.

3. Lorsqu'on suppose les voussoirs infiniment petits, c'est-à-dire terminés par des joints interceptant un angle $d\theta$, l'équation (1) ci-dessus est ramenée à :

$$d\,\mathrm{P} = \mathrm{Q}\,d\,\tang\theta = \mathrm{Q}\,\frac{d\theta}{\cos^2\theta}.$$

Maintenant, si l'on suppose premièrement, comme l'ont fait jusqu'ici tous les auteurs, que la courbe de pression se confond avec celle de l'intrados et que ρ, ε désignent le rayon de courbure et la longueur de joint, variables l'un et l'autre, M la densité constante de la matière de la voûte, on trouve :

$$d\,\mathrm{P} = \frac{\mathrm{M}}{2}\,(2\,\rho\,\varepsilon + \varepsilon^2)\,d\theta,$$

d'où l'on tire la relation générale :

$$2\,\rho\,\varepsilon + \varepsilon^2 = \frac{2\mathrm{Q}}{\mathrm{M}\cos^2\theta}.$$

La constante Q se trouve déterminée par les valeurs r, c que l'on attribue au rayon de courbure et au joint pour le sommet de l'intrados, et l'on a ainsi, *pour le cas où la courbe de pression se confond avec l'intrados :*

$$\mathrm{Q} = \frac{\mathrm{M}}{2}\,(2\,cr + c^2), \qquad \varepsilon = -\rho + \sqrt{\rho^2 + \frac{2\mathrm{Q}}{\mathrm{M}\cos^2\theta}}, \qquad (2)$$

équations qui serviront à déterminer complétement le profil de la voûte, quand la figure de l'intrados sera donnée.

En second lieu, on peut supposer aussi que la courbe de pression se confond avec l'extrados, dont le rayon de courbure serait représenté généralement par ρ', et au sommet par r'. Alors, la surface d'un voussoir infiniment petit est exprimée par $(2\,\rho'\varepsilon - \varepsilon^2)\,d\theta$ et l'on a, *pour le cas où la courbe de pression se confond avec l'extrados :*

$$\mathrm{Q} = \frac{\mathrm{M}}{2}\,(2\,cr' - c^2), \qquad \varepsilon = \rho' - \sqrt{\rho'^2 - \frac{2\mathrm{Q}}{\mathrm{M}\cos^2\theta}}. \qquad (3)$$

Enfin, et c'est ici qu'on rentre dans une hypothèse pratique, on peut supposer que la courbe de pression passe par les milieux de tous les joints, et que son rayon de courbure, désigné généralement par P, prend la valeur R au sommet. Alors, la surface d'un voussoir différentiel est simplement $\mathrm{P}\,d\theta$, et il vient *pour le cas où la courbe de pression passe par les milieux de tous les joints, en restant d'ailleurs normale à leurs directions.*

$$Q = M c R, \quad \varepsilon = \frac{c}{\cos^2\theta} \frac{R}{\rho}. \tag{4}$$

Les équations (2), (3), (4), montrent toutes que ρ et ε ne peuvent pas être constants simultanément, c'est-à-dire qu'*une voûte circulaire ne peut pas être extradossée parallèlement.* Mais d'ailleurs, comme ces deux variables ne sont liées que par une relation unique, telle que :

$$2\rho\varepsilon + \varepsilon^2 = \frac{Q}{M\cos^2\theta},$$

on peut établir entre elles diverses autres relations à chacune desquelles répondra un résultat plus ou moins applicable. On va passer en revue les principales suppositions qui peuvent être faites sur les valeurs du rayon de courbure et de la longueur du joint.

1° *Si l'on veut que l'intrados soit circulaire*, on posera $\rho = r$ dans l'équation (2) et l'on en conclura les longueurs successives de tous les joints faisant des angles donnés avec la verticale. La courbe d'extrados qui en résultera, sera du genre de la péricloïde (n° 21) ; mais elle s'éloignera beaucoup plus rapidement de l'intrados. On a vu, n° 27, que cette solution est, pour divers motifs, inadmissible dans la pratique.

2° *Si l'on veut que l'extrados soit circulaire*, on posera $\rho' = r'$ dans l'équation (3), qui donnera la longueur de joints. On arrivera ainsi à une courbe d'intrados, analogue à la branche inférieure de la péricycloïde (n° 96), mais qui ne peut être applicable.

3° *Si l'on veut que la voûte soit extradossée parallèlement*, on posera $\varepsilon = c$ dans les équations (4), d'où résultera :

$$\rho = \frac{R}{\cos^2\theta},$$

puis nommant S l'arc de la courbe de pression moyenne, compté à partir du sommet, remplaçant ρ par sa valeur $\frac{ds}{d\theta}$, et intégrant, on aura, pour déterminer l'espèce de la courbe de pression :

$$S = R \tang \theta. \tag{5}$$

Cette équation appartient, comme on sait, à une chaînette. Ayant tracé en conséquence la courbe de pression moyenne, on aura les points de l'intrados et de l'extrados correspondant à un rayon de courbure donné, en portant sur la direction de ce rayon une distance $\frac{c}{2}$, tant au-dessous qu'au-dessus de la courbe de pression. On arriverait exactement au même résultat en partant, soit des équations (2), soit des équations (3); ni l'intrados, ni l'extrados ne doivent se tracer suivant une chaînette, mais être profilés l'un et l'autre parallèlement à une chaînette moyenne, à laquelle se réduit la voûte, quand l'épaisseur c devient infiniment petite.

Ainsi, *une voûte extradossée d'égale épaisseur est rigoureusement en équilibre mathématique, si tous ses joints sont normaux à une chaînette et ont leurs milieux sur cette chaînette.*

Ce principe, révélé depuis plus d'un siècle et demi par les travaux de Jacques Bernouilli, résout d'une manière tellement complète le problème de l'équilibre des voûtes, et offre si peu d'inconvénients dans la pratique, qu'on ne peut s'expliquer comment il n'a encore donné lieu à aucune application connue.

4° On peut encore supposer que, *le rayon de courbure et la longueur du joint croissent proportionnellement*, de telle sorte que l'on ait toujours $\rho = n\varepsilon$. Introduisant cette condition dans les équations (4), et remarquant d'ailleurs que, r étant le rayon de l'intrados, on a, au sommet, $R = r + \frac{c}{2}$, on trouve facilement :

$$Q = \frac{M}{2}(2cr + c^2), \qquad \varepsilon = \frac{c}{\cos\theta}, \qquad \rho = \frac{r + \frac{c}{2}}{\cos\theta}. \qquad (6)$$

On pourra construire la courbe de pression par rayons successifs, comme l'indique la *fig.* 58 (n° 117) ; puis, déterminant les longueurs des joints par la construction connue, on portera moitié de chaque longueur ε sur le rayon de courbure correspondant, tant au-dessous qu'au-dessus de la courbe, ce qui déterminera par points l'intrados et l'extrados.

Si l'on réalise cette construction, en attribuant à r, c, des valeurs pratiques, et en s'arrêtant d'ailleurs à $\theta = 60°$, on arrive à un profil différant très-peu de celui indiqué dans la première section pour les voûtes circulaires. Ainsi, *le profil d'équilibre pratique des voûtes circulaires, donné au n° 19, est à très-peu près le profil d'équilibre mathématique d'une voûte dans laquelle la courbe de pression passerait par les milieux de tous les joints et dont la poussée horizontale aurait la valeur donnée au n° 15.*

4. Cette dernière conclusion a une grande importance, pour la justification du profil d'équilibre que nous avons proposé. En effet, si la construction ci-dessus conduisait précisément à un intrados circulaire ; si en même temps les joints de la voûte étaient normaux, non pas à l'intrados, mais à la courbe de pression ; la voûte se trouverait dans un état d'équilibre mathématique, sans emprunter aucune résistance au frottement. Dans la réalité, la petite différence qu'offre le profil pratique avec le profil mathématique ne saurait altérer d'une manière notable ni le trajet, ni l'intensité de la pression ; et, d'un autre côté, si la direction de la pression n'est point normale aux joints, la résistance naturelle du frottement suffit amplement à corriger ce défaut d'équilibre mathématique.

Du reste, la même conclusion ressortira, bien plus directement encore, dans la note II suivante, par l'application de la méthode de M. Méry à notre profil d'équilibre.

NOTE II.

Vérification du profil d'équilibre par la méthode de M. Méry et par la théorie de Coulomb.

1. La méthode de M. Méry, exposée dans les Annales des ponts et chaussées année 1840, nécessite, comme celle de Coulomb, la recherche des centres de gravité de diverses portions du profil de la voûte, recherche toujours fort longue et souvent fort ardue. Ainsi, pour les ingénieurs qui veulent appliquer l'une ou l'autre de ces méthodes, ce sera un point de départ fort utile que d'adopter dès le principe un profil qui ramène aux termes les plus simples la recherche dont il s'agit. Le profil d'équilibre remplit parfaitement ce but, dans le cas des intrados circulaires.

D'abord, le volume v_α de la voûte, compté depuis le joint de clef jusqu'à un joint qui a une inclinaison α sur la verticale, est donné par la formule

(1) du n° 24, dont tous les coefficients en α se trouvent tout calculés dans la table I. Secondement, le moment d'un voussoir différentiel dv par rapport à l'axe vertical, a pour expression (n° 94) :

$$x_i\, dv = \frac{1}{3}\, (\rho^3 - r^3) \sin \alpha\, d\alpha,$$

d'où l'on déduit, en intégrant et en désignant par m_α le moment de la section v_α entière :

$$m_\alpha \int x_i\, dv = c^2 r \left(\frac{1}{\cos \alpha} - 1 \right) + cr^2 \log \frac{1}{\cos \alpha}\ \ \frac{c^3}{6} \tang^2 \alpha. \tag{1}$$

Les coefficients en α de cette nouvelle formule, se trouvent aussi tout calculés dans la table I. De là, pour la distance X_α du centre de gravité de v_α à l'axe vertical :

$$X_\alpha = \frac{m_\alpha}{v_\alpha}. \tag{2}$$

Ce mode de détermination du centre de gravité, réduit ainsi à des opérations arithmétiques, servira pour toute l'étendue de la voûte proprement dite, c'est-à-dire jusqu'au joint incliné de 60° sur la verticale. Quant au massif de culée, comme son profil est terminé par un arc de cercle et des lignes droites, on trouvera son centre de gravité par les règles communes de la statique, ou par un procédé abrégé qui procure une approximation suffisante dans l'espèce.

En opérant comme il vient d'être dit, et en considérant une voûte en plein cintre de 10^m.00 de rayon sur 1.30 d'épaisseur à la clef, on arrive aux résultats suivants :

$$\alpha = 30°,\ v_\alpha = 7.629,\ X_\alpha = 2^m810,$$
$$\alpha = 60°,\ v_\alpha = 18.584,\ X_\alpha = 5.817.$$

Massif de culée seul : $v' = 15.948$, $X' = 10.90$, approximativement.
Demi-voûte entière : $W = 34.532$, $X = 8^m.164$.

La voûte de 10^m.00 de rayon doit être considérée comme une moyenne entre les grandes voûtes en plein cintre, dont le rayon varie communément de 5 à 15^m. C'est donc à une telle voûte qu'il a paru convenable d'appliquer les vérifications faisant l'objet de la présente note.

2. Voici, en quelques mots, l'esprit de la méthode de M. Méry.

Fig. 50.

Lorsqu'une voûte est en équilibre, l'un quelconque de ses joints, *mn*, supporte une certaine série de pressions qui peuvent être ramenées à une résultante unique appliquée en un point *i* de ce joint et cette résultante, en changeant de signe, doit faire équilibre à toutes les actions que transmet au joint *mn*, la partie supérieure ED*mn* de la voûte. Nommant donc Q la poussée horizontale appliquée en un point *c* de la clef, *y* son bras de levier H*i* ; P le poids de la portion de voûte ED*mn*, *x* son bras de levier, ou la distance G*i* du point *i* à la verticale abaissée du centre de gravité de la ligne ED*mn*, la condition d'équilibre s'écrira :

$$Qy = Px. \tag{3}$$

Si, ayant réglé d'avance le profil de la voûte, et connaissant par suite le poids P, ainsi que son centre de gravité, on se donne *y* et *x*, c'est-à-dire les positions des points *c*, *i*, la valeur de la poussée horizontale Q sera donnée par la condition (3). Ensuite la même condition déterminera soit par construction géométrique, soit par le calcul, le point d'application de la pression résultante sur chaque joint, ou, en d'autres termes, *le trajet de la courbe de pression.*

Au lieu de se donner deux points de la courbe de pression, on peut se donner, d'une part, son origine *c* sur le joint de clef, d'autre part, l'intensité Q de la poussée horizontale, ce qui encore déterminera complétement ladite courbe.

Comme le rapport $\dfrac{y}{x}$ est précisément la tangente de l'angle que fait avec l'horizontale la direction de chaque pression résultante, on remarque que l'équation (3) ci-dessus exprime au fond la même condition que l'équation (1) de la note I ; mais *le principe de Lahire n'est qu'un cas particulier de la théorie de M. Méry.* Ce principe, en effet, suppose non-seulement que la voûte est tracée suivant le profil d'équilibre, mais encore que la courbe de pression reste constamment normale au joint ; or, cette dernière condition n'est jamais réalisée dans la pratique et elle ne pourrait l'être, comme on l'a vu (note I, n° 3), qu'au moyen d'une voûte dont la directrice moyenne serait une chaînette.

Revenant à la méthode de M. Méry, on en conclut ce qui suit :

1° La courbe de pression peut occuper dans le profil de la voûte une nfinité de positions, à chacune desquelles correspond une valeur particulière de la poussée Q ; 2° chacune de ces courbes, selon son point de départ sur le joint de clef, indique clairement en quels points la pression tend à sortir du profil de la voûte, et conséquemment en quels points la rupture est à craindre ; 3° tant sous le rapport du renversement que sous celui de l'écrasement, *la condition de profil la plus avantageuse serait celle qui permettrait à une courbe de pression partant du milieu de la clef de passer aussi par les milieux de tous les joints.*

3. Appliquons la méthode précédente à la vérification de la stabilité d'une voûte en plein cintre de $10^m.00$ de rayon, tracée suivant le profil d'équilibre pratique, et donnons-nous d'abord deux points de la courbe de pression situés savoir, le premier en c au milieu du joint de clef, l'autre en I, au milieu du joint MN qui fait un angle de 60° avec la verticale.

Dans cette hypothèse, et en divisant une fois pour toutes les poids par la densité des maçonneries, nous avons, suivant les dimensions calculées ci-dessus (n° 1) et suivant la figure du profil :

$$P = 18.584, \quad x = (10.00 + 1.30)\frac{\sqrt{3}}{2} - 5\,817 = 3.969, \quad y = 5.00,$$

d'où l'on tire pour la valeur de la poussée horizontale :

$$Q = \frac{Px}{y} = 14.752.$$

Cette valeur diffère extrêmement peu de celle résultant des règles indiquées aux n°^{s} 22 et 25 de la 1re section et qui serait ici 14.745, pour une courbe de pression partant du milieu de la clef : la petite différence (14^k environ, sur 29,400^k) tient à ce que la dernière courbe n'irait point passer précisément au milieu du joint extrême.

Afin de mieux mettre en parallèle les deux méthodes, donnons-nous maintenant le point de départ c de la courbe de pression, avec l'intensité $Q = 14.745$ de la poussée horizontale, puis cherchons par la méthode de M. Méry quel sera le trajet de ladite courbe.

Nommant P le poids d'une portion de voûte jusqu'à l'inclinaison de joint α, p la distance à l'arête d'intrados m de la verticale KG abaissée du centre de gravité de P ; Q la poussée donnée, q la hauteur Jm entre la direction de cette poussée et l'arête m; enfin l la distance im comprise entre l'arête m et le point de passage de la courbe de pression sur le joint considéré mn : nous trouverons facilement, à l'aide de l'équation (3) ci-dessus :

$$l = \frac{Qq - Pp}{P \sin \alpha + Q \cos \alpha}. \tag{4}$$

Substituant dans cette formule la valeur donnée de Q et successivement les groupes de valeurs P, p, q, α qui conviennent à chaque joint, on obtiendra tous les points de la courbe de pression. La distance de cette courbe au milieu de chaque joint aura pour valeur, d'après la figure du profil :

$$\delta = l - \frac{c}{2 \cos \alpha}.$$

L'application de ce calcul à la voûte de $10^m.00$ de rayon donne les résultats suivants :

$$\text{pour } \alpha = 30^\circ, \; l = 0.81, \; \delta = 0.06,$$
$$\text{pour } \alpha = 60^\circ, \; l = 1.33, \; \delta = 0.03.$$

Ainsi, tant sur le joint de clef, que sur celui à 30° et sur celui à 60°, la courbe de pression moyenne passe fort près du milieu de la longueur du joint et il est permis de conclure qu'il en est de même pour tous les joints intermédiaires aux précédents.

On peut aussi, au moyen de la méthode précédente, répéter la vérification donnée, sous un tout autre point de vue, au n° 25 de la première section, et reconnaître de nouveau que les deux courbes de pression extrêmes, partant, *l'une du sommet d'intrados*, *l'autre du sommet d'extrados*, *ne peuvent pas sortir du profil de la voûte* : le calcul montre que la première courbe à laquelle répond la poussée minimum 13.845, va couper le joint extrême à 0.31 de l'intrados, et que la seconde courbe, à laquelle répond la poussée maximum 15.645 va couper le même joint à 0.81 de l'extrados.

Enfin, si au moyen des données du n° 1, on cherche le point de passage de la courbe de pression moyenne sur le joint horizontal de naissance, qui a suivant le profil, $3^m.15$ de longueur, on trouve (formule 4) :

$$l = \frac{14.745 \times 10.65 - 34.532 \times 1.836}{34.532} = 2^m.70$$

La courbe de pression minimum va couper le même joint à 2^m.20 de l'intrados, et la courbe de pression maximum tend à sortir du plein de la culée, au niveau de la naissance; il est aisé de se rendre compte qu'il n'y a point là indice d'instabilité, bien que la pression se distribue dans le massif de culée d'une manière moins parfaite que dans la voûte proprement dite. Du reste, si l'on tenait à vouloir corriger cette imperfection relative de la culée on n'aurait besoin que d'accroître très-peu son épaisseur; mais ce serait une amélioration assurément superflue.

En résumé, nous croyons pouvoir conclure, et nous tenons à conclure, de la discussion qui précède les points de rapprochement suivants entre la méthode de M. Méry et la nôtre.

1° La méthode de M. Méry conduit, dans des circonstances semblables à la même valeur numérique de la poussée horizontale.

2° Elle confirme ce *résultat important* déjà vérifié (note I, n° 4) d'après le principe de Lahire, savoir que, dans le profil d'équilibre proposé, la courbe de pression moyenne, partant du milieu de la clef, passe sensiblement par les milieux de tous les joints de la voûte.

4. La théorie de Coulomb n'est point propre, comme la précédente, à donner une idée des divers modes de stabilité qui peuvent s'établir dans l'intérieur d'une voûte, ni de la valeur de la poussée horizontale correspondant à chacun de ces modes différents; mais elle renferme entre deux limites rigoureuses tous les cas possibles d'équilibre. On voit qu'il n'y a plus là aucune espèce de rapport entre cette méthode toute mathématique, trop mathématique peut-être, et les considérations exposées dans la première section. Mais, plus la dissemblance est tranchée, plus il importe de vérifier par la théorie de Coulomb le profil d'équilibre par nous proposé, plus aussi les résultats de cette vérification auront de valeur.

La théorie de Coulomb réduite à ses termes les plus précis par M. Audoy et exposée, aussi par lui, dans le n° 4 du Mémorial de l'officier du génie, consiste en ce qui suit :

Si l'on considère une voûte dans le cas de la *fig.* 17, à l'instant d'équilibre mathématique où cette voûte va se rompre par affaissement de la clef, il s'exerce au sommet d'extrados E un certain effort horizontal χ, lequel maintient en équilibre la portion de voûte EDMN sur l'arête de rotation M : nommant donc y le bras de levier EH de cette force χ, ϖ le poids de la portion de voûte EDMN, x l'abscisse de son centre de gravité par rapport à l'arête M, on aura dans l'instant d'équilibre dont il s'agit :

$$\chi = \frac{\varpi x}{y}.$$

Répétant cette opération pour différents joints de la voûte, on arrivera *par tâtonnement* à déterminer le *maximum de la force* χ ainsi calculée.

En second lieu, si l'on considère la même voûte comme au moment de se rompre, ainsi que l'indique la *fig.* 18, par soulèvement de la clef, on trouvera, pour chaque joint, une valeur de l'effort horizontal χ', qui devrait s'exercer au sommet d'intrados D, dans l'instant d'équilibre mathématique, puis on déterminera par tâtonnement le *minimum de la force* χ'.

Pour que la voûte puisse se maintenir en équilibre, il faut que sa poussée horizontale, quelle qu'elle soit, reste toujours comprise entre le maximum de la valeur de χ et le minimum de la valeur de χ'. Voici maintenant comment on s'assure que cette condition est satisfaite.

On prend successivement, par rapport à plusieurs arêtes extérieures de la voûte, le moment de la force maximum χ et le moment du poids de la portion de voûte située au-dessus de l'arête de rotation : si le premier moment est toujours plus faible que le second, la rupture par affaissement de la clef est impossible. En second lieu, on prend le moment de la force χ' minimum, et celui du poids de diverses portions de la voûte, par rapport à diverses arêtes *intérieures :* si le premier moment est toujours plus fort que le second, la voûte ne peut se rompre par soulèvement de la clef. Plus ces deux sortes de différences seront considérables, plus aussi la stabilité de la voûte sera assurée. Dans les conditions ordinaires, il suffira généralement de faire les deux dernières vérifications pour le joint extérieur et le joint intérieur de naissance. Si la voûte a des pieds-droits, on doit les soumettre au même mode de vérification, en les considérant comme faisant eux-mêmes partie de la voûte.

Appliquons maintenant cette méthode à la vérification de la stabilité d'une voûte de 10${}^\text{m}$.00 de rayon, déjà considérée aux n${}^\text{os}$ 1 et 3 de la présente note.

Lorsqu'on calcule d'abord différentes expressions de la force χ relatives à l'hypothèse de rotation sur les arêtes intérieures, on reconnaît que sa valeur va toujours croissant depuis le sommet jusqu'au joint à 60°, et qu'elle décroît ensuite, depuis ce joint jusqu'à celui de naissance : le maximum de χ répond donc au joint extrême de la voûte proprement dite et a pour valeur, suivant les données du n° 1 :

$$\chi = \frac{18.584 \times (8.660 - 5.817)}{5.00 + 1.30} = 8.39.$$

Secondement, en recherchant la valeur de la force χ' relative à la rotation sur les arêtes extérieures, on reconnaît qu'elle est la plus grande vers le sommet, où elle est énorme, qu'elle décroît graduellement jusqu'au joint à 60°, et enfin qu'elle décroît encore au delà, jusqu'à la naissance où elle atteint son minimum :

$$\chi' = \frac{34.532 \times (13.15 - 8.164)}{10.00} = 17.22.$$

C'est entre ces deux valeurs 8.39 et 17.22 que doit se trouver la véritable valeur de la poussée horizontale pour qu'il y ait stabilité. Or, il est prouvé par notre méthode, et vérifié par celle de M. Méry, que la poussée horizontale, dans la voûte dont il s'agit, ne saurait varier qu'entre les limites 13.845 et 15.645 : nous pourrions donc arrêter là la vérification que nous avons en vue. Nous l'achèverons toutefois de la manière indiquée ci-dessus, afin d'obtenir une expression de la stabilité de la voûte.

Si nous prenons par rapport à l'arête extérieure de naissance le moment de la force auxiliaire χ et celui de la demi-voûte, nous trouvons respectivement :

$$8.3_9 \times 11.30 = 94.81, \quad 34.532 \times (13.15 - 8.164) = 172.18.$$

Conséquemment, le rapport du moment d'inertie de la voûte au moment du plus grand effort qui tend à la renverser, ou en d'autres termes, le coefficient de la stabilité de la voûte est 1.82.

Si nous prenons ensuite le moment de la force χ', et celui de la demi-voûte, par rapport à l'arête intérieure de naissance, nous trouvons respectivement :

$$17.22 \times 10.00 = 172.20, \quad 34.532 \times (10.00 - 8.164) = 63.40,$$

et le coefficient de stabilité, contre la rupture par prédominance des reins et soulèvement de la clef, acquiert ici la valeur considérable 2.72. On sait en effet que les voûtes en plein cintre ne sont nullement exposées à se rompre comme on vient de l'indiquer.

Il résulte donc de l'application de la théorie de Coulomb au profil d'équilibre d'une voûte en plein cintre de $10^{m}.00$ de rayon :

1° Que la voûte est stable , sous quelque point de vue que l'on considère les chances du renversement, et que, dans le seul cas pratique, celui de l'affaissement de la clef, le coefficient de la stabilité est de 1.82 ;

2° Que le joint de rupture, correspondant au maximum de la force χ ci-dessus définie , est celui qui fait un angle de 60° avec la verticale, c'est-à-dire celui qui termine la voûte proprement dite et qui couronne la culée. On pourrait donc , en augmentant indéfiniment l'épaisseur de la culée , rendre la voûte susceptible d'une résistance indéfinie, sans mouvement et sans déformation aucune, jusqu'à la limite de l'écrasement de la maçonnerie ;

3° Que les valeurs extrêmes de la poussée, calculées d'après les règles des n°⁸ 22 et 25 de la première section , restent comprises entre les limites mathématiques qui résultent de la théorie de Coulomb.

5. Dans les deux séries de vérifications que l'on a appliquées au profil d'une voûte de 10ᵐ.00 de rayon, on n'a pas cru devoir faire acception de pieds-droits qui , suivant les deux méthodes, auraient dû être considérés comme formant un tout continu avec la voûte. Mais , d'après les résultats obtenus dans les n°⁸ 3 et 4 précédents, et eu égard à la stabilité prédominante qui a été donnée aux pieds-droits dans la détermination de leur profil d'équilibre, on reconnaît , sans aucune vérification de chiffres, que si une voûte est stable sur ses naissances, ses pieds-droits d'équilibre pratique auront toujours aussi une stabilité suffisante.

Une semblable vérification , du reste, lorsqu'on voudra la faire par l'une ou l'autre méthode, n'offrira aucune difficulté.

NOTE III.

Sur quelques expériences relatives à l'équilibre pratique des voûtes.

1. Tous les ingénieurs qui ont fait des expériences matérielles , sur la vérification de l'équilibre des constructions en maçonnerie , savent avec quelle réserve on doit interpréter les résultats de ces expériences. Il ar-

rive presque toujours, en effet, que quelques circonstances physiques, connues ou inconnues, exercent une influence favorable à la stabilité, influence qui est surtout sensible dans les modèles de petites dimensions et qui, à mesure que les dimensions augmentent, est loin de croître aussi rapidement qu'elles. Il résulte de là, pour ainsi dire, que ce qui est à moitié vrai en théorie paraît l'être tout à fait dans les expériences en petit, mais conduirait cependant à des conséquences absolument inapplicables sous des dimensions pratiques.

Il n'y a donc de véritables expériences pratiques que celles qui portent sur des dimensions d'exécution, et sont d'ailleurs soumises aux mêmes circonstances physiques que l'exécution elle-même. Une telle série d'expériences, pour la vérification de la routine de l'établissement des voûtes, ne comporterait assurément que des dépenses fort modérées ; mais, ainsi que le remarque, dans son Traité de la charpenterie, M. le colonel Émy, non-seulement de pareilles dépenses ne sauraient être à la charge d'un praticien, quel que soit son amour de l'art, mais même des expériences ainsi exécutées n'auraient point, dans l'opinion des constructeurs, la même autorité que celles qui s'accompliraient aux frais et sous le patronage d'une administration publique.

Quoi qu'il en soit, il nous semble que, lorsqu'on en est réduit aux expériences en petit, on ne doit jamais perdre de vue ces principes, savoir : 1° qu'aucune expérience ne doit être tentée que comme vérification d'un fait annoncé d'avance, et démontré par la théorie ; 2° que tous les résultats qui n'ont point ce caractère sont sans valeur ; 3° que, si la théorie est exacte, les expériences doivent la vérifier nécessairement et d'une manière complète ; 4° qu'ainsi *des expériences peuvent prouver contre une théorie, mais jamais en sa faveur.*

Rondelet, dans le 3e volume de l'Art de bâtir, pourrait donc bien avoir adopté une fausse voie en voulant fonder sa théorie des voûtes sur 54 expériences en petit et en concluant, d'une manière générale, de ces expériences une série de principes au moins fort contestables, et entre autres celui-ci : *qu'une voûte divisée en nombre pair de voussoirs a plus de poussée que la même voûte divisée en nombre impair.*

Afin d'éviter de tomber dans la même exagération, nous ne rapporterons nos expériences, fort peu nombreuses du reste, que comme de simples renseignements à l'appui de notre profil d'établissement pratique. De plus, nous partagerons ces expériences en trois séries, selon le degré d'importance qu'elles peuvent avoir.

2. Nous citerons d'abord trois ouvrages subsistants, choisis parmi ceux que nous avons eu occasion de faire exécuter dans notre carrière d'ingénieur, et en exceptant, bien entendu, les voûtes en arc de cercle qui se maintiennent pour ainsi dire sous un profil quelconque.

En premier lieu, le pont construit sur la rivière de Loing, à Fontenay (Loiret) pendant l'année 1831, est composé de neuf arches consécutives, en plein cintre, de $4^m.40$ d'ouverture chacune. Les voûtes sont extradossées suivant un arc de parabole, de manière que leur épaisseur croisse à partir du sommet, et, eu égard à la petite dimension, leur profil diffère très-peu du profil d'équilibre pratique. Les douelles ont été construites en moellons bruts, et *le plein des voûtes en béton* de cailloux roulés, à chaux naturelle, moyennement hydraulique. Comme on n'avait qu'un seul appareil de cintres, le décintrement se faisait aussitôt que chaque voûte était achevée. Il ne s'est manifesté, dans ce pont, aucune espèce de déformation et l'on n'a pu reconnaître aucun tassement quelconque.

En second lieu, les deux têtes du souterrain de Chalifert dans la partie inférieure du canal latéral à la Marne, ont dû, sur une certaine longueur, être construites à ciel ouvert, puis remblayées après coup. La voûte est formée d'un plein cintre de $4^m.50$ de rayon sur pieds-droits de $3^m.10$ de hauteur : la voûte et ses pieds-droits ont été établis rigoureusement suivant le profil d'équilibre indiqué dans le présent traité, et le décintrement avait lieu presque immédiatement après la pose des clefs. Aucun mouvement quelconque n'a pu être reconnu, bien que la maçonnerie fût exécutée toute en meulière brute et moellons bruts, mais, à la vérité, avec une chaux artificielle, éminemment hydraulique.

Enfin, l'ouverture du même canal a donné lieu à la construction d'un pont sur la route royale n° 36, à l'entrée de la ville de Meaux. Ce pont, dont la hauteur entre la clef et le platfond du canal est de $17^m.00$, est composé de trois arches circulaires, dont les sommets sont placés sur une ligne de pente, et dont les rayons sont successivement de $6^m.24$, $7^m.00$, $7^m.83$. Les voûtes ont leurs douelles en pierre de taille tendre de petit échantillon et le plein en pendants; elles sont maçonnées avec une chaux artificielle, très-hydraulique, et du sable siliceux fin, mais très-pur. Elles ont d'ailleurs un profil conforme au profil d'équilibre et ont été décintrées chacune huit jours au plus après la pose des clefs. Le plus grand abaissement du sommet qui ait pu être observé a été de $0^m.004$, et pouvait être attribué complétement à la compression du mortier.

Tels sont les exemples, en trop petit nombre malheureusement, que nous pouvons donner sur l'application des principes exposés dans le présent traité. Nous ne doutons pas que les constructeurs qui voudront bien adopter le profil par nous proposé n'aient à constater des résultats aussi satisfaisants que les précédents.

3. Afin de nous procurer une expérience proprement dite et de contrôler les valeurs des poussées données dans la première section, nous avons observé, exactement et dans le plus grand détail, le mode de rupture de deux voûtes en plein cintre de 1^m.06 de rayon : c'était la plus grande dimension que nous permissent d'atteindre nos moyens d'observation.

Chacune de ces voûtes ne comprenait que la partie supérieure aux joints inclinés de 60° sur la verticale, ce qui suffisait à notre expérience. Elle reposait, suivant ces deux plans de joint extrêmes, sur deux forts sommiers en bois dont la face inférieure était horizontale ; l'un de ces sommiers était rendu fixe ; l'autre, mobile sur des galets qui annulaient le frottement, était d'ailleurs maintenu au moyen d'un tirant, communiquant avec une petite machine à éprouver les fers, et ainsi la tension de ce tirant égale à la poussée de la voûte, était toujours connue à 1 ou 2 kilogrammes près. Voici maintenant comment on a exécuté chaque expérience.

La première voûte était composée de 12 voussoirs, en pierre de taille tendre, disposés symétriquement à partir du joint de clef, et ayant tous la même douelle. On les a posés avec un mortier clair, composé de 2/3 de sable fin et 1/3 de plâtre, mortier qui n'a jamais séché ; puis, aussitôt après la pose des deux clefs, on a décintré, le tirant ayant alors une tension égale au minimum de poussée, calculé au moyen des formules des n°s 15 et 25 de la première section. Aucun mouvement quelconque ne s'est manifesté, ni sous cette tension, ni même ensuite lorsqu'on a déchargé successivement la romaine de la machine, en favorisant le mouvement des galets par de petits coups de marteau frappés sur les sommiers. Un peu avant que la tension fût arrivée à la limite inférieure indiquée par la théorie de Coulomb (note II), la voûte s'est ouverte comme l'indique la théorie (*fig.* 18), c'est-à-dire aux deux joints extrêmes et au joint de clef seulement. On a alors chargé progressivement la romaine, en favorisant toujours le mouvement des galets, et, quand la tension allait atteindre la poussée minimum de départ, les joints ouverts s'étaient refermés. On a continué dans le même sens, et dépassé même la poussée maximum indiquée par la formule du n° 25, sans que la voûte se rompît de la manière indiquée par la théorie (*fig.* 17). Enfin, quand on approchait de la limite supérieure de la poussée donnée par la théorie de Coulomb, la voûte s'est rompue par soulèvement de la clef, mais seulement aux joints extrêmes et au joint de clef. Dans cette expérience, l'épaisseur à la clef était de 0 .20 ; la densité de la maçonnerie, constatée par plusieurs pesées contradictoires, était de 1,944.23.

La seconde voûte avait les mêmes dimensions que la précédente ; mais la densité de la maçonnerie a été trouvée de 2,219.62. Cette maçonnerie était d'ailleurs formée de moellons arrondis, de $0^m.05$ à $0^m.10$ au plus de grosseur, et d'un très-mauvais mortier de 2/3 de sable et 1/3 de plâtre : la densité a été constatée sur des échantillons de la même maçonnerie, faite en même temps que la voûte et pesée au moment même de l'expérience. Les résultats de cette expérience ont d'ailleurs été ceux de la précédente, sauf quelques anomalies provenant de l'espèce de la maçonnerie, qui ne permettait pas des joints de rupture réguliers et qui d'ailleurs ne répartissait peut-être pas le poids de la voûte d'une manière parfaitement symétrique. Ainsi le joint de rupture de la clef, lors de son affaissement, s'éloignait en bas de $0^m.04$, en haut de $0^m.07$, du joint milieu, et suivait entre ces deux points une ligne sinueuse ; en même temps, l'un des joints de rupture inférieurs n'était qu'un décollement du joint du sommier, l'autre partait à moins de $0^m.01$ de l'extrémité d'intrados et s'élevait, à l'extrados, à $0^m.13$ au-dessus du sommier, en suivant une ligne presque directe d'un point extrême à l'autre.

Nous ne voulons point insister sur ces deux expériences plus qu'elles ne le méritent. Nous noterons seulement qu'elles concordent avec la théorie dans les points suivants :

1° Les joints de rupture sont placés, *exclusivement*, au joint de clef et aux deux joints extrêmes de la voûte proprement dite ;

2° La poussée effective est plus faible que le minimum de poussée calculé, à cause de la diminution que lui apporte l'adhérence du mortier, si mauvais qu'on puisse l'imaginer ;

3° La rupture de la voûte, de l'une ou l'autre des manières indiquées par la théorie, n'arrive qu'au moment où la poussée a été diminuée bien au-dessous du minimum calculé, ou augmentée bien au delà du maximum calculé, c'est-à-dire vers les limites qu'enseigne la théorie de Coulomb: on peut s'expliquer alors que la courbe de pression minimum, par exemple, au moment où la poussée diminue graduellement, se modifie graduellement aussi, de manière à rendre toujours l'équilibre possible, en se surhaussant et se rapprochant ainsi en haut de l'extrados, en bas de l'in-trados, jusqu'au moment où elle touche à la fois l'un et l'autre ; à cette limite, les arêtes, qui supportent toute la pression, s'écrasent, et la rupture arrive. Cette explication est conforme à ce qui a été exposé aux nᵒˢ 33 et 53 de la première section, et s'accorde d'ailleurs avec les expériences que l'on a faites sur la théorie de Coulomb, avec des voussoirs en matière dure, dont les arêtes pouvaient tourner l'une sur l'autre sans s'écraser.

4. Nous avons exécuté un grand nombre de modèles de voûtes en plâtre à l'échelle du 1/100. Il n'est pas besoin de dire que toutes ont confirmé les calculs d'établissement des voûtes et de leurs pieds-droits, exposés dans les deux premières sections, et convertis en tables dans la troisième. Nous citerons seulement deux résultats de ces essais en petit, résultats qui ne pouvaient pas être observés dans les expériences ci-dessus.

Premièrement, lorsqu'une voûte est décintrée et portée sur ses deux culées, si l'on y fait croître indéfiniment la pression en tendant sur l'extrados une sangle tirée par ses deux extrémités, la voûte ne s'altère aucunement dans son profil et résiste complétement à la pression, jusqu'au moment où les voussoirs s'écrasent.

Secondement, en calculant exactement ainsi que l'indique la note II (nᵒ 3), le trajet d'une des courbes de pression, et en donnant aux joints des voussoirs une saillie sur ce trajet, on parvient à réaliser le cas d'équilibre instable indiqué au nᵒ 33. Si donc, les expériences en petit pouvaient prouver quelque chose, ce serait là une excellente preuve des principes adoptés dans le présent traité et surtout de l'exactitude de la méthode de M. Méry. On n'a pas besoin de dire que l'expérience dont il s'agit est excessivement délicate : elle l'est moins cependant que l'une de celles rapportées par Rondelet, qui a réussi, deux fois sur trente, à faire tenir une voûte formée de sphères d'un pouce de diamètre, se touchant par des points distribués sur une chaînette (*).

(*) Art de bâtir. tom. 2. pag. 138.

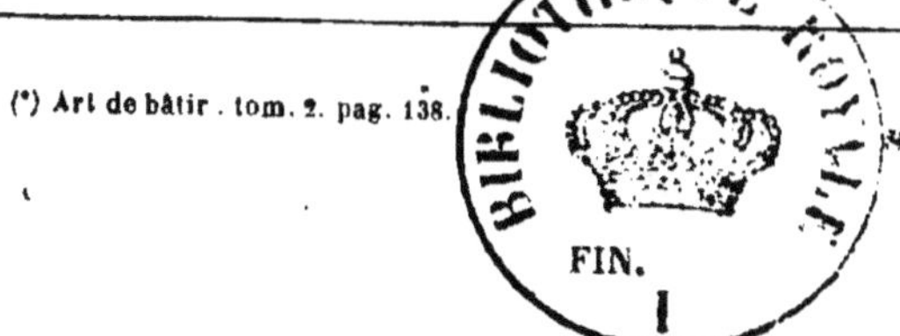

TABLE DES MATIÈRES.

		Pag.
Au lecteur.		v
Avant-propos.		x
Première section. — Équilibre théorique des voûtes.		1
Art. 1er. Propriétés élémentaires d'un arc en équilibre.		id.
Art. 2e. Conditions fondamentales de l'équilibre des voûtes en berceau.		25
Art. 3e. Tracé de la courbe d'extrados.		32
Art. 4e. Calcul des poussées et pressions.		41
Art. 5e. Propriétés sommaires du profil d'équilibre des voûtes.		51
Art. 6e. Stabilité des culées, des pieds-droits et des piles.		64
Art. 7e. Effets de l'écrasement, du glissement et de la compression dans les voûtes.		86
Art. 8e. Épaisseur à la clef.		99
Art. 9e. Limites de l'ouverture et de la hauteur des voûtes en maçonnerie.		108
Deuxième section. — Établissement pratique des voûtes.		115
Art. 1er. Simples considérations sur l'équilibre pratique des voûtes.		id.
Art. 2e. Formules pratiques pour l'établissement des voûtes en plein cintre.		127
Art. 3e. Formules pratiques pour l'établissement des voûtes en arc de cercle de 60°.		136
Art. 4e. Formules pratiques pour l'établissement des voûtes en ogive tiers-point.		146
Art. 5e. Des voûtes en anse de panier.		158
Art. 6e. Des voûtes en plate-bande.		179

Pag.

Art. 7ᵉ. Des contre-forts et arcs rampants. 181

Art. 8ᵉ. Des dômes et des niches. 185

Art. 9ᵉ. Des voûtes en arc de cloître et des voûtes d'arête. 204

Art. 10ᵉ. De quelques voûtes d'une espèce particulière. 217

Art. 11ᵉ. Réflexions sommaires sur le cintrement et le décintrement des voûtes. 232

Troisième section. — Tables pratiques pour l'établissement et le
métrage des voûtes. 253

Table I. — Donnant les valeurs des coefficients nécessaires aux calculs des profils à intrados circulaire. 254

Table II. — Pour le tracé des courbes de pression dans les voûtes
en plein-cintre. 256

Table III. — Pour l'établissement des voûtes en plein cintre et de
leurs culées. 258

Table IV. — Pour l'établissement des pieds-droits des voûtes en
plein-cintre. 260

Table V. — Pour l'établissement des voûtes en arc de cercle de 60°,
de leurs culées et pieds-droits. 262

Table VI. — Pour l'établissement des voûtes en ogive tiers-point et de
leurs culées ou piles. 264

Table VII. — Pour l'établissement des pieds-droits des voûtes en ogive
tiers-point. 266

Quatrième section. — Notes. 268

Note I. — Sur la détermination du profil d'équilibre mathématique
des voûtes. . . . . id.

Note II. — Vérification du profil d'équilibre des voûtes par la méthode de M. Méry et par la théorie de Coulomb. 274

Note III. — Sur quelques expériences relatives à l'équilibre pratique
des voûtes. 282

FIN DE LA TABLE.

ERRATA.

Pag. 128, *lig.* 9, *lisez*   N et N′, *au lieu de:* M et M′.

173.   1,   AI $= g$, *au lieu de:* AI $=$ G.

Id.,   17, $7°30' = \dfrac{90}{12}$, *au lieu de:* $15° \dfrac{180}{12}$.

Id.,   *id*,   de 0° à 7°30′, *au lieu de:* de 0° à 15°.

Id.,   20,   de 7°30′ à 15°, *au lieu de:* de 15° à 30°.

Id.   23,   courbe à 23 centres, *au lieu de:* courbe à 11 centres.

36,   6, $\alpha = 0$, *au lieu de:* $\alpha = 0$.

43, formule (1),

$$dv = \left(\varepsilon + \frac{\varepsilon^2}{2r} \right) ds, \text{ au lieu de: } dv = \left(\varepsilon + \frac{\varepsilon}{2r} \right) ds,$$

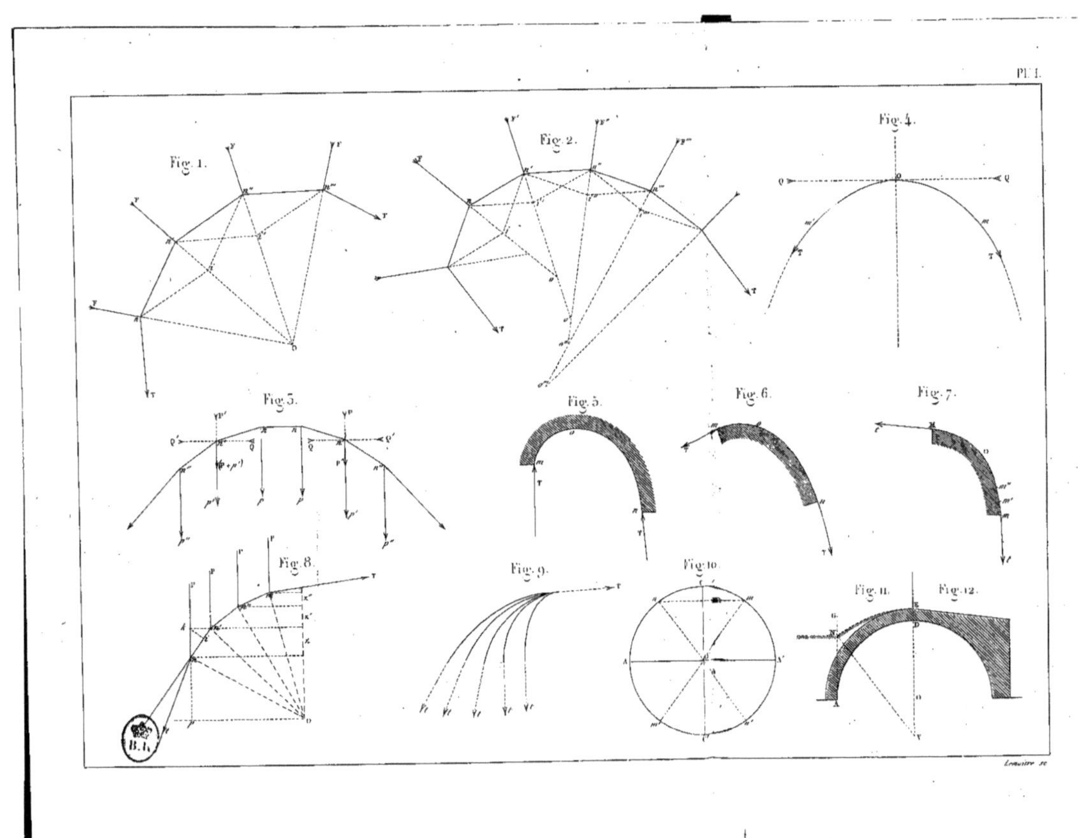

Fig. 1.
Fig. 2.
Fig. 4.
Fig. 3.
Fig. 5.
Fig. 6.
Fig. 7.
Fig. 8.
Fig. 9.
Fig. 10.
Fig. 11.
Fig. 12.

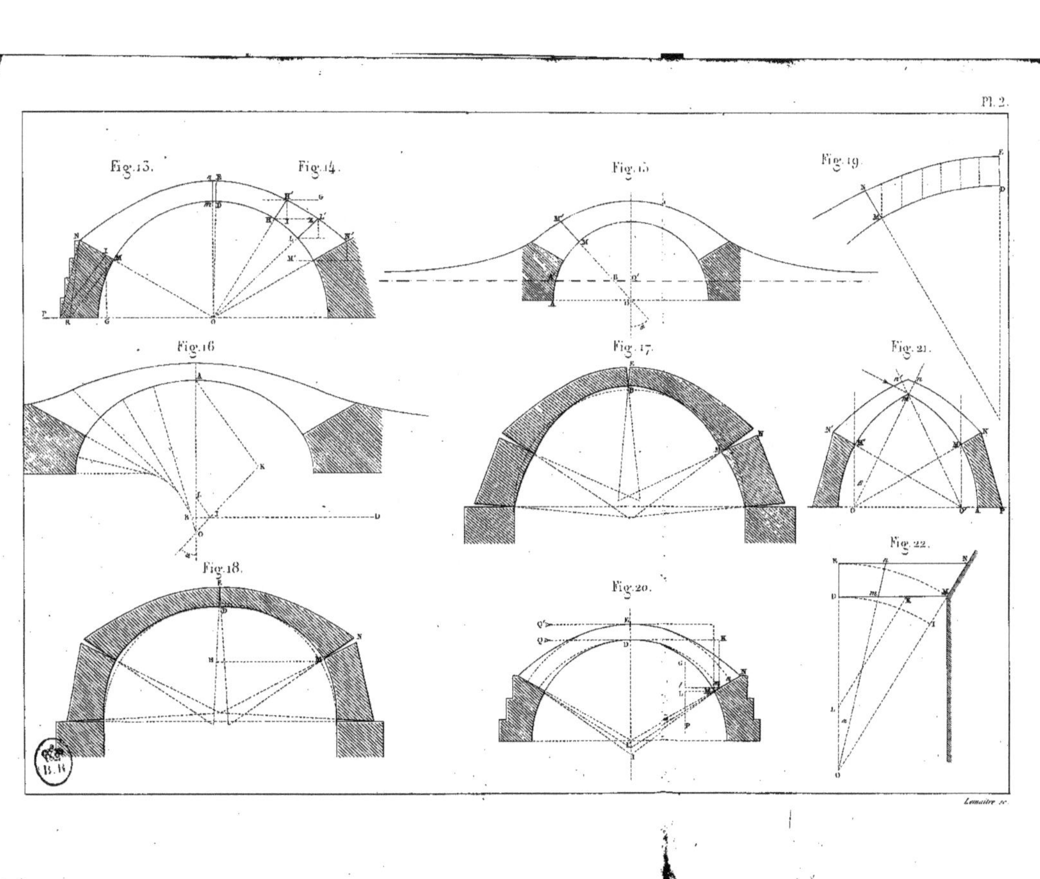

Fig. 13.
Fig. 14.
Fig. 15.
Fig. 19.
Fig. 16.
Fig. 17.
Fig. 21.
Fig. 18.
Fig. 20.
Fig. 22.
Lemaitre sc.

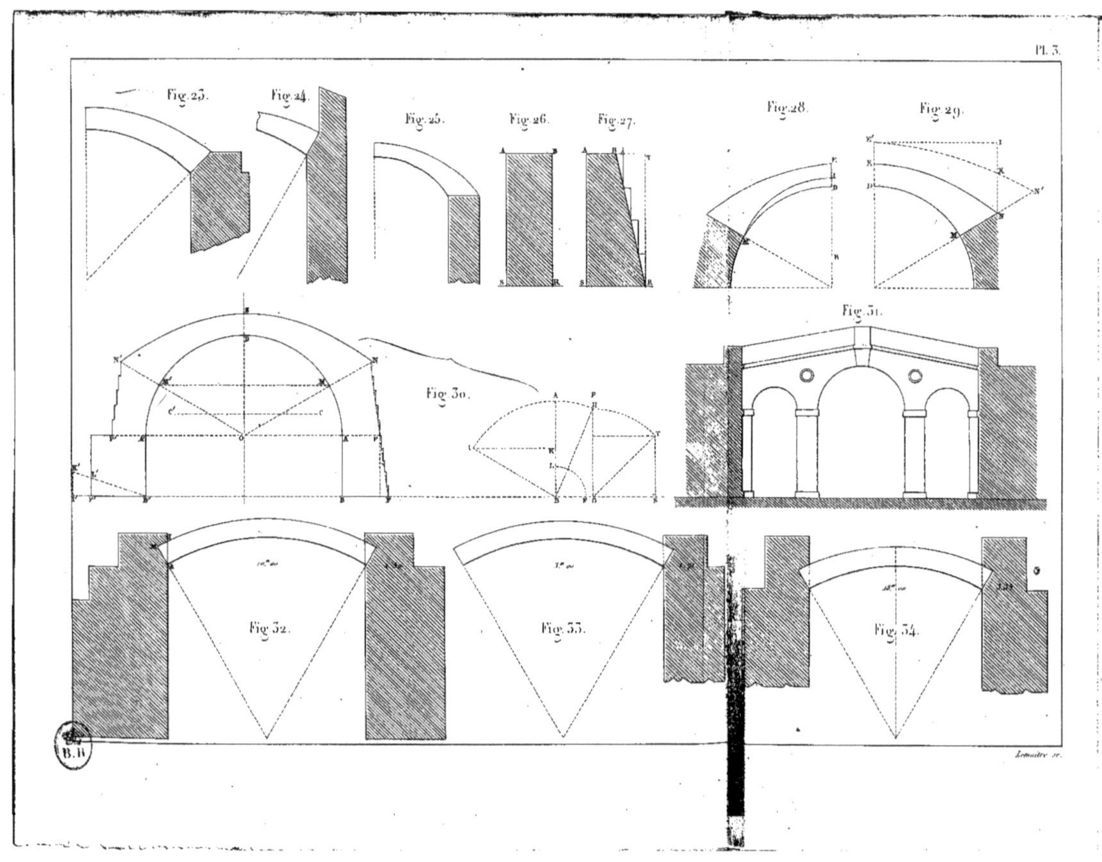
Fig. 23.
Fig. 24.
Fig. 25.
Fig. 26.
Fig. 27.
Fig. 28.
Fig. 29.
Fig. 30.
Fig. 31.
Fig. 32.
Fig. 33.
Fig. 34.

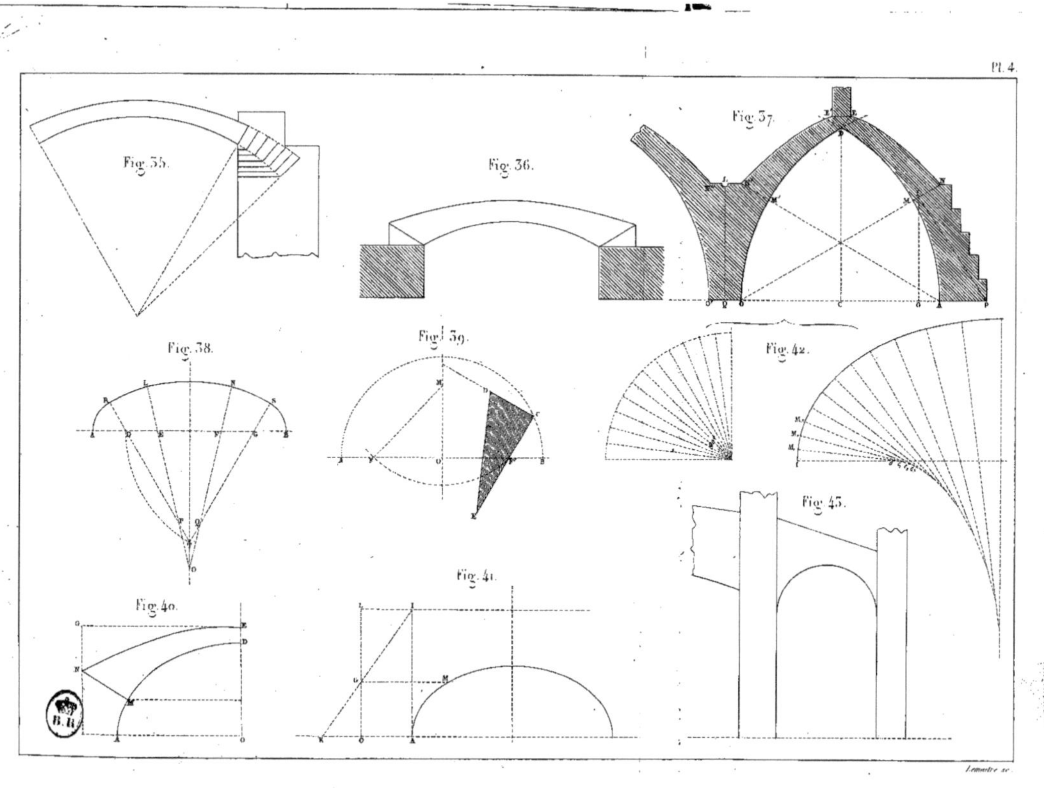

Fig. 35.
Fig. 36.
Fig. 37.
Fig. 38.
Fig. 39.
Fig. 42.
Fig. 40.
Fig. 41.
Fig. 45.

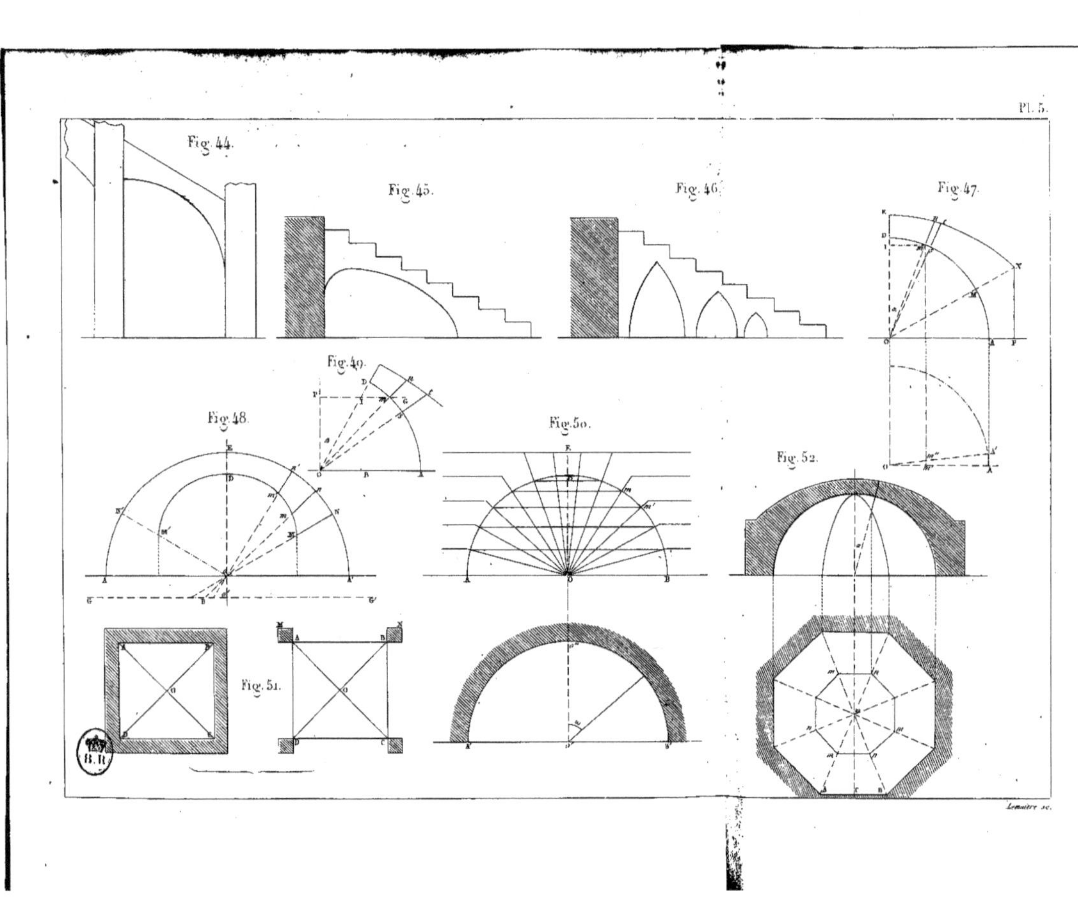

Fig. 44.
Fig. 45.
Fig. 46.
Fig. 47.
Fig. 48.
Fig. 49.
Fig. 50.
Fig. 51.
Fig. 52.

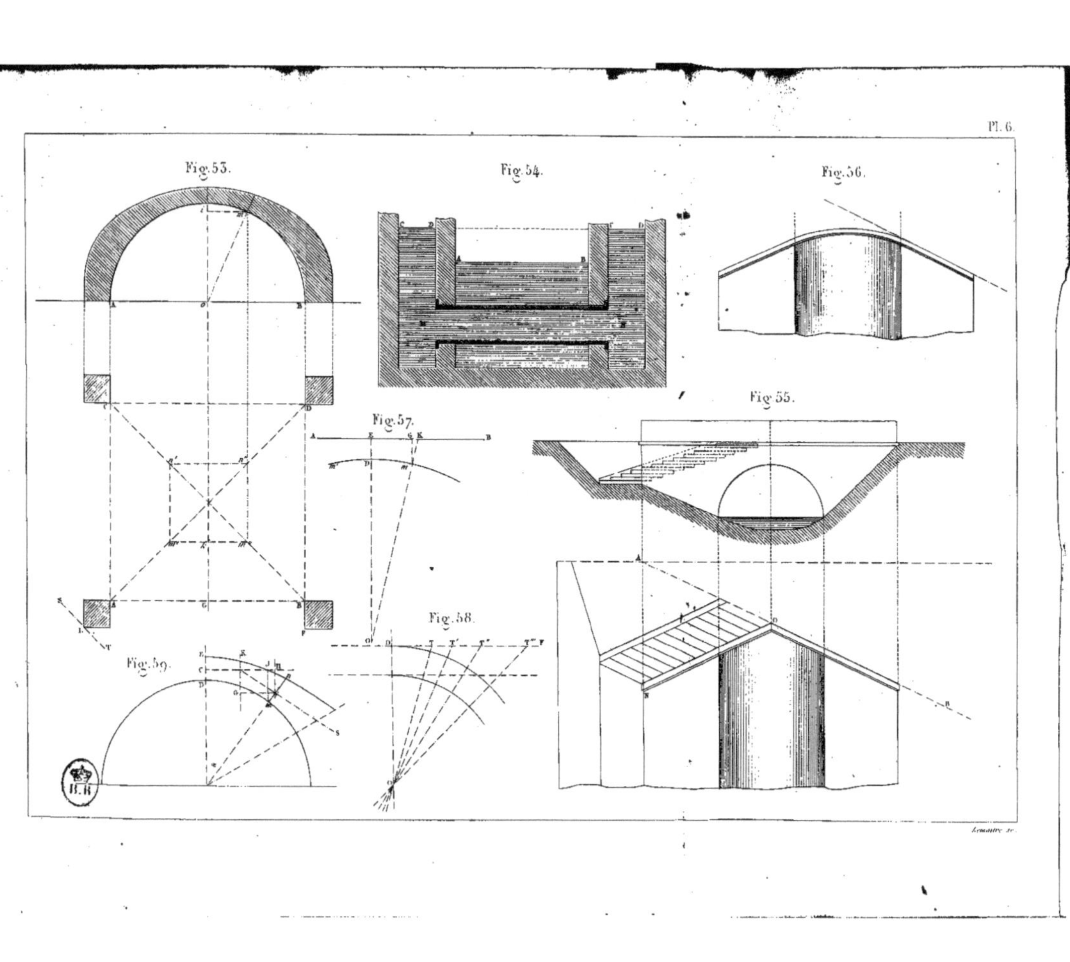

Fig. 53.
Fig. 54.
Fig. 56.
Fig. 55.
Fig. 57.
Fig. 58.
Fig. 59.
Lemaitre sc.